怎样顺利完成论文

论文写作的策略与技巧

（第四版）

［英］罗伊娜·默里 著　郑炯琳 译
Rowena Murray

新华出版社

图书在版编目（CIP）数据

怎样顺利完成论文：论文写作的策略与技巧／（英）罗伊娜·默里著；郑炯琳译. -- 北京：新华出版社，2022.5

书名原文：How to Write a Thesis

ISBN 978-7-5166-6256-4

Ⅰ.①怎… Ⅱ.①罗… ②郑… Ⅲ.①论文－写作 Ⅳ.①H152.3

中国版本图书馆CIP数据核字（2022）第063662号

Rowena Murray
How to Write a Thesis, 4th Edition
9780335262069
Copyright © McGraw-Hill Education(Singapore) Pte. Ltd.

All Rights reserved. No part of this publication may be reproduced or transmitted in any form or by any means, electronic or mechanical, including without limitation photocopying, recording, taping, or any database, information or retrieval system, without the prior written permission of the publisher.

This authorized Chinese translation edition is jointly published by McGraw-Hill Education and East Babel (Beijing) Culture Media Co., LTD. This edition is authorized for sale in the People's Republic of China only, excluding Hong Kong, Macao SAR and Taiwan.

Translation Copyright © McGraw-Hill Education and East Babel (Beijing) Culture Media Co., LTD.

版权所有。未经出版人事先书面许可，对本出版物的任何部分不得以任何方式或途径复制传播，包括但不限于复印、录制、录音，或通过任何数据库、信息或可检索的系统。

本授权中文简体字翻译版由麦格劳-希尔教育出版公司和东方巴别塔（北京）文化传媒有限公司合作出版。此版本经授权仅限在中华人民共和国境内（不包括香港特别行政区、澳门特别行政区和台湾）销售。

翻译版权 © 由麦格劳-希尔教育出版公司与东方巴别塔（北京）文化传媒有限公司所有。

本书封面贴有McGraw-Hill Education公司防伪标签，无标签者不得销售。

北京市版权局著作权合同登记号：01-2021-5955

怎样顺利完成论文：论文写作的策略与技巧

作　者：[英]罗伊娜·默里	译　者：郑炯琳

出 版 人：	匡乐成		
责任编辑：	樊文睿	特约策划：	巴别塔文化
责任校对：	刘保利	特约编辑：	何梦姣　蔡博闻
封面设计：	今亮後聲 HOPESOUND　2580590616@qq.com		

出版发行：	新华出版社		
地　　址：	北京市石景山区京原路8号	邮　编：	100040
网　　址：	http://www.xinhuapub.com		
经　　销：	新华书店、新华出版社天猫旗舰店、京东旗舰店及各大网店		
购书热线：	010-63077122	中国新闻书店购书热线：010-63072012	

照　　排：	北京平准天地文化发展中心
印　　刷：	天津鑫旭阳印刷有限公司

成品尺寸：	145mm×210mm　32开		
印　　张：	16.75	字　数：	321千字
版　　次：	2022年6月第一版	印　次：	2022年6月第一次印刷
书　　号：	ISBN 978-7-5166-6256-4		
定　　价：	78.00元		

版权专有，侵权必究。如有质量问题，请与出版社联系调换：010-63077124

第四版前言

自从本书第一版于2002年出版以来,情况已经发生了很大改变。时至今日,大家都希望学生能在攻读博士学位期间接受某种形式的写作训练。目前,尽管学术界对于采用哪种训练形式、是否应该开设课程、是否应该计算学分等问题仍存有争议,但人们已经达成的广泛共识是,我们有必要对不同类别的博士学位所需的不同技能进行训练,使这些技能得以提升。本书的这一版便是带着对上述背景的思考写就的,它将为修读学术论文写作课程的学生以及或多或少需要独立撰写论文的相关人士提供帮助。

在我回顾书中的一字一句、更新书中的各个部分,包括增添关于博士论文写作的新研究之际,我也在此版中增添了一些新的功能。在与学生、博士生导师的讨论过程中,我意识到有很多自己在论文写作研讨会和日常讨论中经常使用的写作活动并未在书中收录,因此将其收录于此。

第四版具有如下新特点:

◇ 更深入地探讨了"质量问题"(第一章)。

怎样顺利完成论文：论文写作的策略与技巧

◇ 运用草图和绘图拓展想法的新内容（第一章）。

◇ 勾勒整个论文的框架（第四章）。

◇ 关于750字论文概要的写法（第七章）。

◇ 引入可用于最后核对的"飞行计划"（第十章）。

◇ 在每一章的开篇处增加内容提要（应第三版审稿人要求），而不是放在文末（因为此处已有自我检查清单和本章学习成果），以便读者一目了然地找到所有内容。

本书依然是为那些努力掌握管理学术写作项目方法的学生而创作的。这个项目的规模远比他们曾经创作过的任何项目都更庞大，其水准远比他们曾经达到的水平更高。因此，虽然导师、论文指导员和辅导员可以使用这本书，但它仍然主要是为学生而设计的。无论你是学术型博士研究生、专业型博士研究生还是应届本科生，只要你身负重大写作任务，本书都是为你准备的。

全书概览

本书不同章节的写作方式有所不同：例如，第二、三两章篇幅较长，结构松散，梳理了模棱两可的部分以及容易造成混乱的领域，从而化解论文写作过程的神秘感，界定了论文写作任务。第九章则较为紧凑，该章列出了集中写作过程的步骤，并提供了检查清单和具体任务，而不是着重进行定义和解释。第九章的语言风格也更为直白。由于这一章包罗万象，你可能会想先读读这个部分。

第一章之所以采用现在的标题，并非出于重数量而轻质量的观点，而是对本书提出的理论、实践及设想加以解释。这一章主张将写作目标具体化，也就是用字数来衡量写作目标，同时监控你在不同写作任务中的产出。

第二章帮助你思考如何将自己代入论文作者的角色。第三章主要介绍借助自由式写作和生成式写作立即开始动笔的策略，而非等到确定了自己想说什么时再动笔。第四章讲述怎样为你的写作打造一个结构，并运用论文通用的模式，塑造和拓展你的思维与写作。

第五章标志着论文写作的第一个重要里程碑，即第一阶段的结束。报告你的工作、衡量你的进展以及尝试发表论文都是你的优先事项。第六章讲述定期写作和渐进式写作的策略,从而帮助你养成良好的写作习惯。写作小组就是其中一个事例。第七章则标志着论文写作过程的中点——到了起草章节内容的时候了。

一位刚刚完成学位论文的学生建议把第八章的标题修订为"恐惧与厌恶",因为这两个词语传达了可能让学生和导师都感到沮丧的信息——一系列明显重复的文本提炼,以及看似吹毛求疵的无意义讨论。

第九章既是对论文最后阶段的介绍,又是整个论文写作过程的浓缩版。究竟是二者中的哪一种取决于你的进展情况,或许还取决于你的写作方式。这一章将告诉你如何在一个全日制年度和两个非全日制年度内完成所有写作。

第十章涵盖了让你的论文"足够好"的方法(尽管仍可以改进),并阐释这对于你的论文有何意义。第十一章主要讲述论文答辩时如何令人信服地谈论你的论文,并对最后的修订给出了建议。

上述各章采用这一编排顺序,旨在引导你从始至终地顺利走过论文写作全过程,帮助你将其作为一个项目来拓展,并协助你对整个流程加以管理。然而,正如第一章里学生们所讲述的那样,你可以在任何阶段、以任何顺序和任意组合来使用这些技巧。

第四版前言 / I

全书概览 / III

第一章　如何每小时写出 1000 字 / 001

  1. 学习本书的必要性 / 001

  2. 学生留言:"本书使用心得" / 005

  3. 学生需求 / 021

  4. 论文作者的"工具箱" / 024

  5. "品质问题" / 026

  6. 学术写作原则 / 037

  7. 学术写作相关文献 / 038

  8. 学科差异 / 041

  9. 对论文结构的几点思考 / 049

  10. 提示语 / 050

  11. 导师激励学生写作 / 053

  12. 使用第二语言写作 / 054

  13. 语法、标点符号和拼写 / 056

  14. 目标设定 / 059

  15. 终身学习 / 065

16. 受众和目的 / 067

17. 写作时间表 / 068

自我检查清单 / 069

本章学习成果 / 070

第二章　论文写作构想 / 071

1. 博士学位还是硕士学位 / 071

2. 什么是博士学位课程 / 073

3. 博士培养新路径 / 077

4. 攻读博士学位的理由 / 080

5. 内驱力与外驱力 / 081

6. 学术型博士学位还是专业型博士学位 / 082

7. 全日制学习还是在职学习 / 087

8. 写作目的 / 090

9. 规章制度 / 092

10. 格式要求 / 096

11. 规则和指南解密 / 098

12. 论文评判方式 / 109

13. 论文评判标准 / 109

14. "原创性"的界定 / 116

15. 读者的预期 / 119

16. 信息技术程序与需求 / 125

17. 抗拒写作的原因 / 130

18. 同伴讨论与支持 / 131

19. 和导师的首次会面 / 131

20. 培训需求剖析 / 135

21. 思考题 / 138

22. 讨论提纲 / 139

23. 写作时间表 / 139

自我检查清单 / 141

本章学习成果 / 142

第三章　开始写作 / 143

1. 不能再等会儿吗 / 144

2. 受众和目的 / 146

3. 主要受众 / 147

4. 次要受众 / 148

5. 直接受众 / 149

6. 导师的角色 / 150

7. 讨论写作的共同语言 / 159

8. 提示性写作 / 166

9. 自由式写作 / 167

10. 生成式写作 / 187

11. 绘画 / 191

自我检查清单 / 196

本章学习成果 / 197

第四章　寻找结构 / 199

1. 修订研究计划 / 200

2. 制定论文大纲 / 203

3. 寻找论题 / 205

4. 撰写文献综述 / 207

5. 剽窃 / 228

6. 论文布局 / 242

7. 分层次写作 / 245

8. 写作地点 / 249

9. 写作时间 / 251

自我检查清单 / 252

本章学习成果 / 253

第五章　首个里程碑 / 255

1. 首个写作里程碑 / 256

2. 第一年进展报告 / 257

3. 从笔记到草稿 / 258

4. 对话 / 264

5. 监控 / 266

6. 压力 / 268

7. 什么是进步 / 269

8. 寻找主题 / 272

9. 在研课题写作 / 273

10. 写作小组 / 283

11. 写作静修 / 295

自我检查清单 / 297

本章学习成果 / 297

第六章　成为连载作者 / 299

1. 什么是连载作者 / 300

2. 搭建论证支架 / 302

3. 段落结构 / 303
4. 导入段 / 309
5. 关于研究方法的写作 / 311
6. 学习伙伴 / 315
7. 持续写作 / 316
8. 写作中遇到的问题 / 318
9. 写作障碍 / 319
10. 渐进式写作 / 332
11. "暴食式"写作与"零食式"写作 / 333
12. 制定写作策略 / 336
自我检查清单 / 337
本章学习成果 / 338

第七章 创建论文结语 / 339
1. 何为结语 / 339
2. 临时性完结 / 342
3. 不再拖延 / 344
4. 研究日志 / 345
5. 写作习惯 / 356
6. 中间点 / 359
7. 布朗八问 / 361
8. 内容整合 / 365
9. 写作布局 / 366
10. 挫败感 / 369
11. 讨论部分 / 370
12. 撰写结论 / 371

13. 750 字论文概要 / 378

自我检查清单 / 381

本章学习成果 / 382

第八章 恐惧与厌恶：论文修订 / 383

1. 为何"恐惧与厌恶" / 384

2. 重复 / 385

3. 预告 / 387

4. 信号传递 / 389

5. 信息标记 / 390

6. 概念建构与概念重构 / 391

7. 编辑管理 / 394

8. 第二阶段的结束 / 399

9. 回顾论文提案 / 399

自我检查清单 / 400

本章学习成果 / 401

第九章 开始永不言迟 / 403

1. 第一步：评估现状 / 410

2. 第二步：开始写作 / 412

3. 第三步：列出论文大纲 / 415

4. 第四步：制订写作计划 / 420

5. 第五步：和导师沟通 / 424

6. 第六步：列出章节提纲 / 426

7. 第七步：定期写作 / 427

8. 第八步：论文修订 / 429

9. 第九步：内容整合 / 430
10. 第十步：完成收尾工作 / 431
11. 快速通道模式是否有效 / 432
本章学习成果 / 434

第十章　最后的 385 码 / 435
1. 马拉松：26 英里 385 码 / 436
2. "完成就是一切" / 437
3. 专注写作阶段 / 438
4. 幸福感 / 440
5. 同伴支持 / 444
6. 新的目标 / 445
7. 文体建议 / 446
8. 完结 / 448
9. 适可而止 / 449
10. 已经足够好了 / 451
11. 做出贡献 / 453
12. 说服读者 / 454
13. "润色"文本 / 455
14. 激励 / 456
15. 终稿呈现方式 / 457
16. 写作日程表 / 459
17. 博士生"飞行计划" / 461
18. 章节合并流程 / 461
自我检查清单 / 464
本章学习成果 / 465

第十一章　论文评审过后：继续写作？/ 467

　1. 更多的写作？/ 469

　2. 什么是答辩 / 470

　3. 答辩前 / 477

　4. 明确任务 / 480

　5. 谈论自身研究 / 483

　6. 练习 / 487

　7. 预测问题 / 489

　8. 模拟答辩 / 495

　9. 恐惧 / 496

　10. 校外评审人 / 500

　11. 答辩期间 / 502

　12. 答辩后 / 508

　13. 耐力 / 509

　14. 修改与更正 / 509

　15. 高潮减退 / 511

　16. 论文之后还有生活吗 / 512

　17. 这真的值得吗 / 512

　18. 恢复期 / 513

　19. 出版成书 / 514

　20. 结束 / 519

　自我检查清单 / 520

　本章学习成果 / 521

致　谢 / 522

第一章

如何每小时写出 1000 字

> **内容提要**
>
> 本章阐述即便目前你仍未找到可供写作的素材，也应立即着手写作的理由。切勿坐等"万事俱备"才开始动笔。本章标题意在提醒你思考如何才能设定更为明确的写作目标。论文写作的全过程并非只是简单地堆砌词汇，实际上，其包含了数个不同的写作目标。本章涉及的重要策略有：设定写作目标，根据提示写作（许多学生认为这非常有用），以及将"高质量"的学术写作视为多级嵌套体。

1. 学习本书的必要性

前言部分向读者揭示支撑本书的相关研究理论与研究假设，汇集了可能影响你论文写作的各类不同主题。本章旨在帮助读者认识论文写作至关重要的第一步——了解写作背景，并从学术写作的相关文献中获取经验。

怎样顺利完成论文：论文写作的策略与技巧

尽管目前我们针对写作已经开展了大量研究，但尚未做到写作与科研过程的完美融合：

> 关于博士培养过程的实际知识是有所欠缺的。
>
> （霍基，1994：177）
>
> 英国有关学术写作功用的文献和有关科研的文献一样，都不成体系。
>
> （布拉克斯特等人，1998：290）

"有所欠缺"和"不成体系"这两个词说明我们在管理学术论文写作过程的最佳解决方案方面仍然任重而道远。事实上，多数文献在强调"科学研究"重要性的同时，却未给予写作过程足够的重视。尽管如此，我们仍可以从现有研究中获取有益的经验，以及将一些既定的策略运用于学术论文写作。

本书的基本前提是，你需要做到如下两点：

◇ 了解学术写作的基本要求。
◇ 从一开始就动笔写作，让写作贯穿学术研究的全过程。

持续写作的内涵因人而异，但假如你能了解其核心原则，则有助于你持续、高效地写作。对大多数研究生而言，论文写作是一项完全陌生的任务，既对其提出了前所未有的要求，也比任何其以往所接触过的项目更为复杂且庞大。这项任务需要更多的自主学习，以及更多的自我激励。这项任务较少涉及持续性评价，它有可能是

第一章 如何每小时写出1000字

你经历过的最长的连续写作过程。

然而,学术论文写作也不是一种完全陌生的体验,它建立在你过往的学习经历之上。你在本科学习和其他途径所培养出的技能都能派上用场。时间管理就是一个很好的例子。论文主题可能建立在现有知识之上,譬如理论方法或学科本身。学习中的纪律和例行工作,以及你在其他层面所进行的不同形式的学习同等重要。

早期写作任务

☆ 阅读时做笔记。

☆ 记录阅读内容。

☆ 撰写阅读小结。

☆ 批判其他研究。

☆ 起草研究计划。

☆ 修订论文/研究计划。

☆ 记录实验/预实验/观察数据。

☆ 描述实验/程序。

☆ 草拟工作计划。

☆ 解释工作顺序(逐句表达)。

☆ 勾勒论文框架。

☆ 略述文献综述。

☆ 思辨式写作:拟定研究行动路径。

☆ 设计博士生涯第一年的报告。

怎样顺利完成论文：论文写作的策略与技巧

消极地将论文视为"人生的一大未知数"并非明智之举。论文和其他写作任务一样，可以且必须被明确定义。第一本（也是最好的一本）概述博士阶段全过程的书就是菲利普斯（Phillips）和皮尤（Pugh）撰写的《如何获得博士学位》（*How to Get a PhD*），此书现已推出第六版（2015）。菲利普斯与皮尤的书是为博士生而写的，而本书是为博士生、硕士生和其他学术工作中的写作而写的。两本书相辅相成、互为补充。本书聚焦于写作过程，并从始至终地提供论文写作每个阶段的相关活动、操作提示与应用指南。

论文撰写过程不应当被一连串的问题所阻碍。一旦你掌握了一套写作策略，你就可以继续写作，并认识到研究中有时需要采用客观性或描述性的写作，而有时则需要更为复杂、更具说服力的写作模式。你也可以通过写作来拓展思路、巩固新知、完善思维。本书涵盖与此相关的所有策略，从而让论文写作成为一个个你可以攻克的挑战，进而逐步确定你的论文写作类型。利用这些策略撰写论文时，应能让你保持当初踏上研究之旅时的心理层面的刺激和兴奋。

虽然"论文"和"学位论文"的定义在不同文化中各不相同，但本书中使用的"论文"一词指代本科生和研究生写作项目。由于项目长度迥异——从8000字的本科论文，到2万字的硕士论文，再到4万~5万字的专业博士论文，以及8万~10万字的博士专著，因此本书建议读者根据自己项目的实际情况和所在机构的指导方针及规定来制定框架和时间表。此外，尽管与论文作者一起工作的人可能有导师、辅导员、顾问等不同头衔，本书统一使用"导师"一词。

2. 学生留言:"本书使用心得"

为了向读者提供更具体的使用指南,本节将引用学生的想法,展示他们在论文写作过程中如何以不同方式、从不同学科和不同视角出发使用本书。在我提及即将开始本书第三版的编撰时,一些学生主动提供了建设性意见,他们想和读者分享关于本书的看法以及本书的使用方法。我欣然同意,于是他们各自为我写了几段留言。随后,其他学生也加入其中并添加了他们的观点。我挑选并汇编了不同的留言,在获得他们的许可与授权后放之于此。多数人同意将他们的姓名和专业一并展示,因为这样有助于说明本书适用于不同学科和不同水平的读者。

本节将介绍他们的观点。他们不仅指出了本书的多种使用方法,还将解释本书在撰写论文的哪些特定阶段可能会有所帮助。诚然,撰写论文是一个私人化过程,但你可以从这些学生的留言里获取我所提出的策略的使用参考。本书的价值不仅仅在于提供参考,它还能激励写作,促使你产出文本以扩展思维和见解,并推动你完成论文——毕竟这才是当务之急。

这些学生的留言还有别的益处。他们的叙述使我回想起从其他学生那里听到的评论:使用本书进行论文写作,无论是对在中短期或长期撰写一篇论文来说,还是对今后职业生涯中的其他写作项目而言,均大有助益。

使用本书的好处

☆ 了解论文写作面临的挑战(通过阅读学生留言)。

☆ 设定论文框架。

☆ 制定行之有效的写作策略。

☆ 学习合作写作。

☆ 养成写作习惯。

☆ 对写作项目进行概述。

☆ 把写作任务分解为可管理的阶段。

☆ 运用写作拓展想法和/或理解。

☆ 培养写作的信心。

☆ 在写作中表达自己的观点。

☆ 为答辩做准备。

☆ 开始为期刊撰稿。

当然,本书不可能为任何人在任何时刻均带来以上所提及的一切好处,但这些都是学生们的真实反馈。

你可能会认为,只有喜欢本书的学生才会花时间留言评论。那么讨厌此书的人或是那些认为此书不适合他们的人呢?比如,理工科学生、计算机和数理专业的学生并不一定觉得本书适用于他们,因为书中的某些部分似乎更适用于人文和社会科学范畴。我认为出现这种反应的主要原因在于理工科论文具有更为明确的格式要求,对不确定部分的讨论较少;论文内容也可能更多地依赖于实验结果,

第一章 如何每小时写出1000字

较少需要对可能性进行讨论,而我却在书中花费较多笔墨谈论采用不同方式写作的利与弊。然而,博士论文必须满足两大标准:首先,诠释你的研究与他人研究的关联性;其次,提供充足的理由证明你可以获得博士学位。这些标准必须在你的论文中得以体现,也就是说,你需要对你的某些想法和写作做出解释,而不是单纯地汇报数据而已。

对于理工科学生而言,最有效的方法似乎是使用理工科范本,本书也提到了这一方面。我还会解释每种写作策略如何在不同学科中发挥作用,而学生可以根据自己的写作过程来调整策略。此外,你可以跳过某些与你的思维方式、写作模式、研究项目或学科不太匹配的策略。但乍看起来有些陌生的写作策略实则可能大同小异。例如,撰写研究日志与记录实验或观察日志并没有太大区别。简言之,本书对所有人均具备一定的参考价值。如果你觉得某个章节与你的论文毫无关联,可以核查一下,以防遗漏了与你的论文相关的章节。

本书与所有学科相关的特点

☆ 描述论文写作的全过程。有关摘要、提示、技巧、时间表、任务和写作计划的内容,请参阅第九章。

☆ 提供写作问题的解决方案。例如,写作障碍、不确定性、缺乏权威性、反复修订等。

☆ 展示如何构建学术论点。为你的数据如何成为"贡献"(这是博士论文的一项关键评价指标)提供最佳论证。

怎样顺利完成论文：论文写作的策略与技巧

尽管本书适用于所有学科的学生，但我无法确切说明你"必须"或者"应该"如何使用本书。从后续的学生留言中，你会发现许多撰写论文的方法，也会发现许多使用本书辅助写作的方法。我对每个学生的观点都添加了注释，加以整理，并以我的看法阐释每条留言所涉及的论文写作问题。

你要做的第一件事就是像下面这位学生一样，浏览本书的前两章。

使用本书开展论文设计与工作计划

在完成教育研究博士学位论文期间，我将这本书作为辅助工具。我的目的是提供个性化的综述，用以说明个体与文本间的互动，并尝试评估其对写作方式的影响。

在完成博士学位论文之前，我曾作为第二作者与他人合著过一本书，这无疑对我成为一名作家具有莫大的帮助。但我也发现写作并非易事，且就某种程度而言，我并未从中获得乐趣。后来，在我专注于博士研究项目时，购买了默里（Murray）的书。我并没有把这本书从头到尾翻完。我记得自己浏览了前言和第一章，这促使我制订了一个写作时间表，并得到了导师的认同。我还和导师商量好，请他根据我的时间规划表评阅初稿并提出反馈意见。说心里话，我觉得他当时并不认为我能坚持下去。

我曾经在脑海里闪现过自由式写作的念头，也曾浅尝辄

第一章 如何每小时写出1000字

止,但书中的第三章让我相信这种方法是有好处的。说实话,多数情况下我都在逐步尝试一种更具针对性的方法,一种接近于默里书中所提及的生成式写作方法,但正是自由式写作的想法最终扎根于我的实践之中。这本书让我有信心写下自己的想法,然后再去考虑连贯性问题。

在我手头的这版中,我着重标记了第四章,该章帮助我理顺了文献综述的目的与风格。毫无疑问的是,"论文布局"那一节向我介绍了一种关键的策略,这一策略对我的写作方式产生了巨大的影响。书里建议从设置论文的经典结构入手,然后添加文字;接着插入暂定的副标题和简短的小标题,从而表明你在这一部分打算做什么。这是我从书中获得的最有效的一种策略。我发现创建此类结构有助于塑造我的思维,即便在很短的时间内,我也能像坐下来考试一样,坐下来静心写作。我选择从某个部分开始写作,然后不停地写下去。这让我感到目标明确、精力集中,并且效果显著。如果我的阅读量和文献知识能跟得上进度,我发现自己就可以更高效地写作,并写出理据充分的初稿。假如阅读量与文献知识跟不上进度,我就继续采用自由式写作,努力完善我的论点。但我也会通过红色标记为自己插入问题和阅读任务来强调不足之处,例如"此处需要支撑性论据"或"你是否确定是这样"。

我必须承认的是,我的博士论文写作循序渐进地开展,其撰写过程成效卓著。我的写作速度不断加快,直至最后定稿。第九章是全书举足轻重的一章,为我的整个写作过程提供了言

怎样顺利完成论文：论文写作的策略与技巧

> 简意赅的实用性指南。对于那些时间仓促或已经赶不上进度的人而言，这一章为他们提供了行动蓝图，让他们建立成功在望的信心。该部分重申了在我看来十分重要的策略——"先创建论文结构，再完成各个部分"。
>
> 书中提出的实用性技巧让我能够更加自如和自信地写出初稿，再通过修改和来自一位挑剔的朋友的反馈做进一步改进。这本书让我体验到写作是研究过程中令人愉悦且富有创造性的部分，并最终让我成为了一名作家。
>
> 皮特·博伊德（Pete Boyd）
> 英国坎布里亚大学首席讲师

皮特的方法注重论文结构与工作计划：

◇ 制订论文写作的时间表和工作计划。

◇ 和导师商定写作产出和反馈周期时间表。

◇ 使用生成式写作把你的观点写在纸上或打在电脑屏幕上，并在后续的修订中完善论文结构，改进写作风格。

◇ 尝试新的写作策略，调整这些策略，继续经常使用那些行之有效的策略。

◇ 运用书中第四章内容完成论文设计——写下每一章的主要内容。

◇ 使用第九章列出的步骤来管理最终的集中写作阶段。

第一章 如何每小时写出1000字

上述列表的有趣之处就在于不同的策略可以结合实际加以运用:尽管许多人将结构式写作和生成式写作放在一系列策略的首尾两端,但皮特却将二者串联了起来。

在不同的写作阶段以不同方式使用此书

我发现,在我攻读博士学位的不同阶段,此书均对我有所帮助。在早期的写作中,我使用书中的第二至第四章来启动写作。特别是第四章的"分层次写作"这一节,成为我研究项目很好的"快速启动器"。

尽早开始设计论文大纲,就能让我大致了解自己想要表达和必须涉及的内容,从而将其分解为便于操作的各个部分。

此后,我找到了自己的写作节奏和写作风格,减少了使用这本书的频率。但在论文定稿的最后阶段,我觉得有必要重拾此书。

第十章对如何评估论文是否达到"足够好"的标准提供了很好的支持和结构化的建议。这本书还有助于使最后的疯狂冲刺正常化,以便顺利到达终点。

梅特·克赖斯(Mette Kreis)
英国苏格兰格拉斯哥卡利多尼亚大学审判心理学博士研究生

梅特的叙述展示了本书在不同论文写作阶段的使用方法:

怎样顺利完成论文：论文写作的策略与技巧

◇ 早期阶段：寻找策略，着手写作。
◇ 第二阶段：(1)使用提纲，创建论文概览。
　　　　　　(2)分割大型写作项目，使其便于操作。
◇ 中期阶段：更少地使用此书，更多地采用适合自己的策略。
◇ 扫尾阶段：(1)评估写作是否已经达到"足够好"的程度。
　　　　　　(2)管理最后的集中写作阶段。

使用此书了解论文写作规范并检查是否完成

事实上，我采用了三种使用此书的方法：

☆ 在博士研究生入学期间，我通读了这本书，大致了解了自己目前需要完成的事（或以后可能后悔未做的事）以及将来计划要做的事。

☆ 博士在读期间，当我想向自己强调立即动笔写作的重要性时，或是当我需要一点写作动力（或者只是想借故拖延）时，我就会翻看书中某个特定的部分。

☆ 当我写到结尾部分时，我重新翻阅了此书的后半部分，以确保我的论文涵盖了所有需要的内容（纯粹只是想平复我那忐忑不安的心情——"老天啊，他们不会因为我写了这样一篇论文就授予我博士学位的，对不对？"）。

塔里·特纳（Tari Turner）
澳大利亚墨尔本莫纳什大学南部健康服务研究所临床疗效中心高级顾问

第一章　如何每小时写出1000字

塔里的叙述表明，本书可以在你担心作品是否达到质量标准之际有效对抗由此引发的焦虑。直到论文被评审人判定为合格的那一刻到来之前，你都无法完全确信自己的作品是否能达到所需的标准。塔里不仅使用本书产出文本，还在关键阶段使用本书对自己所撰写的内容进行校验。尽管校验的过程必定需要顾及学术机构的要求和标准，但本书可以在你对自己的作品进行自我评估时助你一臂之力，而自我评估恰恰是成长为一名独立研究者的必经阶段。

使用此书保持写作动力

我采用以下三种方式使用此书：

☆ 和正在完成博士学业的朋友一起根据提示写作

有时我会在周末和我的一位朋友一起写作。我最喜欢的写作提示是"接下来我想写的是……"。这一做法充分激发了我们撰写论文的动力。我们各自按要求进行10分钟写作，然后分别描述自己所写的内容。这一练习让我重新焕发了写作能量。就算八匹马都拉不回来我写完论文某个小节的冲动。我深知自己已经找到了可以快速开始写作的可靠方法。

☆ 分层次写作和修订

写作的本质在于修订。这本书让我充分地意识到，论文写作的本质就是分层级修订。我将其分为5个层级：

（1）论文标题

（2）论文摘要

怎样顺利完成论文：论文写作的策略与技巧

（3）论文的详细大纲（目录）

（4）论文各章之间以及每一章核心概念之间的可视化关联

（5）论文正文

打个比方，当我写完论文中的某个小节时，有时这就会促使我修改论文目录页内容。我有现成的标题和摘要，但会在不同的阶段对其修改。无论我正致力于前端的哪个层级，后端均有备用的内容。因为我常常在层级之间跳跃，有时我会在笔记本电脑上同时打开两三个文件。

对我而言，创建各章节彼此适切的视觉效果以及各章节核心概念彼此关联的高级视觉效果是一项重大的突破，让我可以在不同层级间完成撰写、设置、再撰写、再设置的过程。我喜欢直观的思维方式和学习方式，能够利用个人优势和喜好让我感到充满创意、精神振奋。这些直观信息成为我的论文中至关重要的部分。面对答辩中的许多问题，我都谈到了这些关键的直观信息。

☆ 将此书作为某些具体章节的材料

在撰写论文结论时，我阅读了书中针对讨论/结论一章的内容。我读到了这样的提示："你对人类知识的贡献是……"。寥寥数字激发我写下了如下三条提纲：

（1）我的理论贡献是……

（2）我的实践贡献是……

（3）我的研究贡献是……

我为这些提纲而撰写的文字为我完成论文结论的三个小

第一章　如何每小时写出1000字

> 节奠定了基础。这本书还帮助我树立了自己的研究态度,为博士论文答辩做好充分准备。
>
> 特里·巴雷特(Terry Barrett)
>
> 爱尔兰国立都柏林大学教学中心博士

这则留言回顾了特里使用本书的全过程,他不仅阐述了通过使用新策略掌握的新知识,还非常清晰地指出了本书值得褒扬的方面。书中多处提到根据提示写作,但最初的解释出现在第三章。

另一位学生也表现出了类似特里对产出文本和撰写研究贡献方面的关注。他使用了我在专著《如何为学术期刊撰稿》(*Writing for Academic Journals*)(默里,2013)中提到的策略,我也将其中的某些策略摘录到本书的论文写作部分。

> **带有结构和目的的经常性写作**
>
> 我用过你的《如何为学术期刊撰稿》。我有一个特殊的"癖好",因为我有阅读困难症,并且在学术写作方面遇到了真正的瓶颈——我可以在演讲时滔滔不绝,但碰到要写文章时,我就变得束手无策。你和你的这本书帮助我拆解了期刊写作的全过程,加深了我的认识。我现在唯一的问题就是再也没有理由不写文章了。
>
> 在我工作的机构里,有很多人并不认为自己是"学者",

> 但他们确实编写出了高校规章和文件。假如要求他们撰写期刊论文,他们也许会哀号着夺门而出。
>
> 我使用了期刊写作的步骤来帮助我撰写手头的博士论文:例如,了解论文的受众,了解他们的需求与期望值,少量但高频率地写作,写作时做到结构清晰、目标明确。
>
> 作为博士研究生,我们会很容易只关注正在产出的内容和知识,而不去思考所经历的研究过程。你可能不了解自己为什么做出这样的决定,比如哪种研究方法对你和你的研究项目而言是正确的,你排除了什么,什么对你产生了影响。直到你在答辩时被问及这些事情,你才会意识到自己缺少这方面的认识,这可能会让你大吃一惊。假如你能在一开始就明确研究步骤,你就能不断反思,并且为目前正在实施的研究过程提供佐证。
>
> 梅甘·劳顿(Megan Lawton)
> 英国英格兰密德萨斯大学职教学院在读博士

梅甘不仅使用本书制定了研究和写作的具体策略,而且还在研究过程中时刻保持警醒。本书不仅能帮你规划行动方案,更能促使你认真思考自己当下的做法,考虑这些做法的理据,以及如何推进这项研究。

第四章的"论文布局"和第七章的"写作布局"均提供了论文大纲的模板。尽管这些模板乍一看像是理工科或计算机专业模板,尽

第一章 如何每小时写出1000字

管它们在你的论文或学科中的排列顺序和使用的专业术语有所区别,但却涵盖了你可能需要呈现的某种形式的论文要素。

使用此书建立并撰写理论框架

我的论文写到了一半,完成了第一章至第七章的部分内容。但写到理论框架时,我被困住了,这使得我的写作进度推迟了一个月左右。在过去的一个月里,我一直感到十分沮丧。因为所有我想要写进论文里的东西都停留在了思考阶段,却没有动笔写下大纲。当我从导师那里拿到关于理论框架部分的反馈时,情况变得更为严峻。今天,在我拜读了这本书(尤其是第五章)之后,我重新找回了动力和内在能量。

我希望那些和我一样在写作中苦苦挣扎的朋友们,能够从我与写作问题的抗争经历中吸取经验——永远都没有完美的作品。最重要的是要为你的论文写作制定策略。现在我已经明确了自己的定位,感到一身轻松。眼下,我的目标就是不间断地写下去!目前,我还在修订一篇会议文稿,以便将其提交发表。从今往后,我希望能为自己制定写作策略,持之以恒地创作,而最重要的是,我应该学会接受不完美!

一名会计与金融专业的博士生

这位学生在某个极易出现问题的阶段发现了本书的实用性,促使她解决了思维与写作中的问题。这一事例表明,研究与写作息息

相关；同时，也强调了写作对于拓展思维的重要性。学会"接受不完美"的意义就在于它会提醒你：或许在某个时期，你不得不忍受自己的论文不够"完备"或"足够好"的事实，但你必须找到方法应对这一纷繁复杂且有时令人沮丧的阶段。第六章的标题叫作"成为连载作者"，讲述了如何建立论文论证的结构，并开始循序渐进地写作。

使用此书获得专业发展资格认证

这本书消减了人们对于学术写作的恐惧，扫除了写作的障碍。书中提供的实用性策略与普适性框架不仅适用于博士研究生，也适用于参与专业发展资格认证的所有人士。

书中关于规划与准备的最佳技巧弥补了浪费时间和语言贫乏的隐患，帮助我按时完成了高质量的总结报告。

艾莉森·施皮尔斯（Alison Spiers）

儿童护理专业大三学生

艾莉森的评论表明，本书能够帮助大家完成其他类型的资格认证。多年来，我收到过许多有关使用本书应对其他写作项目的评论和反馈。这些评论说明，大家并没有因为本书主要针对博士学位写作项目而被吓倒；反之，他们亦找到了书中与自身写作过程相符的写作策略。在这本书中，我所采用的方法就是将写作过程化繁为简，激励作者构建写作步骤并更好地加以管理。从第一章至第十一章，设定写作目标与监控写作过程贯穿始终。

第一章 如何每小时写出1000字

使用本书，让我不再为写作而烦恼

虽然我所撰写的是硕士论文，但本书让我如虎添翼——若非拜读此书，我绝无可能完成论文。此书可读性强，对写作过程的全貌以及写作中可能遭遇的障碍和挫折做了详细叙述。

我感觉此书就像一位挚友，真正了解你所经历的一切。书中经常会有一些话语令人眼前一亮，向我传递着某种信息。我便把它们摘录在便笺上，贴在电脑旁。诸如：

☆ 每天写点东西。

☆ 不要怀疑内容是否已经"足够好"。

☆ 让内心的"编辑"保持静默。

☆ 忽略质疑。

☆ 关闭质询。

☆ 从"不确定就不下笔"改为"不确定时继续动笔"。

由于我意识到自己一直所做的就是质疑自身的写作能力，花费大量的时间咬文嚼字并为此感到懊恼，我便觉得书上的这些话语特别管用。我是对自己很严苛的人。我发现只要专注于书中的要点并动笔写作就会有所帮助，即便我并不清楚自己会写出什么内容。

在开始一天的任务前，撰写日志和自由式写作的方法能有效地帮助我动笔写作。我通过这两种方法洞悉自己对于写作内容的焦虑和感受，随后将其转化为积极正向的情绪，并专注于我的写作内容。

用思维导图呈现各个章节的要点令我受益匪浅，一来可

怎样顺利完成论文：论文写作的策略与技巧

> 以让我保持对写作内容的整体性规划；二来当我灵感迸发时，能帮助我轻松地将这些想法和观点插入各个章节中。
>
> 起初，我发现书中关于自由式写作、寻找结构、制定论文大纲等方面的内容让我获益良多，但后来我发现第九章尤是如此。
>
> 布伦达·贝恩（Brenda Bain）
> 苏格兰格拉斯哥卡利多尼亚大学理疗学讲师

布伦达的叙述展示了如何将这本书作为试金石并贯穿于写作过程始终。书中的关键信息使其在应对写作的实践性、技术性和情绪层面均朝着良性的轨迹发展。人们鲜少谈论写作的情绪层面或是论文写作的情绪压力，但情绪问题举足轻重。我们需要管理好情绪，特别是最后阶段所萌生的焦虑感和挫败感。这一问题将在本书的第六、七两章加以讨论。

上述所有学生的观点说明，100个学生也许有100种使用本书的方法，但在他们的叙述中不断复现的内容有：

◇ 学生们都喜欢第九章。

◇ 多数学生都以发现自身写作的问题为出发点，进而使用本书解决问题。

◇ 他们对学术写作的看法和实际处理方式均发生了巨大的转变。

◇ 他们发现，将实用性策略（即写出文章的策略）和设定框架

第一章 如何每小时写出1000字

（即编排文本结构、制订时间表）二者结合使用，确有奇效。

这些学生以自身现有的写作技巧和方法为铺垫，使用书中新的技巧和方法，做到了融会贯通。这或许就是我们从留言中获取的关键性信息：使用已有技巧，进而尝试未曾体验的新策略，来应对论文写作这一全新的任务，提升自身的论文写作技能。这些全新的策略对于其他类型的写作任务同样行之有效。

3. 学生需求

> 研究者们发现，对于什么才是有效的学术写作这一问题，研究生和教师的观点往往存在分歧。他们发现，学生们想要学会怎样采用简洁的表达形式，遵循既定的格式，并使用正确的术语；但另一方面，教师们则认为，学生必须提升自我能力，提出有实证证据和理论支撑的有力论断。
>
> （卡法雷拉和巴尼特，2000：40）

这是一个有趣的二分法问题。那么，为什么我们会期望两个完全不同的群体产生相同的期望呢？想必研究生们现在还在摸索究竟什么才是他们目前必须掌握的知识吧。

即便学生和导师之间或学生和学生之间已经谈到了写作主题等问题，他们可能也无法对学生必须了解哪些内容达成一致。对于已经开始着手撰写论文或已经完成论文写作的人来说，当他们回顾过去时,发现自己真正需要的是什么?答案多种多样,甚至相互矛盾。

> **回顾过去**
>
> ☆ 要在自己想做的以及导师期望的事情之间找到平衡需要耗费相当长的时间,有时可能长达一年。
>
> ☆ 你很难让导师对你的项目刮目相看,导师们有时候对你的项目并不太感兴趣。这是所有学生的共性问题。
>
> ☆ 孤立无援也是一大问题,它可能会和其他任何问题同时出现。
>
> ☆ 从做好规划入手。半年或一年的时间转瞬即逝,重要的是一边向前迈进,一边继续写作。

以上反馈信息说明,论文写作与各类因素息息相关,也会受到这些因素的影响。

> **写作过程中遭遇的问题**
>
> ☆ 项目的自主权问题。
>
> ☆ 如何与导师相处。
>
> ☆ 孤立无援的状态。
>
> ☆ 项目规划问题。

第一章　如何每小时写出1000字

学生们报告说,他们希望获得多种不同的建议和帮助。即便不是全部,他们的许多担忧也大都与写作相关,有些甚至会直接影响他们的写作实践和产出。不同机构和导师对写作提供的支持和帮助似乎有很大的差异。

我们可以将某些问题归结为学生们不了解他们真正需要什么、写作中应该涵盖什么内容,以及哪些个人学习经历与此相关。尽管在某些高等教育体系中,正式培训早已司空见惯,且在其他一些教育体系中也已蔚然成风,但缺乏科研培训的情况仍时有发生。

我们相信,导师们都希望自己的学生能够按时完成论文(只要任务能达到预期标准),他们不会给你设置障碍。但导师所扮演的角色极为复杂,因而往往在很长一段时间内,他们起到的作用并不明显。导师们并非总能意识到写作中具体存在的问题,或是建立一套拓展写作能力的练习。有些导师承认,他们并不了解写作中那些他们不熟悉的内容。他们都写过论文,因而具备关于写作流程的基本知识。他们或许已经发表过论文,出版过著作,甚至还指导过多篇论文。然而,导师们针对学术写作的阅读量可能因人而异。有些导师坦诚地表示,他们早已忘记自己作为研究和写作新手时都涉猎了哪些内容。

本书采取全局观方式处理论文写作的全过程。在聚焦写作的同时,也将涉及学生们提出的一些相关问题。本书旨在帮助你完成论文写作这一特定任务的同时,提高同样适用于其他写作环境的写作策略与技能。尽管此类策略在初始阶段对你尽快动笔写作具有特殊意义,你也可以在写作的任何阶段运用这些策略,而不单单是在初始阶段。

阅读过本书各章节样稿的师生表示,学生们寻求的是更多指导,而不仅仅是"激发思考"。他们希望得到指引,从而塑造自己良好的写作风格。他们还希望提高论证的技巧。刚开始时,学生可能无法准确地说出这些需求,也并不清楚自己需要什么。他们可能要在接触研究项目一段时间之后,甚至直至项目进入尾声时,才会明白上述所提及的内容正是自身的需求。

本书旨在帮助你通过文献阅读、论文写作,以及与同行、导师的讨论,了解论文写作的全过程,而不只是最终的成品。

4. 论文作者的"工具箱"

> 学生在撰写论文时往往有一种想法……那就是好文章是自然而然产生的,是一种必须即刻捕捉的灵光一现……
>
> 我想给你的建议是,若想发挥最大的写作潜能,就需要打造适合自己的工具箱,然后"增强体魄",才能做到藏技于身。此后,你就能选取正确的工具,快速开始行动,而不是眼睁睁地看着这项艰难的任务,感到灰心丧气。
>
> (斯蒂芬·金,2000:62,125)

这两段话揭示了本书希望带领读者体验的旅程。你从一种普遍的错误认识出发,认为好的作品总是可遇不可求,作者应该等待灵

第一章　如何每小时写出1000字

感的降临。如此一来，作品便会"流光溢彩"。你的目的是发展适用于不同阶段、不同写作项目的技能"工具箱"。在这段旅程的终点，你就能自信地使用这些技能，面对任何写作任务都能"立即进入工作状态"。

上述引文中，斯蒂芬·金（Stephen King）的"工具箱"意象与人们在写作小组中所谈及的内容一致，大家也都是在6~12个月时间里逐步提升自身的写作技能。他们发现自己的拖延行为减少了，当然也不再需要等待任何灵感的"闪现"，而更愿意立即把某些想法记录成文，而后不断修改，直至成品出炉。对许多作者而言，这是一个相当大的转变——不仅是写作观念上的转变，同时也是行为模式的转变。

在本书中，采用像斯蒂芬·金这样从事创造性写作的作家的案例似乎并不恰当，因为他们的作品与论文截然不同。他们一直想成为作家，也一直在创作。他们已经渐渐明白对他们起作用的因素是什么。这样的经验对你能有什么帮助？

但确实有所帮助的是，我们可以借鉴他们在写作过程中开发并完善工具以及谋略的方式，做到为己所用。这些作家教会我们一个道理，那便是我们可以将写作融入生活，而依旧"拥有自己的生活"。更重要的是，他们能够为我们展示做到这一点的不同方法。

本书所涵盖的素材随着我30多年的论文写作与科研指导过程不断更新，并在一个个写作小组中得以验证。这些群体中的研究生和学者们对本书的样稿提出了意见：譬如，他们要求书中增加应对特定主题的范例，并将旨在激发读者思考、具有说服力的问题清单替换成促进行动的指南。

本书涵盖了论文写作的三个主要阶段：第二章至第五章提供启动写作的策略，第六章至第八章主要讨论论文的内部结构，第九章至第十一章则是最后的收官，将论文推向完成形态。书中各个章节均聚焦某项写作策略。请通过章节标题和小标题查找你需要的主题，并阅读每个章节前的内容提要，以便查阅这些写作策略所涉及的内容。

5. "品质问题"

当然，一个好的论文写作"工具箱"不仅仅是产出一定数量文字的装置，正如一篇论文不仅仅是单纯的字数堆积。显然，论文的篇幅仅仅是其中一项衡量标准——有些人甚至认为这是最不重要的标准，无法作为评判研究工作质量或论文写作品质的有力指标。

学术写作的质量远比字数重要。然而，写作质量会在一次次的修改中得到提升。在诸如论文这种长时段写作项目的初始阶段，追求最高水平的写作质量并不合理。初始阶段的早期写作和原稿必定缺少经过润色的最终成品所要求的品质。单薄、不完整、语言生涩甚至完全错误的写作，都是科研和学习过程中无法回避的部分。这也是为你配备导师的原因——对你写作中的优缺点提供反馈，并在你逐步改进研究和写作时，引导你进入下一阶段。

写作是验证你的构思和假设的一个良好方法。事实证明，学习产出文本的策略和培养产出文本的能力本身就是极为重要的过程，甚至

第一章 如何每小时写出1000字

在某些人看来,这些比学习写作技巧更加重要(托兰斯,等,1993)。对于新手作者而言,能够"按需"写作将大大增强其信心,有效阻断拖延,并帮助他们动笔撰写那些出于种种原因而被称为"粗略草稿"的初稿。

本章标题之所以如此重要,就在于它提出了一个关键性问题:通过运用各种写作策略,我们有望成为高产且能终身写作的作者。某些人将会比其他人更为得心应手地使用这些策略;在论文写作的某些阶段,一开始奏效的策略可能在其他阶段效果不太明显。本章的标题也可能在师生之间引发关于良好的写作习惯与"高品质"写作产出构成要素的有趣讨论。

然而,产出导向型写作可能需要你使用多种工具,也许需要同时使用多种完全不同的工具。例如,当你对写作内容了然于心时,每小时1000字的写作速度是切实可行的写作速度。倘若我们有详细的大纲,就可以进行"定制化写作"。但对于仍处于学习知识阶段的论文作者来说,或许不太可能做到。他们必须先勾勒出大致框架,并随时需要在写作之前或写作期间做出选择。他们在写作中必须忍受并怀揣着不确定因素。考虑到论文作者的实际情况,本书囊括了有结构和无结构的文本产出策略。鉴于论文作者可能尚不明了如何以通用框架为出发点,尚未意识到通用框架能够帮助你形成不同类型的论文结构,本书还提供了额外的思考文本结构的提示。

换言之,本书内容基于以下三个关键性原则:

◇ 在写作中获得新知。
◇ 在修改中提升品质。
◇ 在规律性写作中培养流畅度。

有了这些目标,每小时创作1000字将成为可能,即使整篇论文不是完全以这样的方式撰写而成。对于所涉及的"学习"是与主题相关还是与写作相关,可能存有某些争议,但两者均可适用。在任何情况下,二者都是相互贯通的。

从长远来看,或许在学完本书之后,你有可能做到每小时写出1000字,这不仅仅关乎提升写作速度。掌握了书中的策略和概念后,作者就能更好地决定自己在何时何地以及能否以这样的速度进行写作。在一小时或一天内写下100或1000字,将成为一个主动的决定,而不是一个"等待和观望"的被动过程。

这种"等待和观望"的方式还有一个潜在的缺点,那就是你无法习得足够与写作有关的知识,你也可能无法成长为作家。有些人认为写作能力与生俱来,并非后天习得。然而,在某些层次上的学校教育或本科教育中尚未教授写作,并不意味着写作能力就无法被习得。每小时写出1000字可能需要一定程度的写作能力,但本书的观点认为,这种能力是可以培养的,但需要一定时间。就像跑步初学者在跑了几圈之后问"跑步的巅峰境界何时能达到"一样,人人都想要得到立竿见影的效果,但只有为之而努力才能看到成效。此外,提高键盘输入速度也是不错的想法。

字数统计就好比在运动或训练时测量脉搏:尽管付出努力的自我印象也很重要,但每分钟的心跳次数能更准确地体现你的努力程度。你或许觉得自己真的很努力地爬上那座山或绕着跑道不停奔跑,但如果你的心率已经达到了训练区间,比如160次/分钟,那么你就知道没有必要再增加训练负荷了,你的训练强度可能已经足以达

第一章　如何每小时写出 1000 字

到预期效果。出于种种原因,你可能无法将"努力"理解为实际的产出。采用具体的衡量标准(如字数),将有助于校准你的自我判断。

字数统计是写作过程中能够更加准确地衡量产出的一种方式。无论我们觉得自己写下的内容够不够多,但假如我们每小时能写下 1000 字,甚至只是 100 字(不管我们预设的速度或我们判断的实际速度是多少),那么我们就知道自己正在不断进步。正如运动的过程一样,记录写作的"心跳"可以避免用力过度,也可以避免因为做得"不够"而心生愧疚。更为重要的是,它可以成为激发写作动力的方式:由此我们便可以追溯写作的日常完成量。保持每天完成 1000 字的速度,这样就会在一周结束时写出 5000 字,而不是最初的一片空白。这会成为一个强大的激励因素。

当你开始在生活中养成定期写作的习惯时,设定切实可行的写作步调并不时对其进行调整也十分重要。同样,寻求某种衡量写作产出的方法可以让你更深刻地了解所设定的目标:目标是否设定得太高?如果想要达到每小时写出 1000 字的速度,但此前却从未做到过,那么初始目标是否应该低于这个标准?究竟写多少字才算合理?

这种方法之所以行之有效,是因为一篇论文在若干年内都将处于"未完成"状态。因此,在过程中拥有已结束某些任务的感觉将大有裨益,虽然你尚未进入最终的"高质量"阶段。由于收尾(将在本书第七章中讨论)被一再延迟,在此过程中创建一个个"小型收尾"就显得十分有效。作者必须找到某些方法,用以标记"质量"和完结的进度。

选择哪种方法阐释写作目标并不重要,尽力而为即可。统计字数、设定目标、确认增量都可以用于识别进度。字数统计的魅力就在于既简单又直观。

　　并非每个人都会被字数吸引。必定有作者认为这一方法过于简单。有些人会因自己的最高理想（如原创性研究、高难度的概念、一流的思维和高品质写作）沦为一堆字数的堆砌而倍感嫌恶，但它只是我们在漫长的写作过程中建立写作模式的一种方式，而非唯一途径。方法可以五花八门。对我而言，我在上午的9：05—9：25花了仅仅20分钟写下了442字，这件事并不会让每个读者都感到震惊，但它却能让我了解自己目前实际的写作进度，也的确说明了我在写作中取得的进展。在我看来，每小时写出1000字的产出率相当高，我也可以因此而感到心安。至于类似"高产"在其他相关语境下是否已经足够这一类的问题，我将暂时不予考虑。论文质量将随着一次次的修订而提升，所有人都明白这一点，但有一些方法确实能帮助我们在明知自己存在不足或质量欠佳的情况下进行写作。

　　同时我也意识到，我和其他一些人能够在某些学科中使用这种方式，但在另外一些学科却无法做到。我已经读了30年关于论文写作的书，并且研究论文写作长达30年之久，但此刻正在浏览本书的论文作者可能只在自己的课题上工作了30周、30天甚至30分钟。理论上，大多数学生和导师可能会认为，"论文作者需要更多的思考时间；他们不能以每小时1000字的速度粗制滥造文本"。学生和导师们可能还会补充道，"这样写出来的反正都是垃圾"。从某种意义上说，写出来的东西可能确实是"垃圾"，学生在写作的初始阶段可能会匆忙炮制出一些踌躇不定、没有定论、杂乱无章而又错漏百出的

第一章 如何每小时写出1000字

作品。但它们真的是"垃圾"吗？这类写作的另一种解读方式是，学生仍处在边学边写、边写边学的阶段。

不着边际的创作或许恰恰说明了思维的漫无目的；但对学生而言，这也可能是他们为真正理解研究主题迈出的第一步。我时常听到导师和学生们说："写出糟糕的东西又有什么意义？"我的回答是，难道写出那些自己都不满意、自己都知道在接受公开审查前需要多次修改的文章，就不是写作过程的一部分吗？这是使得我们的作品变"糟糕"的原因吗？又或者可以更确切地称之为"通往高质量写作过程中的作品"（也就是草稿），从而对写作新手有所帮助？

"写作公式"

☆ 你将如何计划与衡量文字输出？

☆ 你将如何确定适合自己的写作速度？

☆ 你将如何为写作提供动力？

☆ 你将如何界定你在高质量写作方面的进展？

☆ 你的导师是如何说明或定义草稿写作的特点的？

☆ 你的导师如何界定向高质量写作迈进的各个阶段的？

做法五花八门，但倘若论文作者或导师认为字数或页数统计并不是惯常的做法（即便这些方法本身没错），这意味着什么？他们是如何建构写作的概念的？他们会如何定义写作增量和各个阶段？他

怎样顺利完成论文：论文写作的策略与技巧

们将如何将其分解为实际的日常写作活动？这些问题并非意在诘难（尽管常常被这样看待），而是意在引发讨论，以便论文作者能够找到属于自己的答案。

无论这一点是否意味着对写作观念甚至写作概念的真正转变，或者只是一种对事物的重新命名方式，在此所要谈及的是将论文写作的特征明确化。这些特征往往被隐藏并演变为一套有关写作实践和写作作品的假说。例如，允许多轮稿件撰写可以提升学生的自信心。他们会意识到写出"烂文章"（或者更确切地说是低质量的作品或稿件）是写作的必经过程，而有时也是我们不断努力改进并写出好作品以为其正名的必经之路。

在学术写作中，"质量"这一概念可能产生极为有害的影响。一种普遍存在的想法是，学生的写作永远都达不到好的标准。在缺失对于质量定义的情况下，人们普遍存在是否达到标准的焦虑。这就陷入了两难的境地。倘若没有标准，我们怎样才算达标？我们怎样才能达到那些秘而不宣的标准？这种情况下，如果我们能解开质量概念的谜团，并将其视为一系列不同的等级将有所帮助。在你计划论文写作时，以及在你真正动笔时，你以哪一项高质量学术写作的构成因素作为出发点？你又会选择忽略哪些因素？这并不意味着你应该以创作低质量作品为出发点，而是意味着你可以有意地将注意力集中在产出高质量作品的某些特性，并把其他因素留待日后慢慢完善。我们往往觉得自己写出的任何作品都必须达到所有层次上的品质，即便我们知道这是天方夜谭——这种情况既不可能在论文写作的过程中出现，也不可能在论文完成后的其他写作中出现。

第一章　如何每小时写出 1000 字

> ## 将高质量学术写作定义为一系列层级
>
> 首先,确定哪些高质量学术写作元素是你在下一篇文章中所期望达到的,哪些元素是你的文章不会涉及的。
>
> ☆ 聚焦主要论点。
>
> ☆ 有清晰、明确的研究目的。
>
> ☆ 解答问题(如导师提出的问题)。
>
> ☆ 结构富有逻辑。
>
> ☆ 按期提交文章。
>
> ☆ 符合字数要求。
>
> ☆ 能够展现新成果或新思想。
>
> ☆ 段落编排得当。
>
> ☆ 全文语法规范。
>
> ☆ 版面清晰。
>
> ☆ 符合高校规定的格式。
>
> ☆ 对主题进行了深度剖析。
>
> ☆ 能够勾勒出一个新颖的想法。
>
> ☆ 将各个小节和段落联系起来。
>
> ☆ 正文部分与绪论所提出的基本原理一致。

以上就是高质量论文的部分构成要素。你或许还能想到其他要素,或用不同的表述形式为其命名。你的导师也可能有不同的表述、定义或要求。

怎样顺利完成论文：论文写作的策略与技巧

用不同的层级或水平来考虑这些要素，有利于更好地定义写作任务。利用这些层级概念，你就能在各项写作任务中明确哪些是你能达成的目标，哪些是你无法实现的目标。

就你目前已完成的写作任务而言，你是否清楚需要哪些高质量学术论文的写作要素？在你的下一篇论文中，你期望产出哪些相同的要素，抑或是需要在其他层次的要素上做出更大的努力？在现阶段达成哪些要素切实可行，而哪些不太现实？在现阶段哪些要素是合理的，哪些应该搁置到下一阶段可能更加合适？你对"质量"的理解是什么？你的导师又有何看法？你是否清楚导师希望你在下一篇论文的写作中呈现出哪些品质方面的要素？

导师会影响论文作者的写作构思，但学生可以在不违背导师建议的情况下开发一系列不同的写作工具。本书无意制造学生与导师间的矛盾。但鉴于写作中可能存在的争议，如果作者不完全同意什么才是最佳作品，或许也是人之常情。由于可供使用的策略多种多样（尽管导师和学生未必对此耳熟能详），难免就会出现（也应该出现）一些讨论：什么是最佳作品？"最佳"指的是什么？如何才能确定？在实际的写作过程中，我们能够做些什么？

可以预见的是，在任何一套新的策略中，一个或多个策略对于作者本人而言会出现立竿见影的效果，而其他策略对某篇论文而言则会显得毫无意义、格格不入。例如，按要求写作就是本书的主题之一。帮助学生找到在此后的3年到6年内强迫自己进行"高质量"写作的方法也是本书的目的之一。如果我们接受拥有一系列策略（或至少不止一种行之有效的策略）在原则上是不错的主意，那

第一章 如何每小时写出1000字

么很可能书中的一些策略不仅看着新奇,一开始还可能看似有违常理。

长久以来,我们都以自己独有的方式写作;但假如我们要创作一篇篇幅更长、更复杂的文本,可能需要做出一些改变。但在写作方式"改变"之初,仅仅是拓宽我们的选择范围,都有可能让我们感到不适,并且觉得挑战性过高。完成一篇论文需要作者尝试全新的技术,或提供尝试的可能。如果论文不同于任何其他类型的写作,你就需要考虑使用不同的策略。

当作者们被要求尝试不间断地写作5分钟来强迫自己写作时,他们通常会问道:"5分钟能写什么?"事实上,这个问题通常是个反问句:"我怎么可能在5分钟内写出东西?"许多人认为自己要花30分钟才能"进入"写作状态。在我们进入下一步讨论之前,这个问题本身并没有讨论的价值:在这30分钟的热身时间里,大家在做什么?他们在开始写作时有哪些惯常程序?真的需要30分钟热身时间吗?这真的是唯一的办法吗?难道没有其他选择吗?

这项活动旨在推进写作,即便是在论文作者可能尚不明确自身项目走向的早期阶段。出于显而易见的原因,现阶段的目标是力求写出一份语句连贯的研究提案,随后写出其他正式的文稿。然而,检查与调整你的写作实践与预设也是写作过程的重要步骤。在这项活动中,你也可以花点时间对本章迄今为止提出的建议做出回应,并思考它们将如何帮助你完成论文写作。

> **写作训练：5分钟写作**
>
> ☆ 连续不停地写满5分钟，并以句子的形式回答以下问题：你对每小时写完1000字有何看法？
>
> ☆ 统计你写下的字数。

目前你可能还无法做到每小时写出1000字。这么做的意义在于你可以依照要求，在规定的提示和时间限制内写出特定数量的文字。你也可以进一步扩大其效果——那就是用这种方法来应对你的写作。运用本书提到的所有工具，你就有可能每分钟写出1000字，哪怕正在撰写的是一篇论文。

强制性写作、不间断的快速写作、不做预设的即时写作具有诸多潜在的好处，哪怕是斯蒂芬·金在应对自我怀疑时亦是如此：

> 很多时候你都会产生自我怀疑。但如果我写得够快……我就会发现自己能保持最初的创作热情，同时摆脱一直蠢蠢欲动的自我怀疑。
>
> （斯蒂芬·金，2000：249）

尽管保持写作热情也很重要，但关键问题不仅限于此，而是还需专注于自身的想法，强迫自己找到一种能够忽略或推迟任何可能出现的"自我怀疑"的方法。当然，自我怀疑本身无可厚非，除非它持续地影响你的写作进度。事实上，自我怀疑或许是研究者应当具备的一项重要技能，因为这些怀疑和问题将有可能成为你的写作主题。在某些学科中，描述研究过程中出现的问题正是论文的组成部分之一。

6. 学术写作原则

每个学科均有诸多写作原则。你的任务就是找出并学习这些原则，了解其内容。你可以阅读范文（比如学术出版物和论文），然后和导师、同伴探讨你对本学科核心原则逐步加深的理解。随着你阅读本学科的学术写作范例，提出以下问题将具有实际意义：

◇ 本学科的学术写作惯例是什么？
◇ 本学科作者使用哪些语言（名词、动词、关联词等）？
◇ 争议是如何体现的？
◇ （如果文中体现了争议）研究者是如何描述争议的？
◇ 写作结构是如何展现的？
◇ 在写作风格与写作框架上有哪些选择？

恰如关于你所属学科的争议中存在主导问题一样，术语也存在着在当前是否流行和能否继续使用的情况。无论你是否将其视为学术界的"潮流"或是总体趋势，你都应该识别自己即将要通过书面写作进入的本学科的语言沟通形式，并在恰当的时机运用、调整、质疑或挑战它。询问导师是否有兴趣讨论你对本学科学术写作所用语言的总体印象。

7. 学术写作相关文献

我认为大多数论文作者没有必要对学术写作文献展开细致的调查，但可以探讨一下那些过往研究和学术界不曾强调过的写作方法。相关文献体现了广泛的写作方法和写作成果，以下概述旨在向读者展示不同流派的学术思想。

◇ 艾奇逊等人（Aitchison et al., 2010）使用了一系列理论，为在读博士生和博士后人员提供了论文发表教学指南。

◇ 博伊斯（Boice, 1990）通过研究发现，每日坚持写作会使学者成为多产的作者。

◇ 布朗和阿特金斯（Brown and Atkins, 1988: 123）阐述了论文作者所面临的问题：

◎ 科研项目规划与管理不善。

◎ 研究方法方面的困难。

◎ 写作中的问题。

◎ 孤立无援。

◎ 研究之外的个人问题。

◎ 指导不力或疏于管理。

◇ 邦顿（Bunton, 2005）使用体裁分析法确定论文结语部分的各个要素。

◇ 科斯库姆等人（Coskum et al., 2013）对土耳其硕士研究生论文写作评价展开了调研，研究发现文本规范十分重要，例如语法与

第一章 如何每小时写出1000字

标点符号,而段落结构与创新性在调查中被提及的比例微乎其微。

◇ 著名意大利小说家、学者翁贝托·埃科(Umberto Eco)出版了一本与本书同名的著作。该书首次出版于1977年,2015年才被翻译成英文版。埃科的著作涉及攻读博士学位的方方面面,而本书则仅专注于学术写作。埃科书中的部分内容年代久远,略显过时,例如使用索引卡整理研究文献等。该书结尾两章主要解决引用、标点符号和论文格式等写作中的技术性问题。

◇ 埃尔伯(Elbow, 1973)对先决定好要写什么再写作的传统观念提出了质疑,认为我们应当利用写作来拓展思维。

◇ 埃尔斯顿等人(Elston et al., 2013)认为,研究者的个体发展应契合所处的文化环境。

◇ 埃米格(Emig, 1977)认为,写作亦是一种学习方式。

◇ 弗劳尔和海斯(Flower and Hayes, 1981)提出,认知过程(即思维方式)也是写作方式的一部分。

◇ 赫林顿(Herrington, 1988)阐释了教育环境下写作任务的功能,指出本科生应从写作任务中学会以下内容:

◎ 介绍学术惯例。

◎ 介绍专业惯例。

◎ 展现相关惯例的知识储备。

◎ 训练独立思考能力,积极查阅与知识点相关的文献资料。

◇ 霍基(Hockey, 1994)探讨了论文写作以及博士阶段经历的社会心理过程。

◇ 李和斯特里特(Lee and Street, 1998)主张采用"学术话语"

的方式,提出我们应该从一开始就系统地学习本学科话术。

◇ 默里(1995, 2013)认为,我们需要采用多种不同的手段与实践,用以构建富有成效的写作过程,即认知、社会心理学、修辞等层面。近期,本人的研究表明,组建社交群组在辅助论文作者方面具有重要意义。

◇ 尼高(Nygaard, 2015)指出,采用定量研究方法分析学术写作这一手段并不完善,因为写作受到诸多因素的影响和限制。

◇ 苏萨尼斯(Sousanis, 2015)在其博士论文中采用了图画小说形式,这不仅为漫画研究者,也为有志于保持学术研究创造力的其他人提供了强有力的参考。

◇ 斯韦尔斯(Swales, 1990)针对学术写作的"体裁"学习展开个案研究;斯韦尔斯和费克(Feak, 1994)在一本针对非英语母语者的教科书中展示了一种基于体裁的方法,这对英语母语者也有借鉴意义。

◇ 托兰斯(Torrance)等人研究了有关社会科学研究的学生论文,发现无论是学习写作的技术层面或是写作的认知策略训练,其成效均不及"文本生成"策略(1993);此外,研究也发现详细的写作规划比不做规划更有效果(托兰斯,等,1994)。

以上文献的一大主旨就在于,写作任务贯穿论文过程始终,其目的是将写作发展为研究过程中不可分割的一部分。假如二者得以完美融合,学生便可成为"系列作者",养成写作习惯,学会如何将写作融入繁忙的日程,进而让写作成为职业生涯中极其重要的一项任务。

提升语言流畅度与写作自信需要持续写作。当我们持续写作时，写作也依旧是一件苦差事，但至少不那么令人害怕了。我们会感到其他写作任务变得简单，也愈加难以继续拖延。诀窍就在于学会如何保持专注。最终的结果便是你可以建立写作信心，知道自己能够在最后期限内完成任务。

赫林顿（1985，1992）的自然观察研究（即观察论文作者在学术环境中的真实行为）展现了学习者如何在学科中进行自我建构，但其结果也表明，研究中涉及的每一门课程均代表某一独特的话语社群。我们可以认为，每一篇论文都以某种潜在的相同方式而存在：学术论文不仅存在于特定学科的话语体系之中，事实上，学术论文也同时体现在某个范围更小、尽管同样复杂的话语体系之中。

导师是否应该明确而非隐晦地将写作中的不同知识与用途用于提升学生的写作水平？赫林顿（1992）提供的证据表明，在本科教育阶段，学者们的确通过引导、发问、为修订过程给出建议等师生关系中的常见行为来履行这一职责。

8. 学科差异

提到研究理论和研究方法，我特别想提醒读者的是，这些概念在不同学科中所表达的含义完全不同……然而，在绝大多数学科领域中，假设、理论和方法之间的协同作用绝对是论文成败的关键。

（皮尔斯，2005：74）

甚至对于研究至关重要的"理论"和"方法"等词,在不同的学科中也可能具有截然不同的含义。在你的学科体系内,每一个词汇都有其特定的含义,你可能认为可以在写作过程中直截了当地进行讨论。反之,你也许会发现这些词汇指向那些你尚未理解的复杂领域。因此,在写作过程中提及这些核心术语,可能与你所从事的学科领域、研究类型以及研究方法(如果你所使用的正是这个词)有关。有些问题可以通过与导师的讨论得以解决。对你的论文来说,关键不在于学科之间是否存在差异(因为学科差异确实存在),而在于认清学科领域内的写作特征。你可以通过分析所属学科的论文,从而着手解决这一问题。

论文分析方法

☆ 浏览目录页。

◎ 文章使用何种类型的文本结构?

◎ 是否具备实验性、叙述性或其他形式的逻辑过程?

◎ 各章文本的相对长度是多少?

◎ 这一文本结构是否在论文摘要中有所体现?

☆ 阅读各章导语。如何建立各章之间的进展脉络?

☆ 各章之间的主要区别是什么?

◎ 观察文本结构和文本样式,即长/短句和段落。

◎ 观察论文中所使用的语言:有哪些关键词?

◎ 观察论文中的动词类型:限定动词、过去时或是命题态度动词。

第一章 如何每小时写出1000字

如果你在学习了一段时间后，开始从事科研和论文写作，那么你可能会从某种"学术写作归纳"中受益。你的导师可能愿意为你提供学科写作概述，也可能帮助你完成分析已完结论文的任务。如果情况确实如此，诀窍就不再是关注内容，而是关注内容的具体表现形式，虽然当内容来自你和导师所熟知的修习和研究领域时，将具有极强的吸引力。你会发现这类讨论引发的问题远比答案还多。不要害怕问出那些你认为可能相当简单或肤浅的问题。

就写作问题向你的导师求教

☆ 为什么作者在该句中使用这个术语？

☆ 为什么这个短语反复出现？

☆ 为什么另一部分篇幅这么短？

☆ 为什么那一章被分成那么多小节？

☆ 使用"局限性"一词是否会削弱论文的说服力？

☆ 为什么作者不直截了当地表明自身意图？

一旦你着手分析所属学科的论文写作，就会留意到特定的主题有特定的写作方式。你或许也会留意到各个部分的写法也各不相同：针对实验研究报告、个案分析文本或转写文本，多使用纪实性、描述性写作手法，而对于研究结果的解释与综合或是讨论部分，则更多地采用推论式写作手法。某些纪实性较强的文章可以和实验或

数据分析同步进行，以便在研究过程中记录下具体细节和差异，其准确性可能也比你在实验和写作之间设置时间间隔的方式更高。

留意此类差异能够帮助你看清论文中的不同要素将何去何从，以及你应该选择何种写作手法。当然，你的论文可能独树一帜，即便在本学科领域内也和其他论文截然不同。但你的论文可能也具备某些能够帮助读者理解的共同特征。最终，你可以使用现有的论文写作惯例作为你论文的框架或范式，也可以改造现有的写作惯例。关键是在引言中写明你在论文中打算做什么、想要怎么做，以及你这样做的理据。在某些学科领域中，不存在此类创作自由；但在其他学科领域内，原则上允许你设定特有的结构。

然而，论文评审人可能会查找一系列核心要素：例如，开篇的预测性表述，在各个部分之间设置的关联或指示；或者更为重要的是，你是否能明确指出自身论文的贡献，以及如何在全文中提供证据支撑自己的论点。

在人文社会科学领域，论文作者面临的挑战就是将写作置于何处，也就是该从何处入手。在科学与工程领域，写作结构更能反映其研究过程，写作实践也能更好地融入研究之中。显而易见的是，研究任务与写作任务一一对应。然而，人文社会科学领域的学生不仅要确定其研究问题和论文结构，而且必须找到适合自己研究的写作方法。他们必须在研究过程中为写作谋得一席之地。

某些学科对学生的论文写作存在预设。譬如在人文学科中，人们往往认为，即将着手论文写作的学生已经具备了一定的写作能力。

第一章 如何每小时写出1000字

> **对于人文学科论文作者的预设**
>
> ☆ 他们已经具备良好的写作水平。
> ☆ 改进写作的努力是由存在的缺陷引发的。
> ☆ 学生提交给导师的第一篇文章只是草稿而已。
> ☆ 将已完成的章节作为进展的指征和评价。
> ☆ 他们是天生的"孤独者"和独立思考者。
> ☆ 对于优秀的学生,导师只需要对写作提出一些意见。
> ☆ 当有人向他们指出写作中的问题时,学生们就能明白该如何改正。
> ☆ 反复修订具有显而易见的重要作用,无须多加讨论。

其中的某些预设可能在其他学科中也同样存在。某些条目在大家看来可能比"预设"一词所隐含的意义更接近事实。对于任何不言而喻的预设,我们无从知晓它们被人们接受的程度。但这些预设对论文作者并非全然有意义,因此值得与导师展开讨论。探究你和导师对这些预设的反应,可能是针对你的论文开启更具体、更有针对性的讨论的一种方式。你或许会发现,通过这种方式,你将学会许多与本学科相关的论文写作知识。

在视觉艺术和其他艺术领域,有其他论文形式、构成"研究"的其他要素和其他检验方式。论文写作可能包括建构"活动文档"(active documentation)(沙利文,2005:92)。和其他学科的学术规范不同的是,你不需要对目前从事的项目提供大量依据。但和其他学科相类似,你必须核实所在机构的要求,还需要展示对研究文化的某些了解。此外,你可能不仅需要阐明你的研究背景,而且需要以文字的形式指出其创新点。

任何学科关键的初始任务都是通过书面形式阐明要求。论文作者需要寻求诸多问题的解答——不仅是研究问题,还包括思维和写作问题,以及二者之间的关联性:

> 实践型研究如何才能被概化为博士论文的论点,且这一理论化过程将置于何处——在所创作的艺术作品领域内,在相关的"注释"等背景知识形式中,还是在两者的某种结合中?
>
> (沙利文,2005:92)

"注释"意为解释性文本,有些人认为没有必要,因为他们认为艺术作品应该为自己发声,作为一种独立的存在。但也有人认为,注释是任何高级研究必不可少的学术装备。

> 注释是一个术语,通常用以描述为展览或其他研究活动所准备的相关支撑性材料,包括视觉研究项目……注释不仅服务于初始目标、记录正在进行的活动或是显示结果的文档形式,而是所有这一切的总和。
>
> (沙利文,2005:211—212)

在某种意义上,这与所有学科的研究和写作十分相似;但从其他

第一章　如何每小时写出1000字

意义上，或从实践过程来看，情况似乎又截然不同。和其他学科相似的是，视觉艺术使用多种探究形式和概念化框架。"研究"一词本身具备多种不同的开放式定义："工作室艺术"[1]（studio art）只是简化意义上的"研究"，它涉及艺术家在探索新媒体的过程中所发现的某些技术（埃尔金斯，2004:29）。在这种情况下，一些导师采取一些措施来支持写作，以旨在提高写作能力的指导为主要形式，使写作成为学生创作过程的一部分（艾奇逊，2015）。

学生们时常认为，他们必须从零开始设计论文，每个学生都要创造一个全新的论文结构。但也有人认为，学术论文在结构层面的差别微乎其微，甚至仅是表面差异。事实上，曾经有一位读者问道："这些差异能有多大呢？"

但正如表1.1所示，在一些人文社会科学和商科的学生看来，右栏的标题可能显得十分陌生。但这些标题与左栏也有相似之处。有些人认为这两栏内容差别明显；而有些人则认为二者大致相同。

表1.1　通用论文结构

人文与社会科学	自然科学，工程学，数学与计算机
本研究的主题是……	引言
它因……而值得研究	文献综述
本研究与其他研究的关联在于……	文献综述
研究问题是……	文献综述

---

[1] 工作室艺术：工作室艺术采用跨学科研究，涉及绘画、版画、雕塑、摄影、计算机艺术和设计、视频、陶瓷、金属铸造和安装等方面。——译者注

续表

人文与社会科学	自然科学，工程学，数学与计算机
我采用……角度进行探讨	研究方法
当我完成那一步后发现……	研究结果
我认为它意味着……	讨论
该研究的启示是……	结论

关键在于我们可以调整表1.1中右栏的通用论文结构，以适应多种不同的情境。我们可以将其作为许多不同类型研究的论文框架。右栏的自然科学、工程学、数学和计算机领域这些明显"归属"起码不应妨碍我们将其作为写作的出发点。这种结构也不仅仅和实验研究有所关联。每一项研究都有其特定的方法。所有研究项目均会产出"结果"——这种结果可能是分析结果，也可能是任何类型、任何意义上的结果。

某些学科的论文作者也许会认为，"翻译"理科模板并非可行之举；标题无法转换为章节，而且这样做毫无实际意义。这种想法或许没有错，你的论文或许没有类似的章节标题和划分。但你可以从这些标题出发，将其视为代表多种不同类型论文的基本结构。如此一来，它们便能帮助论文作者在任何类型的论文中就关键问题制定初步的表述。它们还可以帮助你界定论文中的非关键领域，这些领域值得你和导师讨论，或许还可以将其写入论文。

因此，通用结构是助力写作和思维的工具。采用通用结构作为模板，能够帮助你回答论文中必须解决的关键问题。通用结构是否有利于各章内容的塑造则另当别论。我们或许不会完全依赖于这个结构(有些人对其避之不及),但即便你将其视为异类,它也将促使你勾勒出可替换的论文结构。如果你认为这种结构和策略不适合你,或许是因为你已经对论文结构有了初步设想。请动笔写下来,你就能得出某些值得与导师探讨甚至值得拓展的想法。

9. 对论文结构的几点思考

为了进一步拓展对于结构的构想,你可以在写作初期与其他作者和导师讨论以下问题:

◇ 本学科是否拥有隐性或显性的通用结构?
◇ 本学科中是否已有关于论文写作的书籍或辅助材料?
◇ 你所在的高校是否在论文手册或工具书中提供了论文结构?

鉴于论文结构千差万别,如果"通用结构"让你觉得十分陌生,那么不妨深入探讨一下这一概念。

◇ 你是否已经和导师或同伴讨论过论文的潜在结构?
◇ 如果你认为在研究过程中讨论这一问题为时尚早,那么不妨思考并讨论你在早期阶段如何完成与论文产出相关的各项工作,然后约定好探讨论文结构的后续时间。

如果你确实想要使用"非通用结构",那么也需要经过调研与讨论。

◇ 你打算开发新的写作结构吗?
◇ 本学科中有过哪些先例?

10. 提示语

在论文写作的初始阶段,多数作者都对写什么感到茫然。"放手去写"的建议似乎很荒谬。许多人在阅读和思考研究项目时,会觉得自己的工作还未真正"启动"。这种思想状态或论文写作观念带来的问题是,它将持续相当长的时间。你有可能接连好几个月都有这样的想法。事实上,你阅读的文献越多,就越笃定自己对于该课题没有什么贡献,因此也没有什么可写的。

既然我们不可能无限度地拖延,为了克服对写作的畏惧心理,本书在各章中设置了"我现在能写些什么"等部分,其初衷就是促使你在研究全程从始至终地动笔写作。总览全书,各种写作提示无处不在,供你随时使用。你可以根据自身的研究需求进行调整或改写。关键是要找到一种确保自己动手写作的方式,以便产出文本。

这种做法引起了某些导师和学生的反感,因为"质量"才是他们关注的焦点。这种写作活动能否催生"好文章"?也许不能。但正如之前所提及的("质量问题"是最重要的,这一点值得重申),我们不得不质疑在论文写作中过早采用"质量"标准的做法是否合理。

第一章　如何每小时写出1000字

就论文结构、写作风格和论文内容等方面而言,该阶段是否真的能产出高质量的文章?当然,基于上述标准,写作质量将会是后续多轮讨论与修改的重心。这就意味着,在论文写作过程中,你应该决定和讨论在每个阶段应当采用哪些"质量标准"。

诚然,我们不能假定你与导师一定能就此事开诚布公地进行讨论。区分大量的"质量"标准可能并不是导师对你的写作给予反馈、在你开始写作前为你确立标准的主要做法。这意味着你可能会遭遇始料不及的事,遭遇质疑甚至对你的构想的公开反对。反之,导师也可能会对你一直以来所读所想的资讯给予相当积极的回应。然而,本书中的某些概念和做法可能会让一些导师感到陌生,你或许也会发现,和研究所涉及的其他方面一样,你不得不参与一场有关写作内容的辩论。讨论论文写作策略的利弊并非坏事。在此过程中,你可能会从导师作为一名作者的经验和实践中获得更多的了解。即便你还没有完全确定如何投入到这样一场关于学术写作的讨论当中,但在越来越多的这类讨论过程中,日复一日、年复一年,你会对现阶段看似抽象的话题感到越来越适应。假如你经常性地讨论写作实践,你会更加熟悉和了解不同写作策略和写作风格的优缺点,你可以通过讨论来拓展自身学科领域中的写作知识。

当然,导师可能会随时提醒你写作中的亟待改进之处。早期的写作任务通常起到诊断性测试的作用。你的写作知识和写作能力将在每个阶段中接受检验。你可能会觉得严格的标准不适用于早期写作;反之,你也可能因为拥有一位愿意且能够对你写作质量给出反馈的导师而感激不尽。

有些作者表示，他们只有在对写作任务的目的有了明确定义后才能写作，但在现阶段，你也可能会从撰写某些较为笼统的话题中得到收获。

我现在能写些什么？

☆ 我最感兴趣的是……

  ◎ 我最喜欢看的书或文章是……

  ◎ 我想写的主题是……

☆ 据此，我想做的是……

  ◎ 我想看的是……

  ◎ 我反复思考的问题是……

  ◎ 针对该主题，我的想法/观点/感受是……

☆ 我感兴趣的主要问题是……

  ◎ 我真正想做的是……

  ◎ 我真正想说的是……

  ◎ 我想搞明白的是……

这一写作练习能在以下几方面为早期的论文写作提供帮助：(1)发现主题；(2)聚焦主题；(3)明确调查任务。这项练习的主要特征就是与自身兴趣建立联系，使用平白的语言和第一人称"我"，并围绕以上内容真正开始写作。仅仅是一遍又一遍地在脑海中思考这些问题，可能都会产生不同的效果。写作将帮助你进一步拓展你的想法。从长远来看，不写作可能会侵蚀你对思想萌芽的信心，让你迷失方向。

11. 导师激励学生写作

以下是你在论文写作过程中对导师的一系列期望。阐明你的期望可能是个好主意。假如以下内容不契合你的实际情况，可将其作为与导师进行商讨的触发点。

导师应该对你的写作给予反馈

反馈不是千篇一律的。在论文写作初期，即使你写得不多，讨论导师对你的论文做出的反馈也可能很有帮助。讨论能让你明确导师的要求，同时也让导师了解你看待写作的态度，以及你期望得到什么反馈。此后，你们就能商定一个对你们双方都行之有效的工作方法。

导师应该从始至终地帮助学生设定写作目标

这将有助于你将论文写作视为一个整体，甚至可以预见后续的写作阶段并帮助你做好时间规划。长期目标有利于写作规划，而短期目标则更具有可操作性。无论目标是什么，关键在于它们都经过了你和导师的共同商讨，并在双方的监督下实施。假如一切都悬而未决，论文写作的各个方面均没有具体说明，你也许会认为自己就是难以写好，或是自己的写作毫无进展。

导师应该从始至终地鼓励学生动笔写作、坚持写作

你的导师或许不想过早地给你太多压力。导师可能觉得你有足够的时间进行研究或是阅读成堆的书籍和文章,而倾向于将写作任务向后推迟。这种做法或许是错误的。如果写作是学习的组成部分,你将会错失提高自身领悟力的机会。如果写作是学习的一种检验方式,你将无法判断自己建立知识结构的过程。

本节为如何主动与导师沟通提供了参考,促使导师"激励学生写作"。对于学生而言,主动与导师交流的做法看似不太实际,但这样做至少可以让导师看到,你已经做好准备并愿意写作,并且希望通过写作得到最佳的指导。

12. 使用第二语言写作

非英语母语者在论文写作中可能需要额外的帮助,或者他们可能比母语者有更多的英语语法和用法知识。《海外学生高等学位管理实践守则》("The Management of Higher Degrees Undertaken by Overseas Students",大学校长委员会,1992)指出,国际学生比其他学生需要更多的监管,或许因为他们不仅要应对语言差异,还要应对其他层面的文化差异。然而,是否每一位导师都知晓这一守则?是否每一位导师都能给予国际学生更多时间?这样的想法公平吗?这一守则是否仍然有效?它是否适用于所有情境?你所在的机构对导师是否有其他指导准则?你将如何明晰自己对导师的期望?

第一章 如何每小时写出1000字

学术论文要求作者在英语方面达到最高标准的语言清晰度与准确性，这确实需要一些语法知识和标点符号常识。诚然，所有学生被大学录取都是基于在一些标准测试中的出色表现，但论文写作的过程和结果所蕴含的复杂性对作者提出了新的要求。你可能会发现，你还需要更多的写作能力拓展或支持。

除非你做过某些形式的诊断性测试，否则，即便你确实需要进一步的写作能力拓展或支持，也不太可能确切地知道自己需要什么。诊断性测试不必过于正式，只需要完成一项写作任务，并让导师进行写作水平评估。假如导师在研究项目的最初几周或几个月里没有提供这样的测试，或者没有要求你进行写作，那么我建议你主动提出写作请求，这样你就能在早期阶段得到反馈。然后，如果你确实需要参加学术英语课程，才能够有时间做安排。如果你需要其他形式的额外支持，也才有时间去寻找。如果你需要个别指导，你才能够有时间找人提供帮助。

你的英语口语对于研究进展以及你与导师、同行和所在领域的其他研究者的关系可能同样重要。假如你是一名口语尚不流利的海外学子(尤其是平时不用英语交谈)，那么寻找一位能向你提供帮助的人就显得尤为重要。此外，假如导师和系部只打算承担有限的责任来帮助你，你就必须核实你的学校还能为你提供哪些其他的支持。许多大学都有专门帮助国际学生的语言支持服务。与国际学生部门人员沟通，或找到在学校中有过帮助国际学生经验的人。务必坚持不懈，直到你达成目的。在没有额外支持的情况下盲目前行并非明智之举。因此，你需要知道以下问题的答案，只要你认为它们与你相关：

◇ 导师是否认为在英语写作和英语口语方面给予你帮助是他的职责所在？你打算怎么得到答案？你将用什么方法寻求答案？

◇ 导师是否会在写作初期给予你写作方面的帮助？他或许会这么做，但或许也希望你可以自己领悟到其中的一些东西。

◇ 导师是否打算在后期帮助你进行细致的审阅和修订？你同样需要对此进行确认。但导师很有可能会因为反复纠正稿件中同样的错误而感到不满。在必要的情况下，你应该采取措施改善自己的写作。

对于从事科研的学生来说，英语语法的准确性似乎不如研究的其他方面（如研究成果或结果）那么重要。在某些情况下，这种观点或许可以接受。但语法对你的学术论证具有重要影响，在写作后期尤为如此。打个比方，糟糕的句式结构将导致观点含混不清，也可能使文章显得不连贯。如需更多使用第二语言写作的指导，请查阅帕尔特里奇和斯塔菲尔德（Paltridge and Starfield, 2007），以及斯韦尔斯和费克（1994）的论著。

13. 语法、标点符号和拼写

如果你不知道被动语态和主动语态之间的区别，或者将主动语态视为主动"时态"，那么你就有必要了解一些用于定义学术写作质量且常用于讨论的核心术语。你需要学习这一领域的知识；否则，

第一章　如何每小时写出 1000 字

你可能因为导师在交谈中使用了你所不熟悉的术语而感到十分困惑，尽管你深知自己应该了解，而且导师也认为你应当掌握这些术语。你也可以不停地要求导师向你解释这些术语，但斯特伦克和怀特 [Strunk and White, (1959) 1979] 在其短小精悍的著作《风格的要素》(*The Elements of Style*) 中将定义和插图完美融合，因此根本无须毫无准备地进行上述讨论。还有许多其他文献也涉及这一领域，其中最相近的就是辛克莱 (Sinclair, 2010) 的文章。导师可能会推荐其他文章，也可能会采用与你的文献阅读相关的其他语法定义。

更重要的是，你可能不理解导师针对你的论文所提出的意见。在你不能充分理解导师的意见时，你该如何对这一反馈做出回应？你会继续埋头写作和修改，以期达到最佳效果吗？你会在不清楚自己是否能对导师的反馈做出回应的情形下做出修改吗？这当中所滋生的不确定因素显然是毫无必要的。

在阅读与写作的实践中，你应能够识别一些核心术语。以下十个问题可用来测试你的掌握程度。

快速测试

☆ 什么是定冠词和不定冠词？

☆ 在何时、因何原因以及如何使用分号、所有格符号和冒号？

☆ 什么是人称代词？

☆ 什么是"先行词"？

☆ 什么是主谓一致？

怎样顺利完成论文：论文写作的策略与技巧

> ☆ 什么是句子的基本要素？
> ☆ 举例说明使用被动语态和主动语态的句子。
> ☆ 主动语态和被动语态在意义上有何区别？
> ☆ 解释"语句边界"的定义，并说明其重要性。
> ☆ 什么是主题句？

假如你知道以上所有问题的答案，那么你可能是一名文学或外语专业学习者。也许你的母语不是英语，因为英国的"非母语人士"通常具备更多的语法知识。但如果你只能回答其中的五个问题，甚至完全回答不出来，就说明你在这方面还需努力。还需要做多少努力，以及如何学习这些科目，或许都需要你与导师进行沟通。

请牢记你的目标是写出"高质量"的论文。要求主语和动词一致并不是简单地卖弄学问。同样，倘若句子毫无章法，论点则会显得混乱不清，你就会在写作时感到很困惑。倘若你在修改自己的文章时并不明白自己在做什么，就有可能削弱论文写作的信心，这一结果完全背离了写作过程本应达到的预期目的。

如果你不知道上述十个问题的答案，你就有必要浏览关于语法和标点符号的文章或网站，或者寻找一些其他的方法来学习此类主题。例如：

◇ 斯特伦克和怀特的论著 [（1959）1979]。

◇ 辛克莱的论著（2010）。

◇《福勒现代英语用法》(Fowler's Modern English Usage)[弗劳尔,(1965)1984]。

◇ 学术写作网站。

◇ 线上写作教程(比如来自美国一些高校的课程)。

◇ 向他人求助。

◇ 参加课程。

14. 目标设定

这一主题将我们带回到为何要撰写学术论文的问题上。当你选择了这个方向,你第一次踏进系部的大门,在你确切地知道原因之前就要阅读大量书籍和文献、参加会议、完成课程教学任务。你或是可能有大量的空闲时间——这些情形都令人生畏。我想说的是,无论目标多么明确,你都可能失去它,而且这种情况将会不断出现。你需要找到一些有助于提醒自己目标在何处以及为何要达成目标的方法。

目标设定与长短期目标管理有关。你可以使用目标设定帮助你专注于眼前的目标(即现在或即将进行的写作)和长期目标(即你必须完成的论文)。你必须对二者都投入精力,并处理好二者之间潜在的紧张关系:

拥有远见就要既精力充沛又心态放松,既充满热情又不失

> 耐心。你要深知这一看似自相矛盾的事实——论文写作已经持续了很长时间,并且可能至少会持续同样长的时间,但它总是发生在当下。
>
> (帕伦博,2000:93)

这句话说明了什么?是否意味着从现在到整个项目结束,我们将一直持有两种截然相反的观点?对每位作者而言,什么是"远见"?对此,你应该有自己的理解。现在花几分钟写下针对自身研究的长远规划,比如花5分钟时间写下几个句子。

你的目标不一定是"成为作家",但是论文写作过程持续的时间之长,足以让写作成为你生活中重要的一部分:

> 总揽全局和目光长远是论文作者生活的唯一出路。这意味着将写作视为生活中不可分割的、延续不断的一部分,而不能仅仅将其视为一系列的外部事件。
>
> (帕伦博,2000:93)

我们必须将写作过程视为长期过程和"一系列外部事件"。我们必须关注"这对我们有何帮助",也要留心"其对我提出了哪些要求"。

此外,不仅要把你的研究项目看作一个整体,而且把论文文本看作一个整体也是有价值的。同时,你还需要从整体上构建生活景象,并将写作融入其中。然后,你必须找到一种将其付诸实践的途

第一章　如何每小时写出1000字

径。换句话说，设定目标不仅仅是简单地罗列一系列行为，监测也不仅仅是在你完成每项任务时打钩。

此处的工作原则就是在论文写作过程中引入定义。你在写作过程中设定各个阶段；这些不同的阶段就像是一个完整的构造。你可以进行数字游戏，设定极为具体的写作目标。你有责任在论文写作中设立一系列的写作里程碑。

大多数人都听说过"SMART"目标管理原则，这是一种快速设定优质目标的方式。事实上，这一原则具有多种不同版本，这里我们将讨论以下两种版本：第一个版本确定了目标的外在特征，将目标呈现为一种客观过程；第二个版本基于詹姆斯（James）和伍德斯莫尔（Woodsmall）的理论，将目标与内在动机联系起来。

SMART 目标管理原则版本 1

☆ 具体化（specific）：细致到足以操控并令人信服。

☆ 可衡量（measurable）。

☆ 可实现（achievable）。

☆ 符合实际（realistic）：没有限制因素。

☆ 时间上可调控（time scaled）。

第二个版本较少关注成果而更多关注价值与情感，因而对设定写作目标更为有效：

> **SMART 目标管理原则版本 2**
>
> ☆ 简洁(simple): 极易理解。
>
> ☆ 富有意义(meaningful): 与你的核心价值观一致。
>
> ☆ 真切感(as if now): 在生活中的方方面面都能实现。
>
> ☆ 责任感(responsible): 照顾到涉及其中的所有人。
>
> ☆ 指向你的目标(toward what you want): 而非他人的目标。

导师和学生都可能有回避目标的理由:导师可能认为设定写作目标是非常私人化的做法,也可能不想这么早就给学生施加压力;比起谈论写作目标,学生可能更愿意谈论研究目标。但证据表明,设定目标可以在许多不同的方面提高成效。目标设定和自我效能感协同发展,因此你有必要提升自我效能感。在论文写作中,自我效能感意味着提升信心,认为自己有能力达成写作目标。一旦你从导师那里获取了总体目标,你或许会尽力使之变得更加具象化、更具操作性和可控性。

> **写作目标**
>
> ☆ 明确写作任务的目的。
>
> ☆ 选择一个动词来描述这个写作任务,例如综述、评价或总结。

第一章 如何每小时写出1000字

> ☆ 确定论文的受众。
>
> ☆ 限定写作的规模和范围。
>
> ☆ 确定写作字数。
>
> ☆ 确定写作时长。

这些做法提醒我们,我们可以将行为学方法用于学术写作。因为当我们面对新的写作挑战时,我们需要改变和监控的不仅仅是思想,更是我们的行为。正如我在本章前文中所说的,这就是"写作公式"的价值:它设定了具体的目标,给出成果的实际衡量标准。含糊不清的写作目标则会引发问题——不仅很难判断我们是否达成了目标,而且过于笼统的写作目标会让人举步维艰。如果写作任务不明确,写作过程也将充满不确定性。

不恰当的写作目标

☆ "每天完成5分钟写作训练"。这一目标的问题在于变数太大,目的不明确。

☆ "阐明主题"。这一目标未能说明写作任务的规模与范围。

☆ "获取写作反馈"。这一目标未能明确反馈的类型,可能导致误解。

怎样顺利完成论文：论文写作的策略与技巧

更为明确的做法是：

恰当的写作目标

☆ 在今天上午9时45分，进行5分钟写作训练。

☆ 用500字（两页纸）阐明主题，然后花30分钟完成第一稿。

☆ 请教导师：研究主题在这一稿中是否更有针对性？

不是每个人都能通过设定明确的目标而发挥最佳状态，有些人认为近似的目标更有效。无论你如何选择，重要的是不仅要有总揽全局的长期目标，而且要有短期目标。不仅要有"完成"的长期目标，而且要有开始、继续、迷路、失败、改变方向、高效写作期等中短期目标，即一项大型写作项目的所有可预测和不可预测的阶段。

导师希望你如何制定和监督自身目标呢？他或许认为"SMART"目标管理原则对于高等教育而言过于花哨，或许会认为第二个版本过于私人化，但如果你认可这一原则，就没有理由不使用它来设立目标。你需要和导师达成一致的是目标本身，而非你制定目标的私人化过程。

一旦你确立了目标，就可以为你和导师的沟通提供一系列话题。尽管你应该将文字产出纳入研究计划之中，但假如你没有足够的信心谈论自己的写作目标，至少也应该讨论并认同自己的研究目标。

最重要的是把目标写下来，然后索取反馈。设定目标需要反馈和监督，否则你就不会真正意识到自己是否有所进步。你必须了解导师希望你如何设定目标和监督其进展,但你也必须主动出击,表明你已经为这次讨论做好了准备,并且最重要的是——你准备在这次讨论中谈及写作。

研究方法小组,或包括新来的学生和已取得进展的学生在内的写作小组,有助于学生了解如何设定目标、什么是有效的目标,以及整个论文撰写过程都包括什么。

15. 终身学习

> 学者们……应该比谁都更清楚。一直以来,科研工作者们对放弃"专业""学术""纯研究""专业知识"和"科学方法"等概念感到紧张。我们延续了"教育即实践"的神话。通过这些不同的标签,我们已将教育和其从日常生活中来、为日常生活服务的功能割裂开来。
>
> (埃利奥特,1999,29—30)

埃利奥特(Elliot)的话提醒我们,每一个学习者都有义务在自己身处的环境中让学习变得通俗易懂。

在你完成本科学位时,你应该继续学习写作。在攻读更高层次学位之初,导师期望你能具备较高的英语书面表达和口头表达能力,但你也应当在后续的岁月中进一步提高这些技能。

我们可以将论文写作视为一个发展性过程:

> **5分钟写作**
>
> 你想如何长期发展，并最终成为一名论文作者？
>
> ☆ 5分钟写作。
>
> ☆ 以句子的形式写作。
>
> ☆ 私人化写作。
>
> 在你完成论文后，再回过头来看看自己对这一问题的回答，将是饶有趣味的一件事。

你将在论文写作的全过程中不断学习。有些学生可能会因自身的论文并不十分"成功"而感到沮丧，但这正是漫长学习过程的一大特性。而且人们越来越认识到，由于你总是在为新的受众写作，你也在不断地学习写作。随着你在自身领域的学识变得广博，名声大噪，你与读者间的关系也将随之发生变化。

在学习过程中，你可能会注意到对过程的强调，这促使你去思考（也许是记录）你在论文写作过程中的学习情况。

> 关于英国的博士论文，最近出现的一个新主题是实现写作内容向写作能力的转化。在培养重点转变的驱动下，博士论文由原来的单纯看重结果（学位）或产出（博士论文），转变为现在的注重学生攻读博士学位期间的经验积累。
>
> （帕克，2005：199）

无论你目前正在撰写的是博士论文、硕士论文还是本科论文，试想一下，在写作过程中，你能学到哪些放之四海而皆准的"可迁移性技能"？

16. 受众和目的

在任何的交流行为中，受众和目的都是关键因素。我们通过对目标受众的理解以及我们为其写作的目的而塑造作品。譬如，在部门小组、工作进展报告、特别专家会议与国际会议中，你会以不同的方式介绍自己的研究，并且在这些会议上阐述研究中的阶段性成果。

论文的受众繁多，我将在第三章一一阐述。但至关重要的是要考虑到对于新手论文作者而言，读者可能会提出哪些问题。论文作者必须以权威的方式写作，即便他们感觉自己毫无权威性可言。

综上所述，尽管你深知在"初稿"中无法产出高质量的文章或观点，你也可以将高质量写作的期望值进行内化。这可能会导致写作过程中的冲突，甚至阻碍你继续写作。因此，这是一个值得讨论的话题：早期写作（即最初几周或几个月的写作）的标准是什么？对于写作任务，是否存在明确的限定（如写作的长度、规模、范围等）？虽然在此阶段，你的大多数写作（以及你在早期章节中提及的大多数活动）并不打算作为产出性文本向论文导师展示，但满足导师这一论文受众的要求同样十分重要。

你应该谨记，论文写作犹如参与一场辩论。你写的任何观点都可能受到质疑，不是因为你的论点薄弱或是文笔不好（尽管也有这种可能),而是因为这正是此种情境的特点。抱着尝试的态度参与辩论或许是明智的策略。你要观察自己是如何参与辩论的,而非关注输赢本身;观察自己是如何阐明自我观点的,而非推翻或压制反对意见。你会看到,有些人可能同意你论文中的观点,但可能有更多人反对你的观点,这是辩论中无法避免的因素。

本章探讨了本书的理论基础,展示了你如何通过日常写作成为一名常规化的论文作者。更重要的是,定义写作过程的责任已经转移到你这个论文作者身上。下一章将讨论包括外审专家在内的其他人是如何界定论文写作的,因为这将涉及论文写作的全过程。

17. 写作时间表

菲利普斯和皮尤为博士论文的时间尺度提供了图解,并将"写作"视为一个连续的、"迭代"的因素。"迭代"必须由个体论文作者来设计。假如写作是一个迭代的过程,某些任务将在你的时间表中重复出现:

◇ 修改建议。

◇ 开始构建参考文献列表。

◇ 概括阅读文献。

◇ 通过写作概述理论背景。

◇ 制定研究目标/问题。

◇ 列出2至3种可能使用的调查方法。

第一章　如何每小时写出1000字

你可以逐渐打造属于你的时间表：

◇ 写作任务。
◇ 最后期限。
◇ 写作时间。

请参见第九章，了解更多关于不同写作任务的细节性内容，以及实时进行规划的具体方法。

和论文导师围绕写作计划在内的工作计划展开讨论。你将如何对照目标监督工作进展？当你逐渐掌握了论文的要求，也理解了导师对论文要求的看法，请修改你的长期和短期写作目标。任何一个工作时间表都应当不断进行调整。

自我检查清单

限定写作任务

某位学生曾提及，她喜欢书中附上自我检查清单。"你需要在书中列出检查清单。清单可以在漫长且复杂的旅程中提供路线图。"还有一些学生说，他们一直以来都感到身心俱疲，因此需要检查清单让一切变得易于操作；检查清单能够归纳哪些任务有待完成。

○ 现在就开始动笔写作。
○ 开诚布公地和导师讨论论文写作，并要求其提供写作范例。
○ 阅读并分析已完结的论文，并与导师进行讨论。

怎样顺利完成论文：论文写作的策略与技巧

○ 阅读一本与你所属学科相关的写作书籍。

○ 制订一份粗略的写作时间表。

○ 设定长期和短期写作目标（而不仅仅是研究目标）。

○ 了解标点符号使用规则和语法规则。

○ 确定写作的目标受众和写作目的。

○ 和导师讨论以上所有问题。

○ 如果你的打字速度较慢，请参加培训。务必使用笔记本电脑或平板电脑，以便能随时随地开始写作。

○ 立即搜寻其他相关的研究和写作技巧课程，因为某些课程每年仅开设一次，你可能需要尽快选课。

本章学习成果

➢ 阐明个人写作所面临的挑战、障碍、学习需求与担忧。

➢ 解释什么是早期写作任务。

➢ 阐明写作产出的具体目标。

第二章
论文写作构想

内容提要

关于博士学位的信息量之大可能会让人不知所措。你可能会发现,自己很难知道这些信息到底是什么意思。本章探讨了人们在谈论博士学位时反复使用的关键术语的含义,其目的是促使你检查一下这些词在你的大学里是如何定义的。本章介绍的主要写作策略有:了解对博士生的期望,与同学和导师讨论写作,在这些讨论中可以使用的提示语,以及制订一个写作时间表。在后面的章节中,会有更多关于这些方面的细节。

1. 博士学位还是硕士学位

尽管本章中的多个小节均聚焦于撰写博士论文,但其中所论及的问题也与其他层次的学习有关。例如,作为论文作者,了解研究机构和部门的特殊要求及规章制度,是界定写作任务的关键步骤。假如你想在攻读博士学位前先行获得硕士学位,那么本章将助力你

怎样顺利完成论文：论文写作的策略与技巧

全面考量自身选择和今后可能的发展方向。你今后想要攻读的博士学位类型或许将对你目前攻读的硕士学位类型产生影响。例如，假如你想使用某一类特定的研究方法，你或许会考虑先攻读一个能为你提供所需研究训练的硕士学位，接着再选择攻读形式更为灵活、无须研究训练的博士学位。如果你觉得这正是你的想法，或将来可能会有类似的想法，现在就要做好准备。

本章提出了一种结构化的论文写作策略，提倡将写作融入研究全过程。本章概述了这个策略的内容，包括对写作过程中诸多问题的思考，其中包括心理学、社会学和修辞学方面的思考。

本章提出了论文写作全过程所需的论点，并以真实的学生作品为案例，阐明了早期阶段论文写作的策略。其中对学生作品的评论和注释，则指明了具有参考价值的写作策略。学生们经常问及的关于论文论点与策略的问题也将一一得到解答。由于研究过程包含对写作能力的拓展，本章旨在带领读者和论文作者提高写作技能。

然而，我们首先应当阐明如下几项定义：在讨论研究时经常出现的术语到底是什么意思？影响论文作者的语境因素有哪些？博士论文的典型结构、写作方法和写作过程是什么？这些因素在何种程度上与硕士论文和本科论文的作者相关？

本章的开头部分旨在帮助未来的博士生选择最适合他们的课程，并帮助新生在他们所选择的课程中找到自己的方向。这将有助于这两类人群在各自的研究中为写作谋得一席之地。

第二章　论文写作构想

2. 什么是博士学位课程

你就读的博士学位课程形式是"旧的"还是"新的"？依据传统,英国博士学位课程包括3年的独立研究。近年来,人们对所谓的"美国博士学位课程"产生了一些兴趣(尽管美国高等教育提供多种博士学位的演变形式),这就意味着学生需要花费4年时间,包括1~2年的课程学习和研究训练。

两种形式的博士学位课程(以及硕士学位课程)的利弊无疑将继续引发激烈争论。问题在于,究竟哪一种形式适合你？你准备好开展独立研究了吗？

> 英国的教育体系主张本科教育要为学生提供启动科研项目所需的所有知识。目前这种说法是否依然正确还有待商榷,尤其是当各所大学正努力跟上最新发展趋势的情况下。
>
> （普洛敏,2001:1）

你有能力或想要攻读一个为期1年的硕士学位来为你的博士学位做准备吗？还有一种"1+3"模式——1年训练,加上3年的研究。例如,维康信托基金会（Wellcome Trust）提供一种4年制课程,学生在决定将某个研究项目作为博士学位项目后,可以在多个实验室积累经验。这一模式在精神病学中已有先例：

> 我们接受了很多建模和统计方面的训练,但最主要的是能

够参与各类实验。其他项目的博士生可能只能说"这是我的研究课题",然后在接下来的三年中都纠结其中。在本项目中,你却可以逐渐发现自己想做的。

[迈克·高尔斯沃西,三年级博士生,引自普洛敏(2001)的评论]

然而,这种模式可能并不适合所有人。那些明确知道自己想要做什么的人和那些想要尽快拿到博士学位的人才可能更喜欢3年制模式。

多年来,英国政府持续呼吁博士阶段应包含更多的正规训练,一来是为了改善科研训练的内容,二来也是为了在高等教育领域之外提高就业能力。也就是说,这一观点认为,攻读博士学位期间,博士生应为在不同领域开展研究做好准备,而不仅仅局限于他们的专业范畴。即便是在最为坚持3年制模式的人文学科,包括艺术与人文研究委员会(Arts and Humanities Research Board, AHRB),也支持包括某种形式的"研究准备"的课程。这些课程要么是通过授课形式获得硕士学位,要么是通过研究获取定制化硕士学位。为了满足博士生的需求,出现了越来越多的博士培训中心和项目。

因此,这可能是(也可能不是)一个机构或个别学生、导师的明确目标。这可能是资金、项目选择和招生方面的一个因素。这将在很大程度上影响写作规划。例如,这可能需要证明你对研究方法与分析在更广泛的适用性方面具有一定了解(帕克,2005)。

争议的另一方则认为,"我们对传统的博士学位课程要求太高

第二章 论文写作构想

了"。吉伦(Gillon, 1998)提出了一项具有代表性的案例:"博士学位课程应该让一个人准备好从事一种职业,而不是所有可能的职业。"

> 目前,那些攻读博士学位的人已经处于超负荷状态。人们对学生的期望已不仅仅是从事研究,从而对知识领域做出实质性的原创贡献。在此之上,他们还必须从事通常与奖学金挂钩的教学工作,发表学术论文……学习并发展可迁移性技能,例如沟通技能和项目管理技能。当然,学生还要在 3 年时间里写出一篇深入而连贯的论文。
>
> 要安排时间处理这么多任务是相当困难的,而且往往会导致在一个或多个方面出现纰漏。当博士毕业生们不得不忍受这些批评的时候,可以肯定的是,责任应该更直接地归咎于目的性模糊、毫无规划的培养过程本身。
>
> (吉伦,1998:13)

近一段时间以来,人们越来越多地将博士培养中更宏观的社会经济目标纳入讨论:

> 这一层次的教育目标是否在于培养世界级的研究者、保护和拓展现有学科和领域的研究、为一个国家造就知识精英并提高学术水平、发展经济实力、在资源紧张的年代配置资源、最大限度地增加生存机会,以及保护和增强国家或全球的可持续性?
>
> (李,2013:119)

怎样顺利完成论文：论文写作的策略与技巧

我们也可以换一个角度来看待这一所谓的超负荷日程。假如一名博士生在撰写博士学位论文之余，导师没有鼓励其提交论文以供发表，那倒是十分奇怪的现象。

吉伦所谓的"缺陷"论断是否有其依据？在高等教育领域内，这一问题很难得到确切的回应。也许我们可以合理地假设，正如某些人所认为的那样，只要有课程作业、研究训练和高等教育师资培训等项目的存在，撰写论文的时间就会被大大压缩；但情况并非总是如此。此外，即便包括了这些"其他要求"，如果这些项目并非正式的博士学位项目，你也必须对此进行计划。

许多导师都会通过言传或身教，亲身参与博士学位课程的转型，尽管有些导师可能参与得不多。在理论和实践上，导师仍是那个为每一项博士课程规划课程大纲的人。这一体系的价值体现在我们可以为学生和导师量身定制博士学位课程，但缺点正如吉伦所主张的那样：对于学生而言，这些好东西堆积在一起，出现了太多相互矛盾的要求。

在美国的教育体系中，高校在相当长的一段时间里，不断将各种各样吉伦所说的过量的元素结合起来，形成连贯的项目。如果管理得当，这类项目将为研究新手打造出色且全面的学习体验。因此，并不是说更广泛的博士课程不能做得很好，而是研究生院这一层级应该对课程大纲进行管理，以便形成连贯的项目。导师凭借一己之力是否能担当"将博士学位课程、学生的要求和学校的要求联系起来"的重担？或者这是高校中另一个战略规划团体的责任？学生是否应该承担这一责任？这些不同的利益相关者的要求有何异同？诸如此类的问题仍有待探讨。

例如，对未来的研究生而言，一个关键的问题是，你是否需要承担教学任务（这是你拓展教学技能和完善学科知识的机遇），以及你是否也能够或需要参加教学培训课程？如果确有此类可能是为研究生导师设计的课程，你就可以将其作为一个信号，表明这一元素在更广泛的课程中已被考虑在内，并且获得了支持，今后更有可能得到良好的管理。接下来，你就可以询问自己将要学习的课程或项目是否经过了认证、是否为必修课程，以及是否会有考核评价。

一个可以用来解读特定博士课程基本原理的具象化问题就是：博士学位的学习成果是什么？不论在哪种情况下，这对于想要考取博士学位的人而言都是一个举足轻重的问题——你想要取得什么样的学习成果？

事实上，吉伦将博士学位称为"传统"形式的观点引发了一个问题，即是否应该有（或目前已经有）获得博士学位的不同形式或新路径？

3. 博士培养新路径

传统的博士学位培养模式正受到越来越多的博士学位类型的挑战，包括学术型博士学位、专业型博士学位和"新路线"博士学位。对博士生的传统期望正受到新环境的挑战，学位将在这种环境中被定位和评估。

（帕克，2005：190）

怎样顺利完成论文：论文写作的策略与技巧

虽然帕克关于"新路线"博士学位的论文主要关注英国教育体系，但你在投身一种研究模式之前应对某些问题进行思考，某些研究与教学、职业与学术的紧张关系可能也会在硕士课程中有所体现。正如帕克所建议的那样，你可以在研究和论文之外，思考自己在完成研究之后想在职业上达到什么目标。

在大多数国家，获得博士学位的"途径"有很多。即使是同一个国家甚至同一个州的大学，也会针对这一问题提供许多不同形式的途径。这些不同形式各有千秋；对个体申请者而言，关键在于找到适合自己需求和愿望的课程。

由英格兰高等教育拨款委员会（Higher Education Funding Council for England, HEFCE）开发的一种新路径便是对"传统的"英国博士学位的改进。其明确的经济目标是与"美国博士学位"竞争，但同时也具有教育吸引力。该路径将某个研究项目与"一个连贯的正式课程"相融合，形成一个具有所有组成部分的"无缝方案"。英格兰高等教育拨款委员会为此提供的理由是，它将市场导向和就业能力很好地结合在一起。

这一"综合型博士学位"设计结构旨在让学生置身于一个强化的学习环境中。学生的科研能力将通过结构化的正规训练得以巩固。为确保学生获取其研究领域所需的知识，所学的研究生水平课程将为其提供先进的理论和实践研究技巧。此类专门的学科课程将被预先设置在学位项目的初期阶段，以便为研究工作提供平稳的平台。此外，专业和个人技能方面的通用培

第二章　论文写作构想

训贯穿学位项目全过程。

　　这类训练具有直接的职场价值，无论是在学术界、产业界还是政府机构。

　　（旧网址：newrountephd.ac.yk；新网址：qaa.ac.uk）

这一基本释义似乎对职场提供了更多的选择和关注，尽管有证据表明，学生的视角在这一"新路线"设计之初并未被考虑在内。诸多不同类型的高校也为这一新路线提供了他们的专属版本。

该培养路径需要4年时间。约30%~40%的课程将教授特定学科和跨学科模块。课程内容包括诸如沟通技巧的技能培训和管理培训。

对于未来的学生和高校来说，也许更重要的是英格兰高等教育拨款委员会关于这一培养路径未来规划的声明——他们建议所有的博士学位都采用这一模式进行培养。

虽然该培养路径的目标是与美国博士学位争夺市场，但基于一些制度形式，或许不太可能提供与美国高校现有组成部分相同的元素。诚然，我们有必要牢记，美国的高等教育体系是一个多样化的系统，因此任何对它的概括都需要经过对该系统的深入研究。但是，这一培养路径或许是英国所能提供的最近似美国的教育体系，可以吸引更多的国际学生，从而创造一个更加国际化的同龄人群体。

独立评估为此类新型博士学位的有效性和经验积累提供了更多信息。你可以依照这些信息，判断这一培养路径是否成功或适切。

对于博士生个人而言，是否选择这一培养路径，可能取决于你所在的专业领域,或者你想要就读的大学是否提供这一模式。

本章概述并评论了博士学位培养类型的发展。你可以查阅不同团体的网站和出版物,以便获取最新资讯。

4. 攻读博士学位的理由

你对这个问题有答案吗?你有没有和身边亲近的人,以及那些最有可能直接或间接受到你学习影响的人讨论过这一问题?他们支持你吗?

你的个人动机是什么?这能提升你的职业水平吗?抑或是你在寻求一个高等教育职位,而博士学位是其中一项资历要求?你是否知道在高等教育领域找到工作的博士毕业生的比例非常低?

你认为自己需要花费多少时间精力去攻读博士学位?这与你当初为什么要攻读博士学位有关。为了腾出足够时间,你准备放弃哪些东西?

你是否对学习更多的知识感兴趣?还是你想拓展自己对于整个领域的认知?在漫长的博士学习过程中,保持成就感和动机的一个关键因素(有些人认为是"唯一"的关键因素)就是你选择的课题。它必须是你真正感兴趣的东西。这些问题与你的论文写作有关,因为你对自身研究主题重要性的认识,应当以某种形式出现在论文引言中。你也可以在你的申请书或博士生提案中写到这一点。

更重要的是,你对"为什么"的回答可能会在很大程度上影响你

第二章　论文写作构想

对"去往何处"和"与谁合作"的选择。伦纳德(Leonard)为有这一意向的学生提供了有益的提醒,供他们进行选择:

> 如果你是一个好学生,无论男女,无论身处国内或国外,甚至你已超出"正常"的学习年龄,你也拥有选择权。因此,花点时间"货比三家"是值得的。尤其是女性,她们可能因缺乏自信而对早期的邀请感到受宠若惊,从而过于轻易地接受。然而,这是一个非常重要的决定。
>
> (伦纳德,2001:85)

伦纳德在《去何处学:找到心仪的导师和高校》("Where to Study: Finding the Right Supervisor and the Right University")这一篇文章中向读者阐释了这一关键问题。另见《英国博士学位:博士和未来博士申报人指南》("The UK Doctorate: A Guide for Current and Prospective Doctoral Candidates"),其中对"英国博士学位资格要求""博士阶段培养路径""资助与学费""博士学习经历"做了详细解释。这本指南考虑了未来的学生在申请博士学位之前应该回答的许多问题。

5. 内驱力与外驱力

你对从事研究工作感到兴奋吗?你真的有兴趣寻求问题的答案吗?在攻读博士学位过程中及获得学位之后,完成博士学位的修习会为你带来什么样的改变?你周围的人准备好迎接这一改变了吗?

- ◇ 攻读博士学位对你有什么好处?
- ◇ 攻读博士学位会带来什么收获吗?
- ◇ 你这么做真的是为了自己吗?
- ◇ 还有谁希望你攻读博士学位?
- ◇ 谁在乎你是成功还是失败?
- ◇ 你一定要这么做吗?
- ◇ 你一定要为自己做这件事吗?
- ◇ 你受到了他人的强迫吗?
- ◇ 不攻读博士学位是否会产生代价(在任何意义上)?

对于这样一个严格的、长期的项目,既要有内部驱动力,又要有外部驱动力,这一点很重要。上一章所提及的目标设定,希望能让你开始发现这两者之间的一些联系。

6. 学术型博士学位还是专业型博士学位

这两类学位的培养目标存在差异,也提供了非常不同的体验。你是否把自己看作(或者想成为)一名"学术型专业人士"或"专业型学者"(唐卡斯特和索恩,2000:392)?学术型博士学位需要3~4年的独立研究经历;专业型博士学位通常包括课程学习和科研训练,以及一个通常来说时间较短、规模较小的短期研究项目或作品集。学术型博士学位主要是对学术生涯的引导;专业型博士学位则往往聚焦于

第二章 论文写作构想

某一专业范围内的个人和职业发展。有关专业型博士学位的指南,请参见南希-简·李的著作(2008)。

专业型博士学位通常是一个结构化项目,包括课程学习(其水平高于本科学习阶段的最高水平)和博士论文;学术型博士学位则要求从事规模更大的独立性项目,可能存在一些培训活动,但很少或完全不需要课程学习。有些人混淆了英国专业型博士学位与"美国学术型博士学位"的概念,二者实则大不相同。

专业型博士学位可能涉及大量的"反思性"过程或工作内容,你可以对自己的职业、经历或专业本身进行反思。你可能会被要求就你的职业发展、价值观和愿望进行探索性对话,这种对话鼓励批判性反思(唐卡斯特和索恩,2000:396)。

在你看来,"对话"与"批判性反思"有何关联?这听起来似乎有足够的机会让你在同行小组讨论中检验你不断增长的知识储备。这一项目可能会为你提供更多的同行支持。

专业型博士的考核评估方式是否有所不同?鲁杰里-史蒂文斯(Ruggeri-Stevens)等人分析了英国16个工商管理博士(Doctor of Business Administration, DBA)项目,以便考查这些考核评估是否与预期的学习成果相匹配。研究结果表明,他们发现了某种"紧张关系"。

主要的结论是,工商管理博士所采用的考核评价方式和传统的学术型博士之间存在某种紧张关系。这种紧张关系体现在这样一个问题上:项目开发者是否应该遵循有着"黄金标准"的学术型博士考核评估方法?或者他们是否应该采用有别于传统学术型

怎样顺利完成论文：论文写作的策略与技巧

博士的、能够评估工商管理博士学习成果的评估方式？

(鲁杰里-史蒂文斯等人，2001：61)

随着时间的推移，这种"紧张关系"可能会化解，但如何化解却不得而知。那些在某些情况下拥有更高地位的学术型博士学位，可能不再是唯一的"黄金标准"；事实上，可能已经出现了诸多新标准。更重要的是，如果你此刻正在权衡两种培养路径并从中选择，那么就应考虑学术型博士学位或专业性博士学位与你想要学习和研究内容的相关性。如果你渴望对实践知识体系做出贡献，而不是填补文献空白，那么专业型博士学位将是更具吸引力的选择。

如果专业型博士论文的篇幅规定对你具有明显的吸引力（通常要求4万字，而不是8万字左右），那么你应该把专业型博士论文和作业所需的总字数加起来。通常情况下（而且是有意为之），总字数应在8万字左右，与学术型博士论文字数相差无几。

你的专业型博士学位作业可能得以正式发表。事实上，某些专业型博士学位明确包括某个学术文章写作模块，用以提交给某个期刊。一旦你提交或发表了一篇或多篇论文，你可能会受到发表学术型博士论文这一选项的吸引，并发现借由论文发表来实现专业型博士学位向学术型博士学位的转型相对简单。换句话说，在你开始修习博士学位之前或修习期间，请考虑获得资格证书和学位的不同途径的相对灵活性，以及你想产出的书面成果。同时请牢记，在学术期刊发表论文的压力日益增大——在某些领域，一篇论文的发表周期可能历时两年，而你想要获得博士学位则需要发表数篇文章。史密斯(Smith, 2015)

第二章 论文写作构想

建议,虽然专业型博士培养模式有利有弊,但在许多方面与学术型博士的培养模式相似。有些人担心,大量撰写论文的需要可能会产生严重的影响。史密斯概述了"典型的写作过程"(2015:40),并描述了综合写作(synthesis,即对所有相关材料进行总结与分析的综合性写作)过程,她发现综合写作的长度在3000字到2.5万字不等。

说到底,学术型博士学位和专业型博士学位二者之间的相似性可能与其差异性同等重要:

> 虽然像学术型博士一样,工商管理博士可能带有附加性研究项目,但我们不应将其视为一个教学项目,因其主要通过论文产出进行考核评估。
>
> (鲁杰里-史蒂文斯等人,2001:67)

上述著者引用了商学院协会(Association of Business School)关于专业博士的指导方针。文中的关键词是"像学术型博士一样"。他们的结论表明,对专业型博士学位的考核评估方式与预期学习成果不够一致,而更像学术型博士学位的评估方式。

> 我们的总结性评价是:工商管理博士的支持性评估要求与传统博士项目相比表现出色,与(商学院协会)的指导方针相比仍有欠缺,与工商管理博士项目的支持性学习产出相比仍有较大差距。
>
> (鲁杰里-史蒂文斯等人,2001:70)

萨罗斯(Sarrors)等人对澄清这一问题做出了尝试：

> 尽管工商管理博士学位和学术型博士学位的区别不言而喻，但我们有必要明确地向潜在的评审人做出说明，以防他们抱着先入为主的观念，认为工商管理博士学位研究报告尽管与学术型博士学位论文相似，但却不如后者，从而损害了评审人理性判断并恰当履职的能力。
>
> （萨罗斯，等，2005：161）

这表明，尽管看起来为时尚早，但在两个项目间做选择时，看看那些发给校外评审人以供他们使用的标准可能是不错的主意。此外，你可能会发现，在你所属的学科中，越来越多的博士和硕士学位已然受到严苛的审查或分析。以护理学为例，不同形式博士学位的基础概念和"现行理念"已经受到由学者和教育专家所组成的国际性组织的审查（凯特菲安和麦克纳，2005：163）。参见安妮·李(Anne Lee)的著作(2008b)中关于"实践者-研究者"的第三章。

培养模式

☆ 你最适合何种培养模式？

☆ 两种培养模式是否都为研究提供了必要的准备条件？

☆ 你希望培养哪些新的能力？

第二章 论文写作构想

有关对专业型博士学位标准的考量，参见温特（Winter）等人的著作（2000）。若想了解每种培养模式在论文写作方面的差异，可参考某些已完成的项目范例。问问自己：对于所申请的学科和系部，4万字与8万字的持续性写作，除了专业型博士学位论文通常较短这一显著差异之外，还有其他区别吗？

因此，当你在专业型博士学位和研究型博士学位间做选择时，有许多问题需要考虑：时间、课程大纲、导师指导、灵活性、学科地位、组织结构与框架，等等。然而，最终的选择也可能受到经济状况或者你决定对自己的教育投资多少的影响：显而易见的是，支付能力（而非学位的目的与组织结构）将成为专业型博士学位和学术型博士学位的首要区分因素。

"支付能力"可能受到政府政策的影响，这意味着国家或地方政府可以决定资助某种类型的研究，但不资助另一种类型。因此，相对明智的做法是持续关注资助趋势，当然也应评估某种资金来源会对你的研究选择造成多大程度的影响和限制。

7. 全日制学习还是在职学习

虽然全日制学习有明显的优势，并且在职博士经常羡慕那些可以全职学习的学生，但这一模式也存在缺陷。例如，全职学习意味着放弃养老金年限。或许你会发现自己不得不花3年或更长的博士修习时间来"赎回"损失，而且并不能保证你一毕业就能马上找到工作,而养老金却与工作相关联。

好的一面是,你可以把所有的时间都投入到研究中去,当然,除非你像许多研究生那样,需要进行教学、批改、维护网络平台、参与员工职业发展和寻找工作等活动。和过去不同的是,除了研究和写作之外什么都不用做的想法可能不太现实,但许多人仍然认为,全职培养路径比既要学习又要完成全职工作来得轻松。

在职培养路径带来了不同的挑战。在职学习人员对事务优先级的选择常常与全日制学生不同,将在职学习人员与全日制学习人员相比并无益处。你必须学会量力而行,并按照自己的节奏向前迈进。

> 在职修习高一级学位已经成为高等教育体系中增长最快的部分。获取资助的难度越来越大,而数年"淡出"职场所带来的经济压力往往使得在职修习成为重返高等教育的唯一途径。
>
> (格林菲尔德,2000:i)

在职学习不会让你沦为二等公民,许多人也将以这种方式攻读学位。最好的做法是和他们多接触。

◇ "在职学习就是一场噩梦。"
◇ "对我来说,这甚至不能被称为在职学习,而是牺牲了我的个人时间。"
◇ "我的教学任务只减少了两个课时。"
◇ "毫无完全不会被侵占的时间可言。"

第二章 论文写作构想

你对时间的自主权可能有所削弱。其他的优先事务可能会挤占你的研究和写作时间,让你感受到更多的干扰,在整个学习过程中需要填补更多差距。请将它们放入项目设计之中,并做好规划。休息片刻后,通过保持学习的连续性、在一段时间后采取重启策略,慢慢地让自己回归正轨。你必须掌控好自己的时间:学校出勤率、研究和写作都必须仔细地计划和安排,做到万无一失(格林菲尔德,2000:i)。

选择在职或脱产学习取决于很多因素,很多人都不具备选择的余地。最重要的是要意识到二者的区别,不要因为那条"当初没有选择的道路"而分心。在彼此的视角中,有时会有"这山望着那山高"的因素存在。

在职学习究竟意味着什么

为了攻读博士学位,你可以舍弃生活中的哪个"部分"?
☆ 每周一天的时间?
☆ 晚间时段?
☆ 周末?
☆ 周六全天?
☆ 周日?

你必须为规律性写作制定日常安排与规则,其中所涉及的策略将在本书第五章介绍。当你在获取更高学位和一份全职工作之间苦

苦挣扎时,做好写作的日常规划就更有必要了。

8. 写作目的

攻读更高学位需要大量的写作。你想通过写作达成什么目标?你认为写作的用途(即写作对你自身的功用)是什么,而非仅仅为了获得学位?

◇ 写作是为了学习。
◇ 写作是为了探索你的研究主题。
◇ 写作是为了记录。
◇ 写作是为了汇报。
◇ 写作是为了说服他人。

对你来说,写作首先是一种学习方式吗?学习什么内容?是学习已知的事物还是未知的事物?是为了探索你的知识边界,还是为了探索你的知识盲区?你是否相信当我们把想法写下来时,我们就能感知到我们的思想?你是否认同当我们把想法用正式的方式写下来时,我们的思维就会得到发展?

你准备好从自己的写作反馈中吸取教训了吗?你是否把写作看成是记录你在研究中的想法和行为的一种工具?写作是一个记录的过程吗?

第二章 论文写作构想

所有这一切都与学习过程紧密相关,是写作过程的组成部分。每一项都涉及一种不同的写作形式,每一项都假定会引发读者的回应,假定读者知道你的意图,或是你已经在文中阐明了你的意图。

同样重要的是,我们必须认识到,所有这些思考写作的方式与通常被视为更具有"工具性"的写作方式形成了鲜明对比。比如,写作只是被视为交流研究"成果"的一种手段;其实这只是论文写作过程的一个组成部分。

鉴于你现有的选择,明智之举就是在第一页写明你的受众与写作目的,这种方法对论文写作以及其他形式的写作都行之有效:"本篇/本稿/本文围绕……展开,旨在……(此处使用动词)。"如此一来,当你的论文偏离了现有的明晰情境时,随着时间流逝,当导师把它带回家,或者随着更多时间的流逝,当导师在机场、火车站或是办公室坐下来阅读它时,你的作品都将在你想要表达的情境中被阅读。或许导师仍然可能在他们的认知情境中,根据他们的想法和经验来阅读,但至少你已经加入了自己的视角;更重要的是,你将自身的写作意图纳入其中。

本部分所涉及的所有写作形式都将塑造你的写作方式,如写作时长、写作频率和写作形式。这些形式并非依照线性排序,总是按照相同的顺序接连出现。创作如此庞大的项目采用这样的方法是行不通的,但它们却可能与任何论文写作都紧密相关。随着写作的推进,它们很可能同时出现,并行不悖。所以,我们就更有理由就写作这一话题向读者明确地说明你在某个特定时刻所采用的写作形式。当然,你也可以在任何一篇作品中融入不同的写作形式。同样,这也是在任何写作任务和文本中阐明你写作意图的另一理由。

9. 规章制度

对于论文作者来说,最重要的文件即是高校的高等学位管理规定,或是其他任何在你的机构中所使用的规章制度。它将规定你必须做什么,还将说明博士学位修习与考试的规程。

同等重要的是,如果你所在的高校已有现行的管理规定,不管是叫作研究生实践守则、学生科研实践准则还是其他什么名称,你所需要的一切信息都能在学生手册中找到。某些高校还会在网站上提供丰富的信息以及辅助材料。

你会发现,尽管管理规定和学习指南有所区别,但都包含某些重要话题:如"学生职责""导师职责""修业年限""评价方式""年度审查""考试形式""申诉政策"等。系部之间可能也有不同的操作准则,有时是大学操作准则的再版或复刻,有时是一些可能对你有或大或小影响的条款改变。你必须对此进行检查,仔细对照,弄清其含义。如果这些文件读起来像法律文献一样,那正是因为它们就是你所从事的研究和论文写作的法规解读。在高校管理规定与操作准则之中,你的大部分问题都可以找到答案。

学校的条例和守则

☆ 我是否需要先注册为学术型硕士,再转为学术型博士?"升级"为博士的标准是什么?

☆ 导师的职责是什么?

第二章 论文写作构想

> ☆ 我的职责是什么?
> ☆ 学校的导师制度是什么?是否有联合导师制度?新导师是否由经验丰富的导师进行辅导?
> ☆ 监督我工作进展的程序有哪些?
> ☆ 哪些资金可以资助我出席各类学术会议?
> ☆ 如果我存在疑问,可以找谁解答(除导师以外)?
> ☆ 考核评估的基本流程是什么?
> ☆ 申诉的理由有哪些?

当你研读所在机构或导师对这些问题的解答时,与其他学生比较一下:他们发现了什么?他们的实际经验是什么?论文写作小组可以将其中的某些或全部问题作为会议的讨论要点。

论文写作小组讨论

> ☆ 你的同学对这些问题有何发现?
> ☆ 对于师生职责、评价方式等问题该如何界定?
> ☆ 这些解答如何反映在你的工作计划中?
> ☆ 是否还有尚未得到解答的问题?
> ☆ 是否还有其他问题?

从学术型硕士到博士的"升级"是最重要的问题之一,也常常被

怎样顺利完成论文：论文写作的策略与技巧

学生们视为博士学习阶段比较模糊的程序之一。让学生申请学术型硕士学位，给大学和学生提供了一个早期预警系统。如果在一两年后，学生的业绩没有达标，他们就可以在此刻选择或被勒令终止学业。对学生而言，这样做的好处是，他们不会在一两年的学习中空手而归。而如果成绩达标，则该生的申请将被"转移"为学术型博士或其他类型博士。

规章制度和操作准则应该在申请之时被传达给你，或者你也可以通过相关网站查询，这可能要由你自己来检查。由于规章制度会有所更新，你可能还想确认自己是否能够在申请的每一年都拿到一份新版本。

很显然，对于你、你的同学以及导师而言，操作准则或学校所使用的其他任何文件都存在诸多值得讨论的要点。值得一提的是，尽管行为守则已开始界定博士学位的方方面面，但每一项都需要进一步界定。譬如，如果守则中规定学生有义务"与导师保持定期联系"，那么这仅仅是对关系角色的定义；你还需要界定并认同"定期"与"联系"的含义，而且可能还要不时地审查这些定义，并事先约定一个审查日期。学生和导师心中往往存在不同的定义，至少在一开始是这样。据推测，这些定义可能会随着学生变得越来越专业、越来越有经验，也随着修习临近完结而日渐发生改变。在今后的阶段中，一个关键性问题就是："进度监控"究竟意味着什么？你该如何监控自己的进度？因此，最好在早期阶段就建立并商定研究进度的里程碑与目标。

你也可能碰到某些系部的规程：可能需要提供一份年度报告，

第二章 论文写作构想

或者是9个月、18个月报告。某些高校要求提供一份12周报告，也就是博士入学后的第12周。

撰写年度报告

☆ 在篇幅、内容和结构方面，有哪些硬性要求？

☆ 规定的写作数额：字数或页数是多少？

☆ 能否参考业已完成的优秀报告范例？

☆ 写作的评价方式有哪些？评价标准是什么？这些内容是否已经在写作中体现？

☆ 你希望获得何种反馈？由谁反馈？何时反馈？

☆ 会有后续的跟进吗？

☆ 是否包含口头考核？

☆ 如何记录评判结果？

☆ 不足之处是否会得到建设性的甄别和处理？

多轮口头考核的做法也许听起来十分艰难，但早期报告加上"微型答辩"过程可能比其他任何内容都更能让你明白哪些是你已掌握的、哪些是你尚未掌握的，以及下一步该做些什么。据经历过这样一个过程的学生汇报，这使他们真正确认了对自己所写内容的理解。他们还发现，微型答辩是解决实际问题的有益实践（默里，1998）。

论文的布局也有指导原则。从一开始，你就要在所有的写作中开始运用这些原则：

页面布局的规定有哪些？

☆ 规定的左右边距各是多少？

☆ 页码应当出现在页面的哪个位置？

☆ 页眉和页脚需要留出多少间距？

☆ 对排版中的"孤行"等问题是否有规定？

尽管最终的论文是双倍行距的单面印刷形式，但你的草稿可以使用单倍行距，这仍然值得你与导师进行商榷。导师希望你用何种方式呈现你的论文？除了学校的指导原则以外，你可能还需遵照特定的样式表。你必须在展示文本、参考资料等内容时严格遵守这些具体规则。至关重要的是，在你开始大量写作或撰写任何文本之前就应知道这一点，因为当你写下大量文字后再做修改，只会浪费你宝贵的时间。请去图书馆里查阅，那里往往有你可以采用的样式表，但你也应该与导师再次确认这是否适用于你所属的学科和你的论文。

10. 格式要求

你可能认为现在考虑最后的布局为时尚早，但特定的格式要求

第二章 论文写作构想

是存在的。论文都具有一些固定的特征。如果你一开始不使用规范的格式,后期将浪费大量时间——也许恰是在你觉得时间最紧迫的关头,还要重新调整格式、布局等。更重要的是,这也是你理顺写作任务的另一种方式。

关于最终的布局,请参阅学校的指导方针、高等学位管理规定或图书馆的要求(最终装订的版本)。上述文件会具体说明规定的页边距(并非可有可无)、页码、标题页布局等。你要严格遵守这些规定,即便与规定格式略有不同,也会导致图书馆拒收你的论文。例如,如果规定学校名称需要以某一特定格式出现在论文首页,比如"The University of Strathclyde, Glasgow"(格拉斯哥思克莱德大学),那么你就必须这么做。以下任何一种方式都不可接受:

◇ The University of Strathclyde at Glasgow
◇ The University of Strathclyde Glasgow
◇ The University of Strathclyde in Glasgow

范例中的逗号必须出现,这就是你贯彻所在大学的要求而必须注意的细节。这是一个和向出版商提交稿件一样严格的过程,从某种意义上说,这正是你要做的事情。尽管你的大学实际上可能不是一个出版社,但大学的名字是附在你的论文上的,并且你永远与之联系在一起。高校必须坚持最高的标准,直到定稿的论文被放在图书馆的书架上和电子文档中,供其他研究者查阅。

11. 规则和指南解密

> 衡量博士学位论文成败与否的标准，无论多么一目了然，都不可能被简化为一套书面规则。
>
> （德拉蒙特，等，2000：40）

对于论文的要求、规则和指导方针的了解并不一定能让你胜券在握，但的确能逐步揭开论文写作过程的神秘面纱。学生们往往没有意识到行为守则将以何种方式影响他们的写作过程，导师们有时也不知道这些规则的具体内容，甚至不知道规则的存在。一直以来众所周知的是，学生和导师都认为这一切"与我们的学科无关"，但你应该核查清楚。

我想翻开本书的学生感兴趣的，并非造就英国、美国及其他国家研究生现状背后的那些机构，以及机构间有竞争关系的政策与政治活动。本书精心选取的规则与指导方针具备实用性，因为它们解释了研究过程和论文写作的要求，阐明了监督模式与评价标准。总而言之，它们是解密论文写作的组成要素，有助于你理解各项要求。

在任何高等教育体系中，除了对学位的规定外，必定存在实践守则和指导方针。这些准则是由一些对研究和教育成果有不同兴趣的不同机构发布的，如政府部门、高校联盟、雇佣单位、专业团体、（国家和地方的）学生联合会、质量保障机构与团体，它们可能代表或隶属于某些其他团体，也可能不存在隶属关系，但均发挥某种特

第二章 论文写作构想

定作用。这些机构提供了基本规则,并在早期阶段引领你踏入写作之门。你可以将其提出的问题与推荐的标准转化为写作提纲。

你必须将所在高校出台的准则或指南作为研究与写作的核心准则,如图解2.1所示。

> 这些关于良好做法的期望和指标……代表了负责研究学位的人对制度、政策和程序的广泛共识。这些制度、政策和程序有利于为学生提供良好的体验,并支持高等教育提供方保持研究型学位的标准。
>
> (英国高等教育质量保障署,2015b:4)

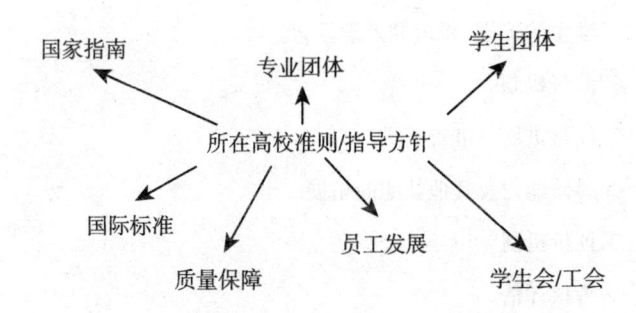

图解2.1 准则与指南的相关重要性

接下来,本节将对英国教育背景下的某些范例进行概述。在其他国家的教育背景下也有此类团体存在。我们将考量它们对论文写作的潜在影响。

许多不同的机构和团体发行的准则和指南或许与你的学习和写

作相关，并对你有所帮助，但也可能与之无关、毫无用处。有些准则和指南更具官方权威性；有些优先考虑学生的利益；另一些则关注质量保障——这一点对学生同样重要，但其重要性不易被学生察觉。对所有学生来说，关键的问题是，如果这些准则真实存在，你所在的机构会使用哪些准则？较好的选项是找到你所在机构的操作准则。

英国高等教育质量保障署制定了《英国高等教育质量工作准则》("UK Quality Code for Higher Education")。这一《工作准则》是一整套良好实践的完备指标，它围绕以下九个方面展开：

◇ 高等教育机构培养方案。
◇ 研究环境。
◇ 学生的选拔、录取和入学教育。
◇ 监督机制。
◇ 项目进展与审查安排。
◇ 科研能力及其他技能的拓展。
◇ 评价机制。
◇ 考核评估。
◇ 研究生的投诉与申诉。

其中一些指标似乎与学生的关联性更大，但也不妨了解一下你所在的高校针对你的学位管理全过程有哪些要求。

或许最有意思的主题就是监督机制、技能拓展与考核评估：

第二章 论文写作构想

> **监督机制**
>
> 在所有研究学位中,研究项目的师生关系至关重要。因此,高等教育机构建立了系统和明晰的监督机制,包括向研究生提供如下内容:
>
> ☆ 有机会获得定期和适当的导师支持。
>
> ☆ 鼓励学生与其他研究者互动。
>
> ☆ 获取一项或多项独立来源的内部或外部建议。
>
> ☆ 做好失去导师情况下的研究生保障方案。
>
> 指标9
>
> 高等教育机构任命具有适当技能和学科知识的导师,以支持和鼓励研究生,并有效地监督其进展。
>
> (英国高等教育质量保障署,第4条,2015b:17)

摘录中的"适当技能"表明导师将接受培训和监管,并参与针对研究生导师的连续性职业发展培训。

指标10阐述了对监督小组与主要导师的要求,其中应包括成功完成的督导经历。该指标还解释了导师的可及性,对此教育机构应负起责任,保障和监管导师指导。至少有一名导师的重要能力应在科研中得到有效的体现:

> 学生监督小组中至少应有一名目前正在从事相关学科或多个学科的出色研究的成员,以确保其采用最新的学科知识和研

101

究发展来指导和监督学生的进展。

（英国高等教育质量保障署，2015b：18）

指标11指出，学校应确保学生和导师的责任被明确地传达给各方，并由学校确定师生交流的最低频率，尽管师生仍应共同承担保持定期交流的义务。与师生会面的"性质与方式"相关的决定应在博士学位项目伊始就达成一致，并可以在项目进展过程中做出调整。

指标随后列出了14项导师职责，包括"针对项目范围内的学生作业、总体进展提供及时、富有建设性和实效性的反馈"，但并未具体规定应支持写作。

论及技能拓展问题，尽管学校负有责任，但其"应鼓励研究生在学习期间和学习结束后对自己的学习负起责任，并认识到发展可转移技能的价值"。该部分同时提及了沟通技能。

关于考核评估问题，教育机构必须制定评价标准并派发给学生。

考核评估

各项标准能促使研究生充分展现其具有学位资格水平的能力与成果。这些标准也为研究生提供了实用性建议：例如，在规定的学术工作汇报中，何为原创性、何为最佳学术实践等。

（英国高等教育质量保障署，第8条，2015b：25）

第二章 论文写作构想

该部分质量保障准则涵盖考核评估标准、微型答辩以及答辩交流结果等信息。

这一切内容看似过于笼统,对你帮助不大。但在某些方面,这也被视为某种优势,使得学校、系部乃至学生都享有灵活性和自主权。然而,如果这些术语被用来指代你的博士学位,你会立刻意识到有必要在实践中对每个概念进行进一步界定。

询问所在系部可以提供的信息

☆ 所在系部提供哪些监督机制、技能培训和评价标准?
☆ 如何将你在这几个层面的体验报告反馈至系统中?

全国研究生委员会(National Postgraduate Committee, NPC)的组成人员以研究生代表为主,旨在代表和改善英国研究生培养状况。委员会提供政策发展的最新动态,并出版过几份实用的出版物:

◇ 《研究学位申诉指南》("Guidelines for the Conduct of Research Degree Appeals")(格林,1995)

◇ 《研究生科研工作准则指南》("Guidelines on Codes of Practice for Postgraduate Research")(格林,1992)

后者提供了比英国高等教育质量保障署的准则更为具体的指

导,再次向学生说明了高等院校或系部的工作方式。以下就是对这一方式的解释说明:

> 院校将保留一份学生综合学习进展的文档,包括导师与学生间关于指导、表现水平等讨论的记录。
>
> 工作计划必不可少。研究选题应尽快商定,研究计划应在第一学期由导师拟订并批准。导师应确保学生了解其评估进展的依据和所涉及的工作量。该计划必须包括:
>
> ☆ 暂定的论文大纲……
> ☆ 对研究的说明和待审查的资料来源。
> ☆ 暂定的时间表……
>
> (格林,1992:9)

全国研究生委员会长期以来致力于进一步界定博士学位学习过程。《我该问什么?给未来研究生的忠告》(*What Questions Should I Ask? Some Guidance for Prospective Postgraduate Students*)(吉伦和霍德,2001)是一本更为有趣的出版物,它专为那些正在考虑攻读博士学位但仍未确定攻读地点的人而设计,不过其中某些问题对在读学生来说也是有益的。书中的问题包括帮助大家选择最适合自己的地点,规避"常见问题"。你可以向未来的导师提问。以下这些问题尤其发人深省:

第二章 论文写作构想

> **导师是研究生学术生涯中最重要的人**
>
> 你应该了解以下内容:
>
> ☆ 他的研究兴趣是什么?
>
> ☆ 他最近刊发了什么论文?
>
> ☆ 他指导研究生的经验是否丰富?倘若这是他首次担任导师,有哪些后备措施?
>
> ☆ 你的导师会花费多少时间指导你?
>
> ☆ 你能否与导师和睦相处?
>
> ☆ 导师应当扮演什么样的角色?
>
> ☆ 导师是否与你的工作模式相符?

虽然以上内容与"写作"并无直接关联,但是无论是现在还是将来,导师都是你写作内容的直接读者,因此上述内容对你的写作有明显的启示作用。在你开始学习课程之前或之后,你还可以问一些关于课程、学校、系部和资源等方面的问题。

全国研究生委员会发布的《研究生住宿和设施指南》("Guidelines on Accommodation and Facilities for Postgraduate Research")(1995)列出了一系列可能影响写作的问题(见www.npc.org.uk/page/1003802081)。你可以采用其中的问题,比较不同院校支持科研和写作的设施配备。一旦选定了某个院校,你也可以根据这些指导意见申请所需的设施。

从更广泛的角度来看,全国研究生委员会网站还收录了有

怎样顺利完成论文：论文写作的策略与技巧

关"高等教育发展"的文章。例如，马丁·高夫（Martin Gough）的《研究生社团的未来福祉》（"The future well-being of postgraduate communities"）一文对高等教育的三大模式（借鉴索思韦尔和豪）提出了一些颇有意思的观点：

◇ 以知识为基础的象牙塔模式，旨在发展智力。
◇ 以职业、技能为基础的市场导向模式，旨在培养职场能力。
◇ 成熟的高等教育机构模式，兼备灵活性和愉悦性，以学习者为中心，旨在实现"真正的理解"。

这些有趣的理论观点或许已成为某一特定机构中博士和硕士课程的基本原则。但如果某个机构声称以这三者为目标，也不足为奇。同样，还有一个影响论文作者的问题是：这所高校是否在你将来的教育和论文中同时追求这三个方面？或是只看重其中一个方面？

英国研究生教育理事会（UK Council for Graduate Education）也致力于促进各学科的研究生教育。全国研究生委员会从学生的角度出发，而英国研究生教育理事会则是一个由学者、导师和不同职业群体所构成的机构。与全国研究生委员会一样，他们也出版了有趣且实用的出版物：例如，《研究生院》（*Graduate Schools*）（英国研究生教育理事会，1995）和《基于已发表作品的英国博士学位授予》（*The Award of the Degree of PhD on the Basis of Published Work in the UK*）（英国研究生教育理事会，1996）。

许多研究生对"刊物发表"这一考核模式很感兴趣（尤其如果其

第二章 论文写作构想

意味着无须撰写学位论文的话),但应当注意的是,曾有调查表明,在这一攻读博士学位的路径已相当成熟的国家中,发表论文往往不是唯一的要求——通常还需要一份研究项目的批判性报告(5000~1万字),此处特指收集业已发表的论文。这些调查还概述了一些行政程序。调查发现,选择此类方式的人员大多是高校登记在册的学术人员。这种模式可能存在问题是:出版的论文细节不足,难以达到考核评估的要求;论文中鲜有甚至缺少原始数据。作者总结道,这一模式的发展前景在于某种程度上的融合,将已发表的作品和某种小型学位论文汇集在一起,从而在某种程度上构建一个作品集。

对于国际学生,有一份《海外留学生高等学位管理规定》("Code of Recommended Practice on The Management of Higher Degrees Undertaken by Overseas Students")(大学校长委员会,1992)可供参考。尽管该规定目前并未广泛传播,但其中至少有一条关于督导中存在的文化差异的建议值得学生和导师注意:"我们应该牢记,一些海外留学生可能比其他人需要更多的指导时间,至少在他们课程的早期阶段是如此"(1992:4)。这是否是对该群体中的"某些人"的准确表述,以及导师是否提供了如上所述的"指导时间"?这无疑会成为争议性话题。我所能想象的是,许多导师会说,这句话适用于所有学生,无论他们来自何方,因为某些人就是需要比其他人更多的监管。但不变的现实却是,即便不是全部,仍有许多国际学生需要时间适应,这不仅仅是解决他们的书面英语和口语的问题。例如,美国学生会觉得英国的教育体系非常陌生,正如英国研究生至少一开始会觉得美国的教育体系很陌生一样。

某些专业团体或协会、皇家学会、研究理事会等一些其他机构，也制定了各自的规定和指南。有些规定更加具体。打个比方，假如你想攻读心理学，可查阅英国心理学会（British Psychological Society）出台的《心理学及相关学科博士学位评估指南》("Guidelines for Assessment of the PhD in Psychology and Related Disciplines")(2000)。即使你学的是某个"相关学科"，你也会觉得这些指南很有帮助，因为它们阐释了博士学习历程的方方面面，也包括通过在期刊上发表文章来申请博士学位。

关键问题

☆ 在我所在的院校，这些准则和指导意见的地位如何？

☆ 它们能怎样支持我的研究？

☆ 它们能怎样支持我的写作？

☆ 我能在何处获取所在机构的此类准则？

☆ 我能否自动接收到相关规定的修订版？

☆ 本校的实践准则：是合同还是可以商榷的日程表？

准则或许代表了你和所在院校之间的一种默契或真实的契约，但它能在多大程度上对你或导师产生法律约束力？落实守则是攻读博士学位期间讨论的起点。从这一意义上来看，准则为学生和导师提供了讨论议程。

第二章　论文写作构想

12. 论文评判方式

虽然导师在整个研究和论文写作过程中都会提供反馈，但最终的评判将采用口头考核形式，也就是所谓的"答辩"或"口头辩护"。通常会有一名校外评审人和一名校内评审人。导师可以参加答辩会，但通常情况下（请核实所在机构的程序），他们没有正式的角色，在某些机构中甚至不能发言。此类考试的实施以及论文写作在其中的角色将在第十一章介绍。

13. 论文评判标准

关于论文考核，神秘的传说不可胜举，有据可查的考据却屈指可数。许多学生并不清楚口头考核的标准，《高等教育校外评审人手册》（Handbook for External Examiners in Higher Education）（帕廷顿，等，1993）或许能提供更多线索。该手册正好概述了评审人角色的一般性特征，而对于学生来说，这有助于他们从评审人的角度看待自己的作品。虽然每种博士学位间都存在差异，但此处所采用的方式是对所有博士学位考核过程均具有"普适性"的方式。

即便不是大多数，许多高等教育领域的同仁基本都认为自己是所属学科的专家。他们主张自己的学科是独一无二的，并认为适用于其他学科的东西和自己的学科并不相通。这一观点

109

仅在有限的范围内是正确的。本手册的写作基于评估技术在很大程度上具有普适性的理念，本书所列举的问题是校外评审人可以在任何系部或课程中合理提出的问题。

（帕廷顿，等，1993：1—2）

换句话说，尽管你可能认为你的论文"独一无二"（在某些方面确实如此），却有一套能跨越学科边界的核心标准与行为。这就表明，你在考试中不必采取"观望"态度，而应该对特定类型的问题进行预测，并做好回答的准备。

该手册引导评审人完成学位论文的初步浏览和详细阅读，直到考试过程本身。该手册建议评审人阅读已完成的论文，并对论文的优点和缺点形成初步的整体印象。接下来，他们会被提示进入"带着问题的系统阅读"。这些问题旨在使评审人的详细阅读有所侧重，并在可能的情况下确定答辩的问题。针对学位论文每一章节的问题清单往往能引起学生的极大兴趣。

校外评审人将审阅……

☆ 文献综述。

☆ 研究设计。

☆ 结果汇报。

☆ 讨论与结论。

第二章 论文写作构想

在这本书4.7小节附有帕廷顿等人的一系列问题。乍一看,该小节标题更适合理工科博士学位论文,但你也可以认为这些问题同样与其他学科相关,尤其当你读到每一章的具体问题之后。其中一些问题必然与其他领域的论文有关。

文献综述

☆ 此篇综述在多大程度上与研究相关?

☆ 学位申请者是否存在"这就是我对该研究主题的全部了解"的误区?

☆ 是否有证据表明该综述已对他人成果进行了批判性评价?或者仅仅是描述性评价?

☆ 学位申请者是否明确解释了文献综述和本人研究设计的关系?

(帕廷顿,等,1993:76)

研究设计

☆ 该研究针对可能产生的误差来源,采取了哪些预防措施?

☆ 研究设计中的局限性是什么?学位申请者是否了解?

☆ 学位申请者是否已对目前的研究设计给出了充分理由?

(帕廷顿,等,1993:76—77)

在学术论文的所有关键阶段，都会产生这样的问题列表。这些将在第十一章中详细讨论，那一章的重点是毕业答辩。然而，在这一过程的早期阶段，这些问题可以用于引发思考、阅读和写作的聚焦点，如果这些问题不"适合"你的论文，那么你可以写下更适合的问题。

如果这些问题与你的研究仍然相去甚远，你也可以对其进行调整，使之适用于你的研究，成为更有用的思考与写作提示。你可以和导师讨论这些要求、问题和提示，这可能会帮你进一步了解论文读者在寻找什么。

这些问题体现了当论文完结、读者在对其进行审阅时所采用的思维模式。对于那些撰写论文的新手而言，这些问题有助于他们明确哪些写作任务尚未完成。它们可以帮助界定还没有完成的写作任务；即便不是全部，这其中的某些问题也可以转化为你早期写作的行动要点。

在研究设计部分，我该写些什么？

☆ 对于可能产生的误差来源，我将采取哪些预防措施？我的误差很可能来源于……我的误差最不可能来源于……误差表明……将借由……呈现……

☆ 我将限定研究设计，通过……途径，使其切实可行。这非但不是本研究的缺陷，反而是一种恰当的选择，因为……

☆ 我可以通过……来证明目前/即将采用的研究设计的合理性。

第二章 论文写作构想

这些提示为制订最初的研究计划,以及修订计划与论文的开头章节提供了工作重点。手册中所有的问题均能改编成此类提示语。这并不意味着为了"通过考试",你从一开始就要限制自己的思考方式,而是说你从一开始就在考虑正确的问题类型。

评审人不一定读过这本手册。他们也不一定认同将这些问题作为他们评阅和探讨论文的"议程"。重点在于这些问题可以让你在思考和写作的早期阶段凝神聚力。尽管真实受众的实际期望仍未可知,但你没有理由不从一开始就界定好一系列核心要求,以便着手写作。毕竟,受众和写作目的是所有写作任务的关键,高效的作者会培养某种受众意识,即便是有多种受众时。

学生们往往热衷于得到这本手册。它消除了笼罩着博士学位的某种神秘感。因为诸如"有哪些要求""我什么时候才能做得足够好""我怎么知道"这样的问题,我们很难直接获得答案,而任何提示都可能极具吸引力。平心而论,这些问题对于导师和评审人而言都是难以解答的问题;事实上,试图对其中任何一个问题给出确切的答案既不可能,也不明智。尽管这些见解可能揭开了神秘的面纱,在某种程度上能够安抚人心,但它们却只是一个起点。显然,这些问题不一定会在每个人的答辩中被问到。

你要做的第一件事就是调整句式,以便让它们显得与你的论文紧密相关,然后思考如何回答问题,并记录下明确的答案。"明确"是这里的一个关键词,对这些问题的明确回答可能有助于你更清楚地了解自己此刻的所思所想。

英国心理学会在《心理学及相关学科博士学位评估指南》

（2000）的"心理学博士学位考核标准"（Criteria for assessing PhD theses in psychology）一节中，对博士学位论文标准给出了如下定义：

◇ 文本脉络清晰且"言之有物"。

◇ 提交的论文应达到"便于阅读"的要求。读者应能辨认论文的结构、找到各类图表，并轻松地进行交叉对照。章节甚至段落的编号系统将有所帮助……

◇ 提交论文的篇幅不应超过必要的长度。论文字数通常为7.5万字至8万字，最多不超过10万字。

（英国心理学会，2000：28）

对于非心理学专业的论文作者而言，他们的问题可能是：在实际操作中，这些指导意见与他们所属的学科有多大程度的相关性？但至少这些指导意见可以指引你和导师开展某些重要的讨论。你可以用"你读过这些吗"和"你对此有何看法"作为开头，然后说说你的感受。你也可以描述或展示自己在阅读《指南》基础上所进行的写作。如上所述，你必须试着形成自己的见解，找到《指南》和自身写作的关联性。

阅读并讨论你所在高校的行为准则、指导方针以及高等教育保障署的《质量准则》等规定时，关键是要记住，答辩的实施形式存在巨大差异。

据证实，答辩不仅存在差异性，且具有矛盾性：

第二章 论文写作构想

  本文探讨了博士考核过程中答辩的作用和意义。更具体地说,本文解决了以下问题:答辩在博士学位考核评估过程中起到何种作用?讨论集中在:(1)在高校的政策规定中,答辩的作用是什么;(2)从评审人、导师和博士生等角度探讨答辩的目的。研究结果表明,无论是基于机构声明的角度,还是学者和申请人的角度,人们还未对答辩在博士考试过程中的作用达成共识。此外,我们的研究还显示,在政策与实践层面,对答辩目的的解读仍存在不一致和相互矛盾的现象。

(杰克逊和廷克勒,2001:354)

  对于任何面临论文考核的人来说,无论考核跨度长短,政策中的"不一致和相互矛盾"可能都不如实践中的情形那么有趣。如果你对所在系部的论文考核标准与惯例进行一些非正式的、传闻式的"研究",你就会发现其中的某些多样性。这并不意味着你所在系部的人言行不一、自相矛盾;而是意味着他们认为所有博士学位都是独一无二的,有其专属的一套评价参数和标准。然而,你不能对这种事情置之不理。情况并未复杂到让你无从下手、无法界定自己的论文将得到何种形式评估的地步。你的研究也并未独特到必须另外制定一套全新考核标准的程度。更有可能的是,只要你对此不闻不问,问题终将被搁置。若你希望以考官的视角更为全面地了解整个评估过程,请参阅皮尔斯(Pearce)的《如何评价一篇论文》(*How to Examine a Thesis*)(2005)。

  在读完所有的准则、指南和规定后,你不应该还认为论文写作是高等教育中"广阔的未知之地"或"难以企及的巅峰"。恰恰相

115

反，在过去的十年里，在确定对你（以及对你的导师和你的机构）的要求和如何培养你完成论文方面，有关部门已经做了比以前更多的工作。与十年前相比，现在你有了更多的选择，有更多的学习和写作形式可供选择。

任何遗留的问题都可以为写作和进一步讨论提供提示。问题越难越好，因为这些问题将有助于你完善自身论点，从而避免在答辩前或答辩过程中被棘手的问题绊倒。这些问题将成为写作的众多由来之一。在你真正不确定的时候练习写作，并利用写作来解决不确定的问题，是论文写作的一项关键技能。即便在你完成论文后，也会在其他情况下用到这项技能。

14. "原创性"的界定

> 博士阶段的研究就是对原创性知识的缔造，这一观点已得到普遍认同。
>
> （李，2013：119）

因此，"原创性"是一个关键的词汇和概念。不乏有人认为，这是博士论文和某些硕士论文的关键标准。一篇论文应当以某种形式体现作品的新颖之处。对这一术语也有许多不同的解读；不同的论文可能有其不同的定义。菲利普斯和皮尤为我们提供了一系列定义（2015：63—64），现列举如下：

第二章 论文写作构想

> **原创性**
>
> ☆ 你提出了前人尚未提过的说法。
>
> ☆ 你开展了前人尚未做过的实证研究。
>
> ☆ 你结合了前人尚未组合过的元素。
>
> ☆ 你对他人的材料/想法做出了新的解读。
>
> ☆ 你在这个国家开展了某些只在其他国家实施过的工作。
>
> ☆ 你采用了一种现有技术,并将其应用到崭新的领域。
>
> ☆ 你着眼于本学科尚未涉及的研究主题。
>
> ☆ 你采用新方式检验了既有知识。
>
> ☆ 你采用前所未有的方式补充了知识。
>
> ☆ 你是记录某一全新信息的第一人。
>
> ☆ 你对别人的想法做了很好的阐述。
>
> ☆ 你延续了某项创新性项目。

我们应该将这些定义视为随机性定义,而非"核心要义",因为论文作者或许会找到更多可能的定义。英国高等教育质量保障署也为我们提供了如下释义:

对知识的原创性贡献

学位申请人凡达到如下要求,可授予其博士学位:

◇ 通过原创性研究或其他高新学术活动缔造并阐释了新的知识;论文质量满足同行评审要求,拓展了学科前沿知识,具有发表价值。

◇ 对某一学科或专业实践领域的大量前沿知识进行了系统性学习,并领会了其要义。

◇ 在学科前沿领域开创新知、应用或理解,具备概念化、设计和实施项目的一般能力,以及针对未知问题调整项目设计的能力。

◇ 详细了解适用于学术研究和高级学术调查的技术。

(英国高等教育质量保障署,2011b:3)

在此,我建议论文作者在讨论与写作过程中,对各项原创性的定义进行预先演练,特别是借此塑造你的思维和写作能力。这样,你将完善自己对原创性概念的理解,你会在把研究向前推进的时候放弃一些定义。

关于"原创性",我该写些什么?

☆ 本研究在……意义上,(将)具有其原创性。

☆ 本研究在……意义上,(将)不具备原创性。

写作时长为5分钟。

这项写作活动很实用。以上两项提示可用于生成文本。你或许会觉得写出来的文本,以及在这一阶段有关原创性写作的想法有些不得要领,甚至你所做的任何修订似乎都自相矛盾、含混不清或抽

第二章 论文写作构想

象晦涩,但只要你撰写了文本,你就已经迈出了定义关键内容的第一步;即便不是关键内容,也将是你所从事的研究的长期目标。

让"原创性"这一重要概念的各种定义在脑海中盘旋两三个月是毫无意义的。事实上,这么做可能使你在工作中失去焦点,造成写作中的混乱,并最终导致论文出现缺陷与不足。

论文的成与败,不仅取决于原创性因素,还取决于你所选择的定义,以及如何将其以书面形式表达出来:对于你正在从事或即将从事的研究,你是否选择了正确类型的"原创性"?你的论文是否已经具有充足的证据证明此类研究的原创性?如果你尚未做到,后续打算怎么做?你想表达的是什么?你必须写下的又是什么?

导师和评审人会在你的论文中寻找一个清晰、明确且有效的原创性主张。你不妨现在就开始,通过简短的写作活动和重复操练理解原创性的真正含义,这可能需要你对所在领域的原创性定义展开小规模调研,你将发现其他用于界定研究成果的词汇。你可以从本节牵涉到的诸多定义开启你的调研,并可以使用你在此部分以及文献阅读中发现的各种对原创性的定义,然后与导师讨论这一关键概念。

15. 读者的预期

上述原创性定义的选择均由一组导师制定,这一点多少可以说明他们在寻找什么。尽管这一小组及其定义集合可被视为随机性选

怎样顺利完成论文：论文写作的策略与技巧

择的结果，因而对于任何个人论文而言关联度有限，但它们确实为开始处理这个概念的论文作者提供了一个起点。对于有多个导师的学生来说，由于两位导师不太可能对所有事情持有相同看法，情况可能会更加复杂。

　　导师要看提案是否具有潜在的原创性，看学生是否有能力掌握工作进度并进行写作，看正在形成的论文是否具有连贯的论点。如果这些正是读者期待的要素，你在写作时就应该使其易于查找，在语言上明确地标记出来将很有帮助。

　　即使你探明了"读者要找的东西"，但这个读者是你的导师，你难以确定其他读者（校外评审人）是否也在寻找相同的内容。但就写作而言，我们可以说，他们正在寻找合适的风格、恰当运用的语言、强而有力的论据。论文作者的任务是弄清楚这对他/她自己的写作来说意味着什么。你可能难以获取更多关于这些术语如何用于论文评审的信息，因为博士论文的评审似乎很大程度上基于未经验证的假设，以及未必开放的讨论意见（约翰斯顿，1997：334）。

　　这句话并不是要强调其他系统和其他国家作者的错误，而是要指出，缺乏对标准的界定，以及缺乏对写作说服力的关注，可能致使作者的论文显得薄弱。当然，这是一个基于因果关系假设的值得商榷的解释，但我们似乎有理由认为，无论出于何种原因，对博士学位论文标准的保密与缄默，或是对标准界定的缺失，将会影响写作的质量。如果论文作者没有解决这些问题，论文将很可能出现其他类似的弱点。

　　评审人对博士论文考核的汇报并不总是公开的，所以我们难以

第二章 论文写作构想

知道他们到底在寻找什么。但这并不意味着你应当让这个概念始终笼罩在神秘的气氛中;相反,你应当马上开始尽可能地界定其含义。事实上,你的定义将会影响你将要完成的工作,使你从已经工作过的领域转向新的领域。

论文作者一定要完成通用型写作任务,抓住读者的注意力:

> 评审人处理论文阅读任务的方式与任何拜读新作的读者极为相似。倘若遭遇了不易阅读的作品,那么他们对于涉猎本领域新知的热情将会迅速瓦解。
>
> (约翰斯顿,1997:333)

因此,针对"读者想要什么"这一问题的其中一个答案就是"读者友好型"写作。将评审人视为"读者"是非常重要的提示。尽管评审人显然是带着最高的标准阅读论文,但我们不能因此免除我们的写作要对他们产生意义的责任。

> 就像对待其他任何作品的读者一样,将评审人视为论文读者的想法可能对许多研究生申请者和他们的导师而言并不多见。人们往往会假定评审人都是某一领域的专家,其期望值与"普通"读者有所不同。值得注意的是,所有读者都需要协助才能理解作品,他们会因为拙劣的作品而感到分心和恼怒,他们欣赏写得完善、生动有趣和富有逻辑的论文。
>
> (约翰斯顿,1997:340)

121

很多研究生或许会对校外评审人需要论文作者"协助"的观点感到陌生。约翰斯顿的研究表明,论文作者是需要这么做的。对于论文作者来说,其含义不是应该像对待新手一样为评审人写作,而应当把自己作为读者的"协助者",说服读者看到自身作品的价值。

评审人对论文的具体评价的确包含"贡献"一词,譬如对知识的贡献,但他们也使用其他术语:

评审人对论文的评论

根据约翰斯顿所列(1997:341):

☆ 构思巧妙。

☆ 文献综述分析透彻,富有批判性。

☆ 达到了本研究的预期目标。

☆ 深入挖掘了……

☆ 所呈现的……问题值得深入探讨。

对一些读者和作者来说,上述标准似乎比要求具有"原创性"低一些,但对评审人而言却十分重要。打个比方:展现研究"能力",而非"卓尔不群";达成研究目的,而非超越既定目的;论述有力,证明研究主题值得深入探讨,而非吹嘘这是最新、最前沿的研究主题。这些评语并不一定表示评判标准的降低;恰恰相反,上述评语表明我们在撰写研究中的基础概念时,有必要提高标准。

第二章 论文写作构想

新研究与现有研究之间的概念联系，新研究的合理性，以及对现有文献研究的彻底性被重新定位为论文写作的主要成果。这需要付出大量的努力。

约翰斯顿的研究发现，评审人的积极反馈包括"复杂性、原创性、批判性思维、学术价值、对所在领域的显著贡献、新颖的概念、创新的理念、具有发表价值的成果"等术语（1997：341）。这里提及的每一项评语都可以作为写作的提示，这不仅是为了让论文撰写者开始并继续掌握与研究相关的概念，更是为了让他们找到在撰写研究的某些方面所希望运用的特定风格与词汇。

例如，有些作者会因在研究中声称"原创性"而感到不安，所以选择使用某种非人称结构来替代"我"。然而，虽然最终的论文风格可以随时调整，但是早期的构思有时可以更直接地展开。以"我将在论文的哪个部分展现……"的写作提示为例，该句运用第一人称"我"和直接、非正式的写作风格，目的是为了直奔主题，以使提示语清晰明了。同样，根据"我将在……中/我将通过……展现批判性思维"的提示来写作，会迫使论文作者专注于这个问题。

我将在论文的哪个部分展现……？

☆ 复杂性。

☆ 原创性。

☆ 批判性思维。

☆ 学术价值。

> ☆ 对所在领域的显著贡献。
>
> ☆ 新颖的概念。
>
> ☆ 创新的理念。
>
> ☆ 具有发表价值的成果。

不言而喻的是,与本书中的任何写作活动一样,如果这些术语看起来不合适,那么论文作者可以使用与其论文相关的提示。同样,这些问题和学生的回答也可以作为谈论的话题,供同行或是学生与导师进行讨论。

约翰斯顿的论文总结说,评审人有两种类型的评论:一种是论文所反映的"智力努力",另一种是关于论文的"交流能力"(1997:344)。两种类型的评论同时存在的事实增强了写作质量与所谓的实际的研究质量之间古老而又熟悉的联系,这是我们经常听到却未必相信的。有些人认为,如果研究是一流的,那么论文写得再差也没关系。有些人认为,在表述质量和科学成果质量之间,通常存在着某种关联,并对这种影响如何发生提供了一个最有用的解释,即表述不佳的作品所存在的一大问题就是评审人往往会对考生失去信心,并怀疑是否存在不充分或仓促概念化等更深层次问题。

我们只要回想一下我们所见过的同学或同事们的演讲,就能辨别出自身存在的这一归因模式:当他们似乎犹豫不决、重复自己说过的话、无法解释清楚某个术语、使用一长串字符却不能让我们明白他们在说什么时,我们做何感想?我们会认为"哦,只是演讲出了问题"

第二章 论文写作构想

吗？答案是否定的。我们很可能会认为，尽管这些问题通常是研究进展报告所具有的特征，但这些学生或同事似乎并未想明白自己在做什么，以及这意味着什么。

一篇论文会因为研究不力而被否决吗？必然会。一篇论文会因为写作表达欠佳而被否决吗？按理来说，可能性不大。但研究表明，评审人有可能把写作的薄弱归咎于研究的薄弱，并促使他们在论文中搜寻更多的薄弱环节。

作者必须通过提供清晰的论文通路来影响"读者想要寻找的内容"。与所有写作一样，论文作者必须管理读者的主观认识，也就是说，让读者看到你的写作连贯性。因此，"读者在寻找什么"这一问题的答案应该是——"你告诉他们去找什么，他们就去找什么。"

16. 信息技术程序与需求

所有学生都有自己管理参考文献或参考书目的方式。大多数研究新手都知道（但也有些新手从没听说过）用于管理文件的软件工具，这些与日俱增的文件就是（或将是）他们论文的参考文献或数据库。

针对这一耗时的过程，和他人交换意见和经验可以有效节省时间。学校可能会为你提供指导，并将其作为研究方法培训计划的一部分。你可以从中了解其他学生如何建立他们的数据库，从正在从事进一步研究和写作的学生那里得到提示和启发，省去重复性工作的麻烦，并发现究竟哪个软件能够真正满足某一目的。

怎样顺利完成论文：论文写作的策略与技巧

大多数学生可能都听说过以下几种常用软件，例如ProCite、Reference Manager和EndNote。斯蒂芬妮·马歇尔（Stephnie Marshall）将这三种软件列为"全球最受欢迎的三大参考书目管理软件"（2001）。尽管三种工具工作方式有所不同，但都十分有用（均由同一家公司ISI Researchsoft出品）。马歇尔简要地回顾了三类软件的不同之处（这表明你可能会看到它们的优缺点），这将有助于你从中做出选择。

> 我们倾向于认为EndNote是最受欢迎的软件，因为它最容易操作，这将会吸引独立工作的研究者和学生。Reference Manager提供了更多的网络功能，同时具有对数据库的读/写访问权限，从而轻松地实现书目和参考文献共享。ProCite……提供灵活的分组引用并可以创建主题性书目，吸引了很多专业的信息科学家。
>
> （马歇尔，2001：16）

这篇文章中有一张表格，列出了这三种类型的参考文献管理工具的所有功能。在你投入时间和金钱购买之前，不妨查看一下最新版本的最新评论。

对于想要获得更详细和最新信息的人，《技术计算》（Technical Computing）一书可将是很好的起点，特别是如果你所在的机构没有一个研究生使用的网络系统（在那里可以非正式地分享这些信息）时。是否有第二和第三学年的学生可以告诉你这些工具在你所属地

第二章 论文写作构想

学科领域的使用情况？例如，曾经有位学生信誓旦旦地说，他认为MS OneNote 2003比Endnote更胜一筹，因为尽管Endnote适用于书目和摘要，但OneNote适用于多种不同用途，还可以和其他MS程序组合使用。你必须自己做出决定。当然，你可以在网络上找到各种不同的观点和信息。

技术也为我们提供了互联网工具。我们可以给自己领域内的其他人发送电子邮件（无论距离远近），并迅速建立联系。有些网站带有摘要、期刊出版物索引、网络上的其他链接列表，等等。你所在的领域也会有一些讨论小组供你查找和订阅，有些小组的实用性比其他的更高一些：

> 克尔凯郭尔[1]必将见证，在一个任何人都可以加入其中的网络及其兴趣小组的世界，人们可以无休止地讨论任何话题却不会产生任何后果，这是高度的不负责任。没有在特定问题上扎根，兴趣小组评论者剩下的就是无休止的闲言碎语。
>
> （德赖弗斯，1999：16）

何以保证"扎根"，避免陷入"无休止的闲言碎语"？闲言碎语无可厚非，但你大概也不希望自己的硕博论文"没完没了"吧。有时候，论文写作的范围与规模会把处于早期阶段或后期阶段的学生压

---

[1] 克尔凯郭尔（Kierkegarrd，1813—1855），丹麦哲学家、存在主义哲学的理论先驱。——译者注

怎样顺利完成论文：论文写作的策略与技巧

得喘不过气来，而讨论的内容却没有不断变化。一切事物似乎都与你的研究相关，但真的有所关联吗？承认这些联系，但也要根据研究重点进行验证。你可能需要学习如何滤除仅与你的研究项目"有关联"但不切题的想法。

你会加入各种兴趣小组或会议小组吗？究竟是哪一个或哪几个？你可能并不希望花半天或一天的时间浏览别人的文章。尽管这些接触和人际网络非常有用且振奋人心，但和其他信息来源一样，它们仍然需要你花时间筛选信息，而不仅仅是收集信息。同样，与导师和其他一两位学生讨论这一问题会很有帮助。

> 但我们仍然需要解释是什么使得这种网络具有吸引力。为什么无论多么微不足道，我们总能发现网络上的所有事情都令人兴奋。是什么激发了我们的好奇心？克尔凯郭尔认为……人们之所以被媒体（现在我们还可以加上网络）所吸引，是因为匿名旁观者无须冒任何风险。
>
> （德赖弗斯，1999：17）

对此，我们可以补充一点，那就是匿名旁观者不做任何决定，只有无休止地收集信息、联系和观点。决定被推迟，选择被甩在一旁，拖延则长期存在。这一做法可以带来极大的乐趣和刺激，但我们也将远离研究的重心。

直到最近，教育学家才发现，区分"数据"和"信息"（也

第二章 论文写作构想

就是解读具有直接用途的数据)就足够了。如今,我们必须规定一个进一步的价值,即知识是源于信息整合中获得的观点与见解。学习者需要拓展搜索、选择和综合海量信息的能力,从而创造知识。

(多伦斯和诺里斯,1995:26)

除了"数据"和"信息",我们还可以加上"观点"和"轶事",以及网络上形形色色的信息,有些信息可能会被明确归类为信息,有些则可能不会。你将不得不决定其分类,以及如何编写与引用它们。

因此,和导师时不时地回顾一下你的阅读清单并整合阅读材料,可能是个不错的主意。换言之,定期巡视一下你所做的阅读和检索,无论是印刷材料还是网络资源。这次谈话不需要(也不应该)只是导师首肯你的选择并添加更多的标题和网站,而是你们两人共同协作,在一两个小时中,针对你所读的文献对研究项目和学位论文的有用性与相关性展开批判性评估。这一讨论可能比你想象的更具挑战性,因为你可能还在消化吸收新近的阅读资料;而进行这一探究性讨论更好的理由是,它是你演练答辩的极好机会。

最后,还有一个关于文件管理的实际问题。最坏的情况是你的电脑崩溃了,备份被损坏了,或是发生了火灾,你所有的电子文件和硬拷贝都化为乌有,而你不得不从头再来。这样的情况屡见不鲜。当然,避免这种情况的方法就是:永远不要将所有备份文档放在同一个地方,并养成每天更新云备份的习惯——这是常识,但并不总是人们的惯用做法。

> **多种备份形式**
>
> ☆ 每天在云端进行备份。
> ☆ 设定博士论文专属的备份文件夹或闪存盘。
> ☆ 将参考文献保存至不同设备或闪存盘中。
> ☆ 保存所有主要修订内容的打印件。

这些忠告似乎显而易见,我也无意侮辱任何人的智商,但建筑物有可能被烧毁——即使是大学里的建筑物也一样。显然,这种情况不太可能发生在你身上;但即使发生了,你也不会让所有心血付之东流,你就不必重新开始。在多个地方、多个服务器上进行多次备份是避免这一情况的有效途径,重点是要有条不紊。

17. 抗拒写作的原因

在对写作项目的评估中,当参与者被问及他们曾经"抗拒写作的理由"是什么(以及他们是否已经克服了这些问题)时,答案是无穷无尽的。事实上,某位参与者写道,"答案就是你能想到的所有理由",即我们有无数的理由抗拒写作。

很多人(也可能是大多数作者)都认识"替代性活动"一词:当我们试图从不写作过渡到写作时,我们会喝咖啡、阅读网络报刊、查阅邮件、更新脸书(Facebook)动态,以及进行其他活动。

此外，不想写作可能还有某些观念上的原因。你可能已经有了一个令人信服的推迟理由，你可能有首要的研究任务要完成。但是，你是否也可以写些东西？你是否能确定推迟写作不是因为你对任务的界定有误？假如你修正了对任务的界定，就总归要完成一些写作任务。

当然，还有一个非常好的，甚至是必不可少的不写作的理由——"我要休息一下"。

18. 同伴讨论与支持

当然，本书提及的所有的方法、提示、技巧和策略都应该成为你和导师讨论的主题。然而，与同伴的讨论，包括在论文撰写过程中更深入地和同行进行讨论，可以帮助你加深对所学内容以及学习方法的理解。无论你与同行之间的会议是定期的还是自发的，无论你们之间的关系是正式的还是非正式的，请记住：你们能从彼此身上获益良多。或许更重要的是，当任务看似无法完成时，你们可以互相支持。与其他人合作写作的过程将在第五章进行介绍；第六章则介绍了在攻读博士学位期间与"学习伙伴"相互协作的过程。

19. 和导师的首次会面

有些学生在博士课程开始之前就已经和他们的导师见面了。但

怎样顺利完成论文：论文写作的策略与技巧

一旦你正式投入某个学习项目，可能会应邀或被要求参与更正式的会面。

一旦你了解了正式要求并开始界定自身目标，你可能已经产生了一长串需要与导师尽快探讨的问题。如果你有多位导师，那么你的首要问题之一可能就是"谁扮演何种角色"。

第一次正式会面的目的在于就项目的性质和推进项目的初始任务达成共识。导师可能已经就研究过程与你进行过细致讨论了。如若不然，你现在必须向他们说明你的观点：

◇ 开始确定需要学习的内容。

◇ 考虑你需要接受什么样的培训。

◇ 留出时间以便想明白某些问题。

◇ 安排一次后续讨论。

◇ 计划将项目作为一个整体来定期讨论，而不仅仅针对当下的研究或写作。

◇ 为自己设定写作任务和目标。界定以下内容：标准、截止日期、篇幅、范围等。

◇ 告知导师你的截止日期。

◇ 讨论本章提出的要点：你的动机、你的写作实践、你对研究和写作的理解、你所在系部中研究生的角色与导师的角色。

在此阶段，导师将提供指导，但你应该了解为何要在某一特定期限内完成某项特定任务。这并不是对导师有所质疑，而是要促使

第二章 论文写作构想

你进一步理解即将开展的研究过程,以及写作在该过程中的作用。

本节会指导你完善与导师的关系,但是如何与导师相处是一个非常个人化的问题。你可能会觉得书中的指导很有用,有助于你思考如何与自己文章的首位读者、也是读得最多的读者进行交流。或者你可能觉得本节的建议不恰当,你只需要按照导师说的去做就行。无论你对本节内容持何种反应,关键是要确保你清楚自己要与导师讨论哪些事项。万一沟通真的中断了,那么你可以在这一早期阶段,向系部的研究生主任或具有类似头衔的人寻求帮助,而不是让情况继续恶化。假如沟通从一开始就很顺畅,讨论清楚期望值将有助于维系这一良好局面。

对于你的写作,你和导师会经常使用很多关键词,它们可能对双方具有完全不同的含义:例如,修改、扩展、回顾、解释等。每一个词都不是很明确,都需要进一步界定。请参见第八章中导师针对写作的反馈用语的可能性含义。

界定反馈

☆ 你怎样知道反馈是正面还是负面的?

☆ 实用的反馈由哪些要素构成?

☆ 在此阶段,你清楚自己需要什么样的反馈吗?

☆ 你可以对此向导师询问吗?

☆ 你是否必须服从导师的一切意见?

☆ 你是否总要按他/她说的去做?

在收到反馈之后,你可能需要思考一下,然后再做出回应或修改,特别是当你感受到反馈给你带来了负面影响时。

在一次导师培训研讨会上,与会者们收到了一篇学生写的文章,并根据要求思考他们将如何对其进行评价。某位导师在学生的文章上写下三个字:来见我!这位导师的本意是传达紧迫、直接和清晰的信息。他的评论也确实传达了一种愿意对学生的写作做出快速反应并跟进讨论的态度,而不是"让反馈来说话"的态度。但是,从学生的角度来看,这种评语让人望而生畏,而这也是许多在场的其他导师的观点。我后来也和他们讨论过这个问题,这条评论的确让人感到恐惧。这则故事的重点是:即便在讨论过后,这位导师也不认为这句话有什么问题。这位导师并不打算让这句话成为恐吓;事实上,他也不认为这句话是一种恐吓。

使得事态更为复杂的是,导师对你作品的评价可能会和对你研究的评价混为一谈。因此,至关重要的是,在你遵照反馈意见重新撰写或修改之前,请先搞清楚反馈的含义。

本章早先提及的操作准则可以作为一系列早期会面的有用议程,在这些会面中,你和你的导师将确定如何管理你的研究和写作。这些早期讨论将帮助你弄清你要处理的问题,以及你的导师愿意在多大程度上调整他的风格。

本章利用官方和非官方资料,通过多种不同视角仔细研究了论文写作的全过程。第三章将介绍如何通过一系列写作议程和方案,从而实现本章中定义的写作全过程。每一位论文作者都会面临哪一种方案才最适合自己的问题。答案或许是多种不同策略的组合。

在你阅读并可能采纳这些写作策略的过程中,或许你还需要向

第二章 论文写作构想

导师解释这些策略,甚至还要为其提供案例,特别是在他们尚未读过这本书或是对书中的论文写作策略不熟悉的情况下。关于如何形成"谈论写作的共同语言"的建议,见第三章。

20. 培训需求剖析

我们希望博士生能在他们的博士课程中发展成专业的研究者,相关机构也要为培养各种专业的可转化技能提供支持。你如何有效地实现这一目标,将取决于你的经验和愿望,以及与导师就你的具体学习和技能需求的讨论。

(英国高等教育质量保障署:2011b)

我们希望全世界的研究者都能从研究者发展框架[1](Researcher Development Framework,RDF)中获益。假如你正在攻读博士学位,是一名研究者,正在追求学术事业,或者正在考虑将你在博士期间培养的技能应用于其他事业,那么研究者发展框架对你来说就相当适合。

(www.vitae.[2]ac.uk,2015)

---

[1] 研究者发展框架是一套专业的发展体系,用于规划、促进和支持高等教育研究者的个体发展、专业发展和职业发展。该体系明确了成功的研究者所应具备的知识能力、行为活动及其特殊属性。——译者注

[2] Vitae:全球领先的研究者的专业发展支持机构,为高等院校在科研领域力争卓越、开拓创新等方面提供合作与支持。详见https://www.vitae.ac.uk。——译者注

怎样顺利完成论文：论文写作的策略与技巧

本章中的各小节都可以成为你和导师进行早期沟通的潜在话题。在某种程度上，一旦你们见面，就会进行非正式的讨论，但也应该有一个正式的过程。在此过程中，你和导师可以就培训需求剖析（training needs analysis, TNA）中所需的培训项目达成一致。尽管不同院校可能采取不同的形式，但现在已成为标准惯例的一部分。它是英国高等教育质量保障署框架的一个组成部分，英国研究委员会（Research Councils UK）对此也表示认同。它提供了对研究生所需技能和经验的普遍看法。你所在的院校不一定使用TNA这一术语，但你仍然需要它。

TNA可以（也许应该）涵盖研究委员会的以下条目：(1)研究技能和技术；(2)研究环境；(3)研究管理；(4)个人效能；(5)沟通技巧；(6)人际关系网络和团队合作；(7)职业管理。这意味着你将在博士学位期间在所有这些方面得到培养，包括学科技能、通用技能和教学技能，并通过初步讨论来评估你的发展方向与发展规划。请查询Vitae网站以获取有关"成功研究者的知识、行为和特质"的定义，以及成为一名研究者和RDF规划者所需的资源，这是研究者职业发展规划独特且与时俱进的方式。

但培训需求剖析并不是你一开始就做、然后就抛诸脑后的事情；在你攻读博士学位的整个过程中，你需要不断思考自身技能的发展。这些讨论的结果凝聚为某项研究训练项目，它可以是一门授课课程或其中某个模块、自主学习、在研讨会或学术会议的发言、一系列讲习班或研讨会、非正式学习网络，或是上述各项活动和/或其他活动的某种组合。请核实这些活动是否都是你博士学位中的要求。值得

第二章 论文写作构想

注意的是,你应该在培训需求剖析中扮演一个积极的角色。只有你知道,迄今为止自己已接受过哪些研究训练,尽管在规划和监督层面仍需与导师协商。假如导师没有启动培训需求剖析,那么你可以主动提出。这是一个某些学生觉得难以开口的话题,比如当他们面对某位刚刚结识的杰出研究者时——但至少他们可以在最初的讨论中提及此事。事实上,在初始阶段过后,可能将完全由学生制定自我发展规划,因为我们应当鼓励学生在博士期间成为越来越自主的学习者(高夫和戴尼卡罗,2007:3)。这些讨论的一个关键问题就是:你打算什么时候开展这些能力培养活动?

接下来,你必须评估你所接受的培训:它是否与我的研究相关?是否具有实用性?它对你的研究项目有多大影响?它在何种程度上或以何种方式帮助你开展研究?你从培训中学到了什么?你需要哪些进一步的培训或发展?所有这些都应该纳入你的个人进展记录中(高夫和戴尼卡罗,2007)。

并非所有人都认同我们应该以此种方式看待或"实施"博士学位培训:就业能力话语体系本质上是一种退化性话语体系,目前没有任何确凿的证据表明,现有的博士生工作技能培训模式是成立的(克拉斯韦尔,2007:388)。

当然,这种方法有利有弊,导师们或多或少对其实施持赞成或反对的态度,你和导师也可能意见相左,但是没有理由完全不参与"技能议程"。可以确定的是,你必须为了研究项目而拓展某些研究技能。请记住,研究者发展框架是在"各个学科的成功研究者"帮助下开发的:

> Vitae 的研究者发展框架是为了指导研究者的职业发展而制定的。它使研究者能够设定远大的目标,以便在博士在读期间及日后成为一名成功的研究者。该框架通过采访多学科的成功研究者开发而成,它鼓励博士学位申请者认清自己的优势,并为自己的专业发展确定优先次序,从而使他们能够"思考提升职业前景的技能和经验,并向雇主阐明他们的知识、行为和特质"。
>
> (英国高等教育质量保障发展署:2011b:4)

你至少应该确认所在机构对培训的立场与态度,而不仅仅是向导师核实,因为许多机构都希望将培训需求剖析纳入年度进展检查程序中。你有必要对所在机构的情况进行核实。

21. 思考题

以下问题往往会在研究生小组中引发富有成效的精彩讨论:

研究项目伊始
◇ 论文的写作目的是什么?
◇ 导师(们)的角色是什么?
◇ 我将如何定义卓有成效的师生关系?
◇ 我希望什么时候完成研究?
◇ 我的研究主题(或领域)是什么?

22. 讨论提纲

◇ 对你学科领域内某篇论文主旨的明确讨论。
◇ 每一项研究工作的范围。
◇ 所在领域/学科/系部的论文格式。
◇ 导师对以上问题的看法。
◇ 针对这些主题的讨论所引发的后续问题。

最后，本章和第一章介绍了大量与博士学位相关的术语，也提出了诸多写作过程中需要思考和可能需要回答的问题。你应该与导师及同伴谈论这些术语和问题，你也可以将其中的某些部分作为写作的主题，从而拓展你的思维与理解，并产出可能载入论文的文本。

讨论的目的旨在测试你对所涉及内容的新理解。讨论的结果一开始可能是"事情远比我想象的复杂"。随着理解程度的加深，你肯定会朝着"我大概知道了大家对我的期望是什么"这一结果迈进——在真正的学术潮流中，这是应对论文写作所涉及内容的一种积极而"模糊"的态度。

23. 写作时间表

非常感谢你在本周二给予我的帮助。我已采纳你的建议，制订了工作计划，并根据我们的讨论结果向导师汇报了进度。

我必须说，现在我对这件事更有信心了，也意识到应该由我来负责完成这件事。

（某位博士生）

这封针对我建议的论文写作策略的回信说明，学生不仅提升了自信心，也增强了责任感。这位学生理解了自己应当为博士学位论文负责的必要性。你可以而且应当对本章所涉及的博士阶段研究和论文写作的不同组成部分负起责任，从确定研究和写作任务，直到计划完成的全过程都应如此。

◇ 倘若没有一个写作时间表，你会觉得自己无法掌控这个项目，自信心可能会因此受到打击。

◇ 当准则和指南适用于你的研究项目时，写下其中所提出的主题。

◇ 倘若没有截止日期，任务就可能被搁置。有最后期限的任务会比没有最后期限的任务先完成。

◇ 制定固定的、不可更改的"硬性"期限，以及灵活的、可变的"弹性"期限。

◇ 为下周设定2~3个"硬性"期限。

◇ 为明年设定2~3个"弹性"期限。

第九章提供了整个论文写作过程的简要版，包括每日、每周和每月的写作计划。

第二章 论文写作构想

🔍 自我检查清单

前期规划

○ 阅读所在系部的学生近期撰写的一篇成功论文。

○ 获取你所在高校的论文指导方针和/或规定。每年更新并阅读这些文件。

○ 和导师共同进行培训需求剖析并定期检查——包括研究培训和其他技能培训;如果你有教学任务,那么也包括教学技能培训。

○ 核实所在高校对论文写作风格的要求。购买一本写作格式手册。

○ 选择参考文献/书目格式生成软件。

○ 建立一个每天备份所有资料的系统。

○ 确定写作时间和地点。

○ 确定你的导师什么时候最方便/最不方便就你的研究工作与你会面。你们多久进行一次会面?你什么时候审查这一安排?

○ 你在写作过程中,把谁当作你的受众?

○ 论文的写作目的是什么?你以此为目的的根据是什么?

○ 什么时候能完成论文?首个截止日期是何时?

○ 制定3~6年的规划:研究和写作的任务和里程碑是什么?

○ 为研究和写作设定"硬性"和"弹性"期限。

○ 设定一个短期目标——明天或下周的任务。

○ 和导师商讨以上所有问题。

> **本章学习成果**
> ➢ 解释你所在高校评估博士学位(包括对你的论文的审查和答辩)的规定、程序和标准。
> ➢ 定义并练习研究项目中一系列写作的用途。
> ➢ 审视你的研究技能和其他技能。
> ➢ 规划后续的发展。

第三章

开始写作

> **内容提要**
>
> 本章介绍了三种开始写作的策略：提示性写作，自由式写作和生成式写作。许多学生报告称，他们发现提示性写作最为实用。尽管此处介绍的三种策略适用于早期阶段的论文写作，但它们将在后续章节中反复出现，因为它们对于后期阶段的论文写作也同样具有实用性。在介绍三大策略之前，我们谈及了写作的受众和目的（这是构成所有交流的两大因素），以及更多有关导师角色定位的内容，因为导师既是你的文章的直接读者，也可能是界定你写作任务目的的人。

最惶恐不安的时刻总是你开始之前的那一刻。

（金，2000：325）

本章将介绍当我们开始写作时克服恐惧的技巧。对于某些作者来说，这种恐惧只是一时的；而对于另一些作者，恐惧则是永久的。

怎样顺利完成论文：论文写作的策略与技巧

至少在最初的草稿阶段，我们可以采用快速生成文本的策略来安抚我们内心的编辑欲望。我们可以用写作来拓展思维，而不仅仅把它当作"草稿"。不管你的选择是什么，关键是要充分理解个人写作的过程，同时也满足第二章所涉及的外部标准。

随着论文作者对术语和策略理解程度的提升，他们谈及写作的词汇就会发生变化。用于和导师讨论的提纲将聚焦开发谈论写作的共同语言的重要性。

本章所涉及的策略对于许多论文作者来说是新颖的。这些策略一开始可能并不"奏效"，但却为你提供了尝试不同技巧的机会，并在你成长为论文作者的道路上发挥积极作用。

1. 不能再等会儿吗

> 我没什么可写的。

许多学生报告说，直到确定自己有话可说之前，他们宁愿什么也不写。如果你都没开始进行研究，又有什么可写呢？但如果你要等到自己觉得"准备好了"再写，你可能根本就不会写。如果你想象自己稍后会觉得更有准备，比如你可能读了更多的书，那么你将会陷入极大的失望之中，以后写作也会陷入慌乱之中。事实上，更多的阅读可能导致更少的写作，因为你意识到自己还有很多东西需要阅读和学习。

你可以在不确定的情况下写作，只要你用的是"不确定"的术语。

第三章 开始写作

例如,下文列出的第一条写作提示"本项目是关于……的"就和"研究问题"或"研究设计说明"等标题有很大的不同。换言之,在这一"初始阶段",如果写作提示和你所处的思考阶段相吻合,则对你有所帮助。你可以通过写作拓展你的想法;写作行为能促使你更深层次地思考问题。将想法写在纸上不仅仅是誊写,它可以使你的思维更加清晰和集中。通过定期写作,你会建立起完成论文的信心。通过修改这些"不确定"的文章,你就能选择那些看起来有用的句子或观点,而否决那些没用的句子或观点。

你可以写的内容

☆ 本项目是关于……的。

☆ 我现在所处的阶段是……

☆ 下一步是……

☆ 我想探讨的是……

☆ 在我的博士论文中,"原创性"意味着……

☆ 自上周/上个月以来,我的项目已经取得了……方面的进展。

☆ 我发现的问题是……

这项活动可以让你有机会和其他研究者讨论,以及现在或将来与导师探讨。你甚至可以向他们展示你的文章,只要你将其清楚地

145

标记为"不成熟的想法"或类似的内容。否则,他们就有可能把它当作某个章节或报告的草稿,并怀疑你为何把它交给他们。

2. 受众和目的

尽管现在还处于论文写作过程的起步阶段,但你可以着手写作了。如果你要等到自己对写作主题感到"确定"才动笔,你可能根本就不会写。如果你拖到研究过程的最后,你肯定撰写不了那么多稿,因为你根本没有时间。

首先要考虑写作背景——包括现实背景和理论背景。此举有助于你集中精力,而这并不需要太多的实际写作,尽管它对你写下的任何东西都有影响。

在任何交流行为中,受众和目的都是关键。你说的每一句话(或没有说的每一句话)都取决于你对受众或读者的分析,以及你与他们交流的目的。对于论文作者来说,受众和目的从表面上来看是复杂的——也就是说,受众似乎不止一个。

如果你的脑海中有不止一个真正的受众,以下内容将会对你有所帮助。况且,事实上:

> 作者应该有广泛的读者群体,包括那些理解并同情他们努力的倾听者。作者不应该被"权威读者"或批评家(教师)所禁锢,盟友型读者能给写作带来乐趣。写作可以作为一种礼物分享,

第三章 开始写作

而不总是需要回应。大多数"真实世界"的写作往往不要求反馈,也时常得不到任何反馈。盟友型读者有助于将作者与写作分开。

也许会有诸如对"你听到我在说什么了吗"或"你是怎么想的"这一类问题的回应,但评价并不是必需的。作者可能会愿意冒险,从而最终提高其写作水平。

(埃尔伯,2009:n.p.)

什么是写作中的"乐趣"和"盟友型读者"?这些概念对一些论文作者来说可能是全新的,但如果有合适的读者,并按照埃尔伯描述的思路对写作进行正确的定期讨论,可能会很有成效。他指出的两个问题将是很好的起点,作者们可以一起努力互相成为对方作品的读者。

3. 主要受众

一篇论文的主要受众可以被定义为学术界,也就是为该领域制定标准的其他研究者。某种程度上,他们也同时设定了研究议程。

你所在领域的学者将是对你的文章最感兴趣的读者。当然,他们也将是最挑剔的读者。从现实的角度来看,无论你的作品有多么优秀,你都可能获得积极或消极的反馈。事实上,一项研究或一篇文章越具备创新性,越能吸引批判的目光。创新是非常受欢迎的,但它也是对过往成果的挑战。有些人觉得这很刺激,其他人可能就无法认同。

为了提升你对自己所在的学术团体的理解,你必须参与常规性的论坛、研讨会、学术会议及其他专家会议。这些活动为你在目前和未来的潜在同行中演练自己的想法与观点提供了绝佳的机会。此外,你还可以通过电子邮件与你所在领域的其他研究者建立联系。"团体"一词表明,我们都在某些集体事业中一同工作,但你应该明白的是,你所在的"团体"是你可以为自己建立的群体。

就你的写作而言,你可能会将本领域某些学者的文章内化,并想象他们将会阅读你的作品。一旦你知道了校外评审人是谁,你也会想象他们正在阅读你的文章;同样,对校内评审人也是如此。这种做法有利于塑造你的写作,但也会削弱你的自信心。

我们往往还倾向于将受众(无论是现实的还是想象中的)表现出的支持、敌意甚至敌对,都内化为自己的东西。重要的是,我们应当承认他们在塑造思维和写作方面所起的作用。

你以何种形式描绘自己的受众也很重要,这值得你花点时间与导师或其他研究者讨论这一问题,以便把自己的想法具象化。当然,你也可以写下你对受众的感受。你可以分析他们的期望,也可以分析自己对受众的反应。

4. 次要受众

本文所使用的"次要受众"一词指校外评审人。将他们看作学术界的代表,而非具有特殊标准的人(尽管这一看法具有真实的成分)将有所帮助。以这种方式定位评审人,将有助于你在写作过程中瞄准靶心。

无论如何,当你获悉评审人的身份时,你可能已经完成了大部分写作,并且不太可能因为脑海中的某个特定读者而进行修改。这不是我们讨论受众的重点。我们的重点是,你必须引导自己去构建一个受众群体,这个群体不应是模糊的,以至于让你无法有针对性地写作;也不应该太具体,以至于让你的作品只偏向他们。

5. 直接受众

直接受众当然是你的导师。导师对在研究全过程中阅读你的作品有正式的责任,并在合理的时间内给予反馈。自然而然地,他们可能会对你的读者意识产生最强烈的影响。同样,就像看待校外评审人一样,将导师看作学术界的代表是有好处的。随着你对导师个人的了解不断加深,这一点将变得越来越难,但这将有助于你努力达到学术界所期望的标准。

除了阅读你文章的所有读者之外,你还可以考虑找一位既支持你但又富有批评精神的人,一位会同时给予你诚恳反馈和全面支持的人。这个人就是你的"理想读者"。

当然,你的导师可能就是这个人。真实存在或想象中的理想读者可以让你保持动力,甚至可以激励你写作,就好像你在为他们写作,想象他们会说什么,想象他们会如何回应。这个人可能是某位知识渊博的朋友,一位自己也写过论文的人,他知道论文该是什么样子,也知道论文需要哪些内容:

> 很多写作类文章都告诫读者不要让朋友阅读你的文章，认为这样做难以得到非常客观的意见。这种观点具有一定的合理性，但我不认为客观的意见就是我所追求的。
>
> （金，2000：257—258）

在经年累月的研究过程中，你将在写作中与诸多所谓的"客观意见"相抗衡。如果文章总是写给那些不带偏见的读者，写作就会让人感到乏味。你永远都不可能指望他们会为你的作品感到激动。他们如此客观（乃至矫枉过正），以至于令人厌烦，或者最终令人沮丧。相反，理想读者将赞赏你的付出，同时仍然会指出你的错误和缺陷。

虽然在写作中理解受众的角色十分重要，但也无须永远带着受众意识去写作。你不需要总是为了这些读者而写作。正如本章后面的策略所介绍的那样，除了与他人交流外，为其他目的而写作也有价值。然而，撰写论文的过程大致就是为了所在领域某位专家读者而寻找恰当的表达方式与水准。在你写作的时候，你会时不时地感觉到他们当中有人在你身后"窥视"着你。重要的是，你要控制好这种"窥视"的存在，这样它才不会妨碍你的写作。

6. 导师的角色

在英国，我们用"supervisor"（导师）一词来指代负责指导博士生的人。在其他文化中有其他称谓，比如美国的"tutor"（导师）或

第三章 开始写作

"thesis advisor"（论文指导员）。

　　导师的角色包括什么？理论上，这一角色包括许多层面：人际关系、管理、心理/激励、编辑等。当然，他们还必须是该领域的专家。导师必须扮演多个不同角色，同时还要对学生的需求保持敏感。任何关于高等教育中教与学的文献，只要包括研究督导，都会很详细地定义这一角色。例如，布朗和阿特金斯将导师的角色定义如下：

导师的角色

☆ 指导者。

☆ 促进者。

☆ 顾问。

☆ 教师。

☆ 领路人。

☆ 评论家。

☆ 给予自由者。

☆ 支持者。

☆ 朋友。

☆ 管理者。

☆ 评审人。

　　学生们通常对这份列表很感兴趣，这就表明他们以前没有真正

151

怎样顺利完成论文：论文写作的策略与技巧

地以这种方式对这一角色进行过解读，或许他们也从未真正考虑过导师们可能具备的各种可能性。

很多人会问，"给予自由者"究竟有何含义？这个词表示给予指导，帮助学生找到自己的路。当然，所有导师可能都认为自己可以扮演多个角色，但你的导师最喜欢哪种风格（或者说主导风格）？你的导师属于哪一类型？你期待从他们身上获得什么？你不太可能得到的又是什么？你打算怎么做才能满足这些需要？

"写作指导者"不在上述列表之中。我们是否可以这样假设，这些角色（就像在其他活动中一样）有某几个（甚至全部）适用于写作？在这种情况下，你希望看到它们如何发挥作用：你希望导师"传授"给你撰写（和发表）论文所必备的更高层次的技能吗？你是在寻找能够"管理"你的写作过程，助力你按期完成论文的人吗？抑或是你想找一个首先能对你的写作持"批评"态度，给予你"硬性"反馈，从而促使你达到博士学位标准的人呢？你和导师讨论过这些期望吗？

随着你需求的变化，以及导师对你能够继续推进研究的信任，你或许会重新审视这些角色。在攻读博士学位的后期，或许你会觉得导师需要扮演一个完全不同的角色。在某些危急时刻（无论是信心还是研究方面），你所需的可能仅仅是导师的支持，一些继续前行的动力，以及一个你确实有能力完成研究工作的愿景。导师不一定能获悉你不断变化和波动的需求。好的做法是建立某种关于指导的沟通模式，这样当你提出其他要求时，听起来就不会像是对现有模式的批评。

第三章　开始写作

你的导师所扮演的角色（无论是有意识的还是无意识的）无疑会影响你所扮演的角色（无论是有意识的还是无意识的）。学生与导师的关系可能并不完全取决于导师的言行或是你看待其言行的方式，但这些确有很大影响。学生对待导师的看法也会受到他人观点的影响。譬如，如果许多人将你的导师视为"权威"，你会发现自己很难不以同样的视角看待他，或者觉得你也应该从这个角度来看待他。过不了多久，你会发现人们对某些导师在其任职系部（或者是在系部之外和大学之外这些更大的范围里）的评价各不相同，这会使得你对导师认知的管理变得更加复杂。这些角色可能是互补的，也可能不是。布朗和阿特金斯定义了学生与导师关系的14种可能性（1988：121）：

学生与导师的关系类型

☆ 主导者与追随者。

☆ 主人与仆人。

☆ 大师与门徒。

☆ 老师与学生。

☆ 专家与新手。

☆ 引路人与探路者。

☆ 项目经理与团队成员。

☆ 审计师与委托人。

☆ 编辑与作者。

> ☆ 顾问与客户。
>
> ☆ 医生与患者。
>
> ☆ 资深合伙人与初级专业人员。
>
> ☆ 同事与同事。
>
> ☆ 朋友与朋友。

与导师角色清单一样，这份清单能够促进讨论和反思。我们会立即发现自己的"最爱"，也就是我们最想建立的师生关系。我们排除了不合适或在特定情况下不合理的选项。有些学生看到这份清单时会想："好吧，我知道我最喜欢哪种选项，但我无论如何都不可能从我的导师那里得到。"这种思考是很有益的。重要的是要了解导师的局限性，以及他们的长处和短处，从而接受他们不可能在任何时刻满足所有人的一切需求这一现实，并且能够讨论（即便不是真的"要求"）你想从他们那里得到什么。假如你不问，你就需要等待很长的时间，直到他们读懂你的想法。这里分享一则基于真实事件的轶事：

> 有位同事注意到，一位和她密切合作了好几年的合作者，最近在他们的一对一会谈中显得不太高兴。我的同事对此心存疑虑，最后将其归结为私人事务。一段时间后，这位"不高兴"的同僚提出批评，并说我的同事"一定感觉到出了问题"，因为她已经把不高兴挂在脸上了。换句话说，她希望用明显不快

第三章 开始写作

的表情来"告知"我的同事出现问题了。我的同事回答说,如果她认为和她共事的每一个看似不开心的人都是因为自己做了或没做什么,那她早就精神失常了。

只是"看起来不高兴",未必能向导师释放出清晰的信号,比如你希望改变什么,你在某些方面需要帮助,或是你在研究和写作的某些方面遇到了困难。

导师的角色定义将如何影响你的写作?导师所扮演的角色(无论是有意识的还是无意识的)会影响你在讨论和写作中所扮演的角色:

◇ 如果你扮演"新手"的角色,你会发现很难写出具有权威性的文章。

◇ 如果你扮演"门徒"的角色,你可能会感到导师的思维方式和写作方式对你的影响过于强大,以至于你难以找到自己的风格。

◇ 如果你扮演"同事"的角色,你会在一开始觉得自己还无法达到预期。

◇ 如果你的角色定位并不适合你,你会怎么做?比如,当你觉得自己是新手却被认为是专家的时候,或是当你觉得自己具有一定的知识储备却被当作新手的时候。

◇ 你会演好分配给你的角色吗?你有必要的表演技巧吗?

◇ 你如何能对这种"角色分配"产生影响呢?

怎样顺利完成论文：论文写作的策略与技巧

你看待直接受众的方式会对你的写作产生巨大影响。在某种程度上，这种影响无法避免；但是你必须找到某种写作方式为导师以外的读者（即学术界）写作，当然，你也不能表现得自己并没有把导师当作读者。

导师的许多角色，例如读者、编辑、评论家、学者、学术团体成员，可能需要你对读者类型进行定位（triangulation），以便最终找到可以指导你写作的人。话虽如此，但你可能无法永远完美地对读者进行定位。

你所在高校的实践准则会指出或阐明导师职责，也可能列出你的职责。你还应记住本书第二章引用的高等教育质量保障署文件（英国高等教育质量保障署，2015b）。这些文件会告诉你可以期待什么，以及你在某种程度上的权利是什么。当然，任何导师都可能在不同的时间、为了不同的目的而扮演多种不同的角色。这些角色取决于不同支持类型之间有意识或无意识的选择。安妮·李（Anne Lee, 2008a, 2008b）确定了研究指导的五种方法：功能法、熏陶法、批判性思维法、解放法和关系发展法。每一种方式都可以用导师的活动、导师具备的知识与技能来表示：

◇ 功能法：导师"通过任务实现合理进展"，具备项目管理知识与技能。

◇ 熏陶法：导师把关各项活动，具备诊断和指导技能。

◇ 批判性思维法：导师与学生建立"探究型合作关系"，具备论证与分析技能。

第三章 开始写作

　　◇ 解放法：导师指导学生的活动，具备促进学生发展的技能。
　　◇ 关系发展法：导师拓展与学生之间的关系，具备较高的情商。

学生对每种方法的反应也被界定为：

　　◇ 功能法：学生表现得有条有理、温顺服从，并有逻辑地输出信息。
　　◇ 熏陶法：学生进行角色模仿，建构学徒身份。
　　◇ 批判性思维法：学生持续地探究、整合、战斗或逃离。
　　◇ 解放法：学生得到个人成长和重塑。
　　◇ 关系发展法：学生成为优秀的团队成员，并不断提高情商。

　　安妮·李（2008a，2008b）的研究表明，这些方法远远不是独立的，而是以复杂的方式相互作用，因为导师出于不同的目的，在不同的方法之间转换，而学生也在不同的反应中转换。这些迥异的方法可能互为补充，可能与导师的性格有关，也可能受到导师对你的个性或能力解读的影响。学生的反应不会永远准确地契合导师的意图，也就是说，在任何阶段都有可能出现二者不协调的情况。
　　李和我继续对其理论框架进行了延展，并聚焦论文写作（李和默里，2015）：论文写作在哪些方面、采用哪种方式能与上述角色及其反应相适应？我们用于指导论文写作的写作框架表明，不同的写作活动可以在很大程度上与前文界定的不同导师角色相配合。我们提供了写作任务的范例。这些范例阐明了论文产出所涉及的不同类

怎样顺利完成论文：论文写作的策略与技巧

型的写作。导师可以使用这些范例，确定他们针对不同目的而采取的一系列策略，从而在指导论文写作中尽可能充分地发挥作用。学生可以使用范例来拓展广泛的写作技巧和策略。

然而，在实践中，这些问题可能并没有被提及，而且往往很难说清楚，可能是因为你和导师没有定期讨论指导风格，甚至从未讨论过。有些导师觉得不适合与学生谈论这类话题，甚至觉得有点麻烦；有些导师则认为明确指导方式可以让学生对其具有清晰的认识。同样，一些学生觉得不适合与导师谈论这类话题，尤其是当他们必须自己提出话题时；但有些学生则认为这样做有助于他们更好地理解导师的意图。

具体讨论你和你的导师认为他在你的写作方面应该扮演的角色，将是一个有益的话题，而且双方可以进行不止一次对话。你的出发点可以是对如下核心问题的反应：

◇ 你是否在寻求（高水平的）的写作教学？
◇ 你需要写作方面的指导吗？
◇ 你需要写作动机方面的帮助吗？
◇ 你想获得关于你写作的渐进式反馈吗？

这些问题可以作为讨论的起点。你不必拘泥于这些话语，但也可以将其作为出发点，发展出自己的话语。

有趣的是，布朗和阿特金斯也在其谈论写作指导的章节中界定了以下常见问题（1988：123）：

第三章　开始写作

> **研究生的常见问题**
>
> ☆ 科研项目规划和管理不善。
>
> ☆ 研究方法方面的困难。
>
> ☆ 写作中的问题。
>
> ☆ 孤立无援。
>
> ☆ 研究之外的个人问题。
>
> ☆ 指导不力或疏于管理。

尽管只有第三点明确地涉及写作，但应该补充的是，其他几点也可以通过学生的写作（或缺乏写作）来辨别。

本节中的所有要点都是与导师讨论的初期话题。随着讨论的深入，你应该形成关于角色和写作的一套通用概念。

7. 讨论写作的共同语言

在与导师就写作进行交流时，界定你使用的术语，并请求导师阐明他们使用的术语是很有帮助的。例如"修改"和"扩展"这样的术语，如果你能明确修改的规模、范围及目的，将会更有帮助。你和导师判断写作好坏的标准几乎肯定是不同的，甚至是多样化的或难以确定的。这种不稳定的状态或许具有创新性，但也会导致挫败感。如果你和导师没有明确定义好各种术语，很有可能你们最终会各说各话。

怎样顺利完成论文：论文写作的策略与技巧

定义显然应该成为讨论的话题，但首先要理清自己的想法，这样才能把它们清晰地表达出来。若形成一些专属的定义，就会引导你加深对于写作的理解。你可能会觉得你的文章过分强调了导师想要看到的内容；但是，你必须明确你想达到什么目的，以及你想要获得什么反馈。为了写出"好"文章，你必须阐明你想要的文章该是怎样的。尽管论文写作总是针对特定受众，你也必须在写作时"紧扣"你自己的主题、想法和标准：

◇ 在最初的文稿中，哪些是可以接受的内容？
◇ 在此阶段，判别好文章和坏文章的指标是什么？
◇ 每次修订的要求是什么？
◇ 在早期阶段，需要什么样的以及多少种写作结构？

和导师进行以上讨论的目的在于构建一种共同语言，也就是说，你和导师通过共享的主张与定义，最终达成明确的一致意见。要做到这一点可能需要时间。

论文写作的一大挑战就是一致同意或找到你希望的反馈形式。更复杂的是，你可能不确定导师对写作做出评价的真实含义。与其继续无知地重复导师所认为的"错误"，冒着激怒他们的风险，还不如现在就进行讨论。讨论过后，请再次向导师确认你们已经就此达成一致。如果你有多个导师，这一点尤为重要。

第三章 开始写作

> **讨论结束后**
>
> ☆ 巩固你对好文章和坏文章的理解。
>
> ☆ 确认约定的反馈形式。
>
> ☆ 确认约定的写作任务。
>
> ☆ 和其他学生讨论这次会面的内容。
>
> ☆ 立即着手写作并经常性写作。
>
> ☆ 锁定修订目标:先完成达成一致的部分。

你得到的写作反馈可能范围很广,它们的类型各不相同,需要作者进行不同类型的修改。有时我们很难将意见转化为行动。导师在文章中看到的内容以及他们认为你应该体现的内容未必都是清晰的,也不可能总是清晰的。

大多数学生只是简单地接受导师的反馈,这在多大程度上是真实的还有待查证。在关于反馈的讨论中,一些人似乎更关心的是自己是否能在较短时间内得到关于他们作品的反馈。他们不太可能提出关于反馈的内容和质量问题。

你不必为了和导师进行此类讨论而对他的反馈提出"问题"。你可以将其视为加强沟通的一种方式。要做到这一点,讨论必须是真诚的对话,或尽你所能与之接近的对话。你不需要将下列几点内容作为一整个系列来阅读;相反,你可以将其中仍未和导师明确讨论过的一两个要点作为问题提出来。

> **针对反馈进行讨论**
>
> ☆ 你的写作将会获得或已经获得何种形式的反馈？
>
> ☆ 何时针对反馈进行过讨论或达成过一致意见？
>
> ☆ 在你收到的反馈页面上，导师是否已经明确说明反馈的类型？例如，在"总体评论"和"具体论点"等方面。
>
> ☆ 导师提供的不同类型的反馈是否需要你做出不同的回应或行动？
>
> ☆ 不同的意见是否需要不同的修改？不同意见之间的关联性是否已经被明确地讨论过？导师是否有说明它们的办法？
>
> ☆（在后续的讨论中）何时会重新审视这一话题？

这些问题可能是一组有用的提示，可以让你在短时间内进行自由式写作（参见下文自由式写作部分）。这可以帮助你在讨论之前弄清自己的想法、所处的位置以及导师的做法。你也可以写下你对反馈意见的不同理解，以及它们可能带来的不同修订结果。这也可以是和导师之间的一次有趣谈话、一封涉及观点的电子邮件。请利用自由式写作这一方法，从导师的意见出发，开始新的写作。

即使你已经和导师明确讨论过反馈形式与规范，也不能就此认定往后他们所写的评语只有一种正确的解释，更不能假定你会对他/她写的东西总能做出正确的解释。如果你不小心对导师的反馈意见产生了误解（现实中此类情况不时发生），这么做也将节省你的时间。对你而言，也仅仅是多做了一些写作练习。

第三章 开始写作

这种对于反馈的讨论不仅仅是一个得到你"真正目标"的幌子。你需要准备好充分的理由,进而说明你需要从导师身上得到何种反馈。你必须谨慎处理任何看似是对导师目前给予的反馈内容的批评性措辞。许多导师都喜欢灵活变通的方式,但也有一些导师需要你进行更多的"自我管理"。你最了解如何与你的导师处理这个问题。不过,先和同伴讨论并演练一下你的观点可能会有所帮助。

无论你在写作上得到了何种反馈,你会如何将其转化为行动?如果无法完全确定如何将反馈转化为行动,或者你甚至不确定某些反馈意见的含义,那么你可以给你的导师写一封邮件,说明你后续的打算。对于你和导师而言,这都是检验你是否已经理解反馈意见的一种方式。当你们越来越了解对方,你可能会认为这么做多此一举,是浪费时间的举动。但这种"反向反馈"的形式的确为进一步讨论与澄清提供了机会。此外,在项目后期,你们的确能很好地了解彼此的方式、主张和做法,但接下来还有更多的事情要做。确认你对反馈的理解是否正确,仍不失为一个好主意。当你收到不止一种类型的反馈时(这种可能性很大),这一点就变得尤为正确。你的导师在任何时候都可能从他们的"类型学"(见第八章)中提供不止一种形式的反馈。

你可能还会看到有个别单词或短语被圈出来或被标上下划线,就好像导师想让你知道并找出它的"错误"或需要修改之处一样。同样,如果你已经和他们(以及他们的反馈)相处了几个月或几年时间,你或许不需要他们给出更多标注。反之,你在早期阶段或许并不知道这些标注的含义,那么你就必须问清楚。

怎样顺利完成论文：论文写作的策略与技巧

导师也可能只是在你的文章上做一个不确定的标记，因为他们也许不认为文本编辑是他们该做的事。有些导师认为，他们的工作不是"教会"你学术写作的技能（也就是撰写论文所需的技能），而是你应该已经掌握了这些技能，或是在写作过程中慢慢地学会这些技能。在某些院校，究竟应该由谁在大学里"教授写作"一直是一个争论不休的问题；而在另一些院校，这却是毫无争议的事情。没有人知道到底是因为不存在"写作问题"，还是因为打算讨论这一问题的科研人员（更别说是愿意承担责任来解决此事的人）少之又少？

公平地说，有些导师会觉得自己不具备教授写作的知识或技能。他们能够发现你写作中错误或不大正确的地方，但不能从技术层面向你解释错误的原因。也有一些导师在写作方面十分擅长。你无法预知导师在这场辩论中的立场，或者他对写作有多少了解。因此，你必须自己去发现。

导师对你写作的评论是笼统的还是具体的，还是二者兼而有之？对于导师来说，他们需要决定提供何种类型的反馈。他们是希望你关注整个论证的"全局"，还是其中一个部分？还是他们希望你形成简洁的文风？澄清术语的定义是否是首要任务？鉴于这些都是完全不同的问题，需要关注不同的重点、采取不同的行为，因此，导师在这一阶段可能会认为，其中某个问题比其他问题更为重要。例如，他们可能会让你更清晰地界定并使用关键术语；或许他们还希望你继续澄清其他问题，因此澄清将成为反馈的实际主题。你可能一直希望获得更多关于"写作内容"的反馈，但导师会优先考虑术语的使用，并对你是否能够正确地使用这些术语做出评价。你可以将

第三章 开始写作

此视为你的需求与实际所得之间存在矛盾,但你也可以认为自己还需要继续努力(谁都是如此),以便不断提高写作的明晰度。

另一个问题是:假如你正在寻求得到某种类型的反馈,为何不提出请求呢?如果你因为始终没有得到想要的或是必要的反馈而沮丧,你就应该告诉导师你的需求。当然,我们无法保证你一定能成功,但你至少拥有发言权,接下来的讨论可能会让你和导师明白你们努力的方向。然而,你的期望与需求当然也会随着时间流逝而有所转变,因此不要被单一的反馈类型绑住手脚。

有些学生担心,如果他们提出自己"想要"什么的请求,导师会因此而受到冒犯。这种情况可能真实存在。这将取决于你如何提出这一问题,以及你如何对你"想要"的东西提出要求。你可能需要针对此类讨论提高自身的言语技能与非言语技能。事实上,对大多数学生而言,这都是一种全新的讨论话题。由于研究过程中必然会出现某些具有"分歧"的话题,因此,早一点解决问题总比晚一点解决好。我们几乎很难想象,在长达3~6年的时间里,你和导师都能对所有问题达成共识。

如果你将自己定位为学习者,渴望从研究中尽可能学到更多东西,且你确实以"学习"的标准为人、行事,那么导师极有可能会公正地回应你的请求,有些导师甚至会邀请你对他们的反馈做出相应反馈。

但是,写作并不是你展示研究专长的唯一手段,你也可以将其作为学习和思考的工具:在学术写作中,先思考后写作的策略和边思考边写作的策略均有其实用价值。本章的以下小节将描述边思考边写作的三种策略：

◇ 提示性写作。
◇ 自由式写作。
◇ 生成式写作。

8. 提示性写作

这一策略包括使用句子中的某个片段或是一个问题来激励写作。有些人发现，片段是更为有效的激励形式；而对其他人来说，问题是更好的写作触发器。理想的状况是两者同时使用，因为每一种方式可能产生完全不同的写作类型，甚至不同的内容。

提示的特点（也是使得其有效的原因）在于简短、直接、不拘于形式，并且写作活动任务量小。这些特点有利于作者将注意力集中在他们想要表达或需要表达的主题上。写作成果可能是对某个想法的扩展、一份草稿、某一章节的部分内容，或是三者兼而有之。

例如，在论文写作过程中，一项最为有效的提示就是："你写过什么以及你想写什么？"这一提示会刺激作者对已经完成的作品进行评估，帮助他们专注于自己的写作动机。从心理学角度来看，这一提示还有一个额外的好处，那就是调整论文作者对"尚待完成的作品"这座大山的看法，并向他们展示他们已经完成的作品的前景。

许多其他提示都能够起到这一效果，这些提示起码为我们提供了写作训练。一旦你尝试了它们，你就可以根据你目前的写作要求，

写出你自己的提示。为了测试这一策略,你现在可以花10分钟时间,任选一项提示进行写作:

提示性写作

☆ 我写过什么,我想写什么?

☆ 我的想法从何而来?

☆ 我读到的内容与我自己的观点如何比较?

☆ 我接下来想写的是……

☆ 我下一步想写的是什么?

你会发现某些提示尤为奏效。这些提示帮助我们产出文本,促进对写作实践的反思。10分钟的写作以及随后20分钟的双人讨论(每位作者用10分钟时间阐述自己的写作)不仅能够产出文本、提供写作训练,而且能使作者重新定位自我及写作动机。这有助于他们从战略性的角度审视自己的写作。

9. 自由式写作

本章内容涵盖自由式写作,因为它在我的论文写作课程和英国各地针对期刊文章发表而开设的写作课程中被证明是非常成功的。

怎样顺利完成论文：论文写作的策略与技巧

虽然它并非专为论文写作而开发，且某些作者起初用得并不习惯，但它帮助论文作者"强迫"自己写作，"在纸上写下东西"，并建立他们的写作自信心。有些人或许觉得这样的说法自相矛盾：这种一口气写下来的东西，怎么可能对撰写论文初稿有所帮助？这两种情况下写出的成品无法相提并论。我的答案是，自由式写作在写作过程中可以达到几个有用的目的。或许最重要的好处就是，它能帮助人们更快速地写作，阻止他们的拖延行为。

自由式写作还可能改变写作的过程：不再像许多学术作者所说的那样，必须在绝对完整的时间内才能"纵情"写作。为了真正有所得，我们也可以用小块时间"零碎"地写作，以防我们没有大块的完整时间——更重要的是，我们要保持写作的规律。自由式写作就是落实这一方法的一种途径。

开创这种方法的皮特·埃尔伯（Peter Elbow）认为，他能帮助作者有效改善自身的写作。他不以写作的品质好坏而论，而是提供策略，从而帮助作者"从实际层面更好地写出文字，使其更自由、更清晰、更有力；也就是说，不是对文字做出判断，而是更好地输出文字"（1998：vi—vii）。他在自己的网站上提供了一些有趣的讲义。

本书所定义的自由式写作与埃尔伯的定义略有不同，专为契合论文撰写而做出了调整。自由式写作有别于学术写作的标准结构和风格。尽管你从某个与研究相关的主题出发，但无须总是围绕该主题写作。你可以变换主题或子主题，也可以从不同的角度处理主题。如果你愿意，你还可以回到最初写作的起点。许多作者表示，这就好像用句子的形式进行头脑风暴一样，唯一的要求就是不断地写下去，切勿停下来修改、编辑或删除。坚持写满5分钟，时间一到便停下来。

第三章　开始写作

> ### 什么是自由式写作
>
> ☆ 写满5分钟。
>
> ☆ 不停地写。
>
> ☆ 用句子写作。
>
> ☆ 写给自己，无须考虑读者。
>
> ☆ 写作主题：接下来你想写什么。
>
> ☆ 无须特定的结构。

如果你能立刻与他人讨论你对这项活动的反应，将会有所帮助。你会看到人们最初的反应截然不同（而不仅仅是总结人们反复出现的反应）。

"用句子写作"产生差异的原因尚不明确，但它在帮助作者整合观点的过程中似乎很重要，尽管许多人将其视为障碍。这能帮助他们跳脱出头脑中一连串杂乱的思绪和碎片，从而开始清晰地表达自己的想法。埃尔伯发现，这有助于让学生们的写作变得流畅。

然而，我们有必要明确写作目标。自由式写作已被证明可以"提高"我们的写作水平，但这是相对何种意义而言呢？

> 据我所知，提高写作能力的最有效方式就是定期进行自由式写作训练。每周至少3次……每次只需要10分钟（之后可以是15分钟或20分钟）。不要因任何事情停下来，快速地、有条不紊地写，永远别回过头划掉某些内容。如果写作出现卡

顿，你可以写道，"我不知道该说什么了，我不知道该说什么了"，想写几遍就都可以……唯一的要求就是不要停下来。

（埃尔伯，1998：3）

这与先想好自己要写什么再动笔的写作方式截然相反。我们为什么要这样做？这与我们许多人在学术环境中学到的写作方法背道而驰，只会产出毫无质量的文本。这是很多论文作者第一次听说这种方法时反复出现的反应。即便尝试过一次，许多人也认为（其中有些人反应极为强烈）这种方式不可能对写作产生任何帮助，这也不是他们写作的方式。尽管通常也有少部分人透露，这种方式（或与之相似的方式）已经成为他们写作实践的一部分。另一些人则回应道，对他们而言，自由式写作更像是写信或写日记。很少有人能看到这一方法与多数作者所渴求的"连贯与流畅"之间的联系，而自由式写作的确能达到这一效果。

以下是学生针对同时介绍自由式写作和结构化写作课程的反馈实例：

> 我发现它强调了良好写作技巧的要点。它让你知道，你真的需要仔细和连贯地组织你的篇章。自由式写作是不是一种值得尝试的好方法取决于个人，但我无疑会去尝试。
>
> 我们尝试了自由式写作中不同类型写作技巧的细节，这帮助我认识到自己更倾向于结构化写作，因为我会因为没有大纲而感到迷茫。

第三章 开始写作

我认为，这节课最鼓舞人心的就是自由式写作。我发现这对我而言特别有用。我们在研究过程中，往往摆出一副坚持实事求是的姿态。这些客观事实随后被我们作为论据。这种本应被赞成或反对的事实，却最终用于支撑我们的最终观点。往往被人们置于脑后的是一个人对某些问题的"感受"，比如伦理、道德和良知，它们很少被提及。通过自由式写作，我时常发现我对研究主题相关问题的真实感受与我目前已知的或想要得到的信息截然不同。我只能用"一个人的头脑风暴"来描述它。诚实往往在此刻占据上风。

此处引用的最后一位作者提出了几个有趣的问题：你的"姿态"是什么？你如何看待在论文中引用他人观点的自己所扮演的角色？你是为了支持你的观点，还是质疑他们的观点，抑或是两者兼有？你的"姿态"将如何影响你的写作？

这位作者还阐明了自由式写作（对其个人而言）和其他更有结构性的写作形式有何本质区别。自由式写作促进了人与知识、写作和研究的不同关系，它激发了一个更加主观的过程。虽然在学术讨论中，思考和写作中的主观性通常受到贬损，但该作者认为主观性有其实际价值，那就是它有助于作者理清自己与知识的关系，这是掌握和吸收他人产出的知识所应迈出的重要第一步。最后，自由式写作可以帮助我们检验自己在阅读和思考中究竟理解了多少内容：在自由式写作中，"诚实往往占据上风"。

然而，某些作者的负面反馈也很有趣："我发现自由式写作冒犯了一些人。他们谴责这一写作方法诱导人们产出垃圾作品。"在我开设的写作研讨会中，通常有几个人对自由式写作非常有敌意，但大多数人对自由式写作的态度都非常积极，无论是在同一学科还是多学科的小组中。或许是因为有些人天生就比其他人更倾向于自由式写作。有些人是"自由式作者"，有些则是"结构式作者"。结构式作者希望先拟出提纲，认为没有提纲就很难找到写作的意义。在介绍论文写作的不同方法的简短入门课程中，当学生被要求在简短的写作活动中同时使用自由式写作和结构式写作时，这两种类型的作者往往均会出现。

自由式作者

我可能是自由式作者。我发现出于学术目的而写作十分困难。这一活动让我知道，我可以采用自己的风格，然后再进一步完善，使文章更符合学术写作的要求。现在我也懂得了写作时应该使用哪些关键词和篇章结构。

结构式作者

此次活动帮助我坚定了事先讨论的观点，即依据自身优势与风格进行写作的好处。自由式写作再次被证明是巨大的失败，因为它将恐惧根植于作者心中。

第三章 开始写作

这两位作者把他们对两种写作活动的反馈与自身的写作风格联系起来,他们似乎很乐意为自己的反应负责。两位作者使用的措辞具有明显的对比性:第一个作者使用了"完善"一词,而第二个作者则使用了"坚定"一词。"完善"一词被用来描述该作者对写作的阶段性认识,而"坚定"一词则表明这个作者不愿意改变。他们的经验给我们的启示是,虽然在理论上大家都同意应该掌握不止一种写作策略(而不仅仅是自己所偏爱的),但要付诸行动却相当困难,因为这需要我们做出改变,以某种不那么舒适的方式写作,甚至不得不违背自己对于什么是"正确的"写作方法的直观感受。但这不就是学习的真正目的吗?

也许这种不适与作者所认为的有效书面产出以及他们通过自由式写作的实际产出之间的差距有关。他们看不出这两者之间的关联性,也看不到调整实践的价值。更令人担忧的是,他们在尝试过一次新策略、了解了如何将其应用于论文写作后,却仍旧拒绝使用这一策略。他们是否认为他们对写作的理解不需要做出任何改变?他们是否认为写作方式就应该一成不变?他们是否根本就不指望自己能成为好的作者?或者他们"明白"用这种形式来写作会被导师骂得一文不值?他们必定有过非常成功的写作实践,才会如此坚信他们的做法能够在整个论文写作过程中帮助自己渡过难关,也许我们应该佩服他们的自信。

这就表明,某些作者不会立即认同自由式写作具有目的性,当然,从人们通常对目的性的感知(即他们自己的感知)来看,自由式写作也许并不具有目的性。自由式写作的目的不同于其他写作活动。在我们开始看到它对写作产生的影响之前,我们必须先尝试较长的一段时间——当然不止一次,可能长达数周。这取决于个人是否为自由式写作以及其他任何做法设定了目的。

经过一段时间的尝试过后,我们期待看到何种变化?"自由式写作并不是诊疗垃圾,这也是产出比平常质量更好的某些文字的一种方式——不再显得很随意,语言更为连贯且更富有条理。"(埃尔伯,1998:8)注意此处的表述是"某些文字",既不是"章节",也不是"草稿",更不是"精妙的句子"或"我们感到满意的作品"。此处并未提及"质量",这可能是一个有益的转变:从立即营造出"定稿"特征的目标过渡到用写作作为起点的目标。这是一种不同的写作方式:先在短时间内草草记下完整的想法,而不是就这个想法写几个句子并加以润色,直至我们觉得句子变得流畅。

使用自由式写作策略并不意味着我们必须摒弃其他任何策略,而是可以将它们用于其他目的。也许当我们开始写作时,我们会更清楚写作活动的目的是什么。自由式写作帮助我们避免一下子瞄准所有写作目标。为何我们认为自己可以在一次写作活动中一气呵成地写出合理、连贯和完整的文章呢?

自由式写作如何帮助我们成为更好的作者?它让我们内心的编辑保持沉默。正如埃尔伯所认为的,编辑我们的文章并没有错,但错就错在编辑与文字产出同时进行(埃尔伯,1998:5),这便损害了思想集中度和语言连贯性。

自由式写作对撰写论文有何帮助?我们可以从下面这位学生的代表性反馈中看出其潜在的影响。有人在研究生写作小组中向她介

第三章 开始写作

绍了自由式写作,然后她自己又参加了一场写作活动。需要说明的是,这个学生"代表"了那些觉得自由式写作一开始是有趣和迅速的,然后基于兴趣又发现了其他好处的人。以下是该学生通过电子邮件向管理该小组的工作人员主动提交的报告。

用自由式写作解放思想

我知道你很忙,但还是想让你知道我的成功案例,这源于今天下午研究生写作小组的讨论结果。

我回到图书馆,花了7分钟时间写下了我想通过当前任务实现的目标,这让我感到非常沮丧。采用这样一种非正式和个人化的写作风格,突然间让我摆脱了束缚,摆脱了过去看待为这一任务而写作的方式,这确实让我意识到,我应该以更个体化的角度来看待整个项目。我允许自己对所有我正在看的文本有更多的情绪反应,而且我真的很享受这一过程。我原本一直担心自己不是搞研究的材料,但多亏了这一次自由式写作的尝试,让我相信随着项目的推进,它将成为我记录自身感受的实用空间,现在我感到更加自信了。非常感谢你的介绍,我希望在所有的活动后都能感受到这一点!

关于自由式写作,上述一手资料给了我们哪些启示?

◇ 自由式写作可以创造一种与论文写作和文献阅读直接相关的"个人成功"的体验。

◇ 采用"非正式、个人化的风格"有其价值所在,它可以让作者后退一步,将"整个项目"视为一个整体。

◇ 自由式写作能够"解放"作者对于研究和写作任务的思考,让他们自由地"为思考而写作",而不仅仅是为了完成某个章节或报告而写作。

◇ 使论文作者与他的研究的个体化联系浮出水面是富有成效的。

◇ 情绪和感受是研究和写作的一部分;压抑情绪和感受可能造成负面影响。

◇ 自由式写作能够增强信心。

◇ 这一写作活动的总体影响就是增强了我们作为研究者和论文作者的乐观态度。

上述观点向论文作者提出了哪些问题?

◇ 感受和情绪:我们需要将感受和情绪压抑3~6年的时间吗?又或者它们也是论文写作过程以及学习过程的重要组成部分?想必在这一时间段内,情绪的体验不会停止,尽管对其的表达可能会受到压制。然后,假如写作可以不夹杂任何情感,如果有一种错觉——认为不仅是文字,而是包括写作的过程都可以不夹杂任何情感,那么作者的感受与他们的作品间将存在一条巨大的鸿沟,除非

第三章　开始写作

有证据表明人可以将感受与思维完全剥离。

◇ 写作小组：当自由式写作是在某个研究生写作小组中进行并由资深学者指导时，那么学生所体验到的写作方面的影响将会对他们的写作产生多重要的效果？单枪匹马的作者是否也会有类似的积极体验，并获得所有这些效果？

◇ 乐观与动力：最重要的是要考虑这些学生在图书馆里独自进行写作的成功经验的影响。如果他们的热情能够持续贯穿漫长的论文写作过程，那么拥有一种看到大局并与自己的研究重新连接的机制将是非常宝贵的。自由式写作是否始终能够生成这一机制则是另外的话题。

◇ 师生讨论：鉴于上述案例引发的问题，这可以成为学生和导师之间一个有趣的谈论话题。导师可能会认为这个学生有点天真，因为她"希望"自己在每次写作活动后都能拥有同样积极的感受。导师可能会指出，这个学生实际上写出的内容相当有限。还有一个问题是，是否所有学生在所有写作中都会出现上述的效果？

◇ 了解写作的本质：在这位学生的写作中，最有趣的一个见解是，她的自由式写作将"变异"成其他内容。这表明她已经掌握了产出写作素材的潜能，这些材料将成为产出更多写作和思考的"种子"。这个学生似乎已经避免了自由式写作必须产出章节内容的错误想法；相反，她意识到了自由式写作在调整观点、推动思维发展方面的实用性。更有趣的是，她将自由式写作从我们可能认为的常规性论文写作"空间"中抽离出来，使之成为另一个"非常有用的空间"，用来记录论文写作中的思考和感受。假如缺失了这样一个空间,这些想法和感受将如何得到解决和发展?

　　◇ 人称结构还是非人称结构:多数人赞同的是,传统意义上的学术写作以非人称结构和被动语态为特色,从而营造出被许多人认为合适的客观风格(见表3.1)。前文所提及的"模糊"态度是间接地表达想法的另一种方式。

　　只要浏览一下最近出版的一些有关学术写作的书目就会发现,这种分歧在许多学科的学术写作中已不再那么明显。但是,当我们在讨论两个极端之间的各种风格的事例时,有些学生仍然认为客观风格是最有价值的,因而就应该表现出这样的风格。他们辩解道,不这样做需要冒很大的风险。自由式写作的目的并不是用主观风格代替客观风格,而是把主观性放在写作中,然后再观察它是否"变异"为其他东西。论文作者不必以客观风格完成论文写作的全过程,也不需要向任何人展示他们的自由式写作。

表3.1　主观与客观

糟糕的主观性表述	良好的客观性表述
感受,情绪	思想,概念
轶事	论据
第一人称视角:"我决定……"	非人称风格:"可能的结果是……"

　　因此,自由式写作可以具备许多不同目的。它不是一种短小、简单、目的单一的写作活动。论文作者和为发表论文而写作的学术人员已经发现了自由式写作的许多不同用途。

第三章 开始写作

> **自由式写作的用途**
>
> ☆ 作为论文写作的热身运动。
>
> ☆ 搜寻研究主题。
>
> ☆ 筛选研究主题。
>
> ☆ 写出简短文字。
>
> ☆ 培养"写作习惯"。
>
> ☆ 提高流畅度。
>
> ☆ 阐明观点与想法。
>
> ☆ 避免过早地编辑文本。
>
> ☆ 在不同主题间搜寻和筛选。
>
> ☆ 循序渐进地写作,分阶段进行。
>
> ☆ 增加对自己写作的信心。
>
> ☆ 通过阐明障碍来克服它们。
>
> ☆ 将"个人化"的声音运用到客观研究中。

自由式写作在某种程度上和以句子为形式的头脑风暴极为相像,都具有开放性、探究性和不可预测性。它对于寻找主题是行之有效的方法,这并不意味着寻找"写作素材",而更像是论文作者在一系列备选主题中选择写作内容。你总有太多的东西可以写,而问题往往就在于如何把它们动手写下来。

以句子为形式进行自由式写作似乎在实践中遇到了某种阻碍:某些作者报告说,他们在用句子写作时感到十分拘束,使他们写作的速度变缓,让他们失去了灵感。然而,用句子写作可以延展我们的想法,将想法聚集在一起,把它们推向更远。当你回溯这些句子时,可能比单纯地罗列要点更清晰明了。它们可能已经捕捉到了你在写作时的更多想法或思路,这些句子或许会成为后续写作的重要提示。

自由式写作有助于作者找到写作焦点,往往可以催生一系列后续的问题,但这些问题可以帮助作者产出更多的写作主题,或者经过审慎思考后,被当作离题的内容而丢弃。也许只有当我们针对某一话题或问题写出更多内容时,才能意识到它与我们的研究重心偏离得有多远。

我们将自由式写作称为写作训练,并非要贬低其实用性。如果写作是一种技能,无论你采用何种获得和保持技能的理论,需要明确的一点是:我们应该不断操练这一技能,以便保持并提高我们运用这一技能的能力。

我现在能写些什么?

请就以下某个问题进行15分钟不间断的写作:

☆ 针对目前研究中存在的所有问题进行写作。

☆ 回答"我现在能写些什么"的问题。

☆ 我什么都写不出来的原因是……

☆ 你在先前的某一小节或篇章所写下的写作提示或问题。

第三章 开始写作

请按照上述内容逐条写作,然后停下来休息一下,想一想自己在短短几分钟内都写了什么。不要进行编辑或修改。数一数你为每一项写了多少字。

针对上述的每一条写作提示,你都写了多少字?你在15分钟内写了150~250字,还是更多?如果你完成了所有4项内容,并且每项都写满了250字,那么你在一个小时内已经写下了1000字。

无论总字数是多少,在这种情况下,你都在使用特定的写作提示和写作模式来产出文本,但你也可以创建一些写作的新形式。你可以自己编写提示和问题;你可以写两次,每次30分钟;你还可以写一个小时或一个半小时。你可以自己摸索出你在这一情况下的写作节奏。你可以为自己设定目标,一旦你已经完成了某章或某部分的大纲,就可以把写作分成几个分别写出250字的环节。关键不在于你写了多少字(尽管这也非常鼓舞人心和令人安心),而在于你学会了如何写出文章。同时,你也会发现这一过程不仅仅涉及文字的产出,你也开始在字数和写作时长的基础上思考文章的结构和比例。

但是,你的大脑可能会提示你,虽然你认为自己写出大量的文字是一件好事,但你写的东西实际上不具有任何价值,只是一堆垃圾。有些人惊讶于自己写了这么多内容,这给他们带来了鼓舞,这种体验将让他们从写作的束缚中释放出来。当写作的目标是展示前沿知识时,另一些人则对字数统计的说法表示怀疑甚至厌恶。这种"写作算术题"似乎与他们"对知识的贡献"不相称。

以这种方式写出来的文章自然不会有严谨的结构、完美的语法,或许也不够流畅。但结构、语法和流畅度并不是练习想要达到的目标。第一稿怎么可能写出结构、语法和风格都完美的作品呢?

这种写作活动的重点不在于写出足以直接放入论文章节的好东西,那么这样的目标具有多大的现实意义呢?重点在于把你的思维一寸一寸、一厘米一厘米、一字一字地向前推进,直到你明白自己的主题是什么,然后你才能向其他人做出解释。

这也是在你写作中逐步培养自信的过程,那些采用自由式写作并将其作为日常练习的一部分的学生发现,自由式写作确实建立了他们的自信心。这不应该被看作是一种表面的收获;对某些作者来说,这将是最重要的收获。需要再次重申的是,如果没有数周的尝试,我们怎能知晓这一方法是否奏效呢?

我们通过自由式写作所撰写的内容可以成为学术研究的主题:我们所写的东西可以推动我们去探究思想与想法之间的联系与差距。这些内容呈现在文章中,我们对它们的反思也许将为后续的写作、讨论与思考提供富有成效的主题:

完成练习后休息几分钟(或更长时间),思考你所写的内容。同时也思考一下你开始离题或可能继续离题的地方,注意它们是什么时候发生的,它们把你带到了哪里。想一想它们之间的联系,并将其作为你应该探索的路径。

(埃尔伯,1998:10)

学生们基于一次自由式写作的经验,提出了赞成或反对的反馈意见:

第三章 开始写作

◇ 我只能在时间充裕的情况下才能写作。
◇ 你能在30分钟内完成什么?
◇ 我可以完成一次头脑风暴。

人们往往会发现,自由式写作能促使我们动手撰写各种文章,而不仅仅是论文,这使得他们不再拖延和痛苦。他们"只要把东西写在纸上",之后的写作就变得容易很多。

研究表明,某些学术作者可能会采用结构式写作,而另一些作者则更喜欢在列出框架前写下内容——这就表明我们要么是"自由式作者",要么是"结构式作者",尽管也有人采用混合策略。你知道自己属于哪一类型吗?许多作者都是在参加研讨会、有机会尝试不同写作策略后才知道自己属于哪一类型,也有一些人决定他们不需要做出任何改变:

◇ 在你决定支持或反对新策略之前,请长时间地尝试,不要浅尝辄止。
◇ 自由式写作或许能够"释放"你的思维和表达。
◇ 我们不是为了读者而写,也不是为了导师而写。

请阅读以下信件,它是由某位在面向研究生导师开设的研讨会里尝试了一次自由式写作的学员所写的:

1月16日,我在××大学参加了你们举办的关于研究生督导的员工发展研讨会。

当时我认为自己得到的最有用的东西是这里有各种各样的写作方式和写作反馈。在我接受的培训中，通常的过程都是问题—数据分析—结论—建议—行动（或是类似的内容），最后才是写作。

自从我来这里攻读博士以来……我发现，我比以往任何时候都更想给别人写信。我原本以为，随着自己进入一个以阅读和写作为主的角色，我的阅读和写作不太可能是为了消遣和乐趣，但事实恰恰相反。

我开始阅读埃尔伯的《有力的写作》(Writing with Power)一书。虽然你上课所提及的他的观点在当时已经对我很有吸引力，但亲身阅读让我感触更深。我感觉被除去了身上的枷锁，意识到我做过的许多事情都很有意义：我写下不成熟的讨论稿，这样一来我就知道后续还应阅读哪些材料；我在自己感到困惑或喜悦时写下很多信件，不是为了向他人倾诉，而是为了解决问题或只是想为自己做点什么……

本周，我有几天阅读了一些非常有趣的文章（它们或多或少都与我的研究主题所在的领域相关），并一直在纠结如何利用这些文章给我带来的新想法做一些事情。到目前为止，我给了自己两个选项：一是把每一篇文章的摘要写在记录卡或其电子版上；二是在我的（刚刚开始的）论文综述里稍微提及一二。现在我认为，仅仅是收集6篇文章中的想法并写下来，看看会发生什么，或许就已经是十分有价值的方法。我不只是

第三章 开始写作

将它们进行分类或引用,而是真正地与之交流。

因此,我每天都在进行自由式写作。我写的内容很多:信件、"思想碎片"、言语冲突、"愤怒"的备忘录等。虽然效果有些滞后,但我很高兴参加了你的研讨会。希望我写的东西不仅仅是一堆废话,而是尽管当中含有少量废话,但在某个时段看起来却相当不错。

我从中学到了很多,也希望这样的势头能够继续保持下去。

这封来信说明,自由式写作具备三个阶段:(1)"收集想法";(2)"写下来";(3)"看看会发生什么"。最终的结果不仅仅是一份文献列表或文献体系,而是这位作者对这些文献的真正"参与"。换句话说,他不只是把文献中的内容重新表述出来,而是通过研究他对文献的看法,对文献进行更深层次的加工。你可以通过自由式写作做到这一点。

在某些学科中,人们并不总是认可主观性是研究或写作的一部分,但自由式写作仍然可以将主观性带入这一过程,即便只是为了划清边界。"刚刚开始"一词说明这位作者的写作仍处于早期阶段,且这种写作方式被证明是行之有效的,尽管他也不确定该做什么。"除去了身上的枷锁"表明重要的是不要过早制定框架,即便那是我们的偏好。这位作者的反馈向我们提供了具体的事例,说明自由式写作对这一阶段的博士论文具有重要的价值。

这当中仍存在一些不确定的因素:这样的写作能产出什么样的成果?这种势头能否持续下去?自由式写作并不能完全解决写作过

程中的不确定性，但它确实能帮助作者克服这些不确定性，达到尽管存在这些不确定因素，也能对其产生兴趣的地步。

从长远来看，对大多数作者而言，最佳的方法或许是做到将自由式写作和结构式写作相结合。诀窍就在于充分利用二者的优点，而不是只看到两种策略的缺点。诚然，二者都具有局限性，但对博士论文作者均有用处。某种策略的确会比另一种更具有吸引力，但你是否考虑过走出"舒适区"？如果你使用了某种对你而言似乎没有意义的写作策略，你的写作过程将发生什么样的变化？

研究表明，从长远来看，最初对自由式写作的优点持质疑态度的作者会出乎意料地持续使用这一方法，甚至将其推荐给自己的学生。在我教授的思克莱德大学高等教育教学这门认证课程中，一组学者学习了学术写作模块，并在讨论中汇报说，他们最初认为，自由式写作与他们和学生在自身所属学科中必须接触的写作类型关联度有限。

但在该写作模块结束5个月后的访谈中，我惊讶地发现，在他们在该模块中学到的所有新策略中，他们给自由式写作（以及下一小节即将讨论的生成式写作）打了最高分（默里，2001）。不仅如此，他们还开始向那些深陷（本科）论文写作泥潭的学生推荐自由式写作。他们甚至开始在教学中使用自由式写作，尽管其中一位学者说他实际上并不把它叫作自由式写作。这项研究表明，虽然人们对这种方法的最初反应可能是犹豫不决的甚至是负面的，但从长远来看，这种方式已经被证明是有效的。

在众多写作课程中，有如此多的作者、学者、研究生及其他高等教育领域之外的人都发现自由式写作有违常理。他们觉得这就像吃"零食",而不是"饕餮盛宴",这与他们在早期阶段学到的概念完全不同。在这场争论中,最合理的立场也是在实践中最有成效的立场,似乎就是把"零食"和"饕餮盛宴"结合起来:在机会出现的时候,或在你能够为你的写作分配时间段时,在大块和小块的时间里都进行写作。然而,或许一小时及以上的"饕餮盛宴"应该安排结构式写作部分;与其简单地为一整块完整时间设定一个目标,我们也可以为更小的时间段设定更小的目标。

10. 生成式写作

生成式写作与自由式写作的相似之处在于,它不需要受到学术写作传统特征的限制(或支持)。它和自由式写作采用类似的工作机制,最初采用强迫写作的方式,随着时间的推移,写作将变得轻松而流畅。

生成式写作——与异曲同工的自由式写作有哪些区别?

☆ 用5分钟时间进行写作。

☆ 中途不能间断。

☆ 写成句子的形式。

☆ 围绕一个主题来写,或许是源于自由式写作的主题。

> ☆ 相较于自由式写作,较少使用解释性语言——因为你知道自己想要写什么。
> ☆ 让其他人阅读你的写作内容。

正如上述列表所示,生成式写作比自由式写作更具有封闭性,更专注于某一主题。与自由式写作不同的是,它可以被其他人阅读(尽管这只是可选项),这么做通常会极大地改变作者的写作体验。他们会因此更充分地意识到读者的要求以及自己肩负着让作品变得合理的责任,而最重要的是,他们会更充分地意识到自己的写作有可能会受到评判。

在写作研讨会中,当我们同时进行这两项活动时,生成式写作往往能在更加开放而富有探索性的自由式写作之后,成为一种有效且集中的后续活动。

自由式写作往往能产生话题,而生成式写作则提供聚焦点。正如有人所说的那样,自由式写作是为了找到要说的东西,而生成式写作是为了搞明白该怎么说。让别人阅读生成式写作作品的价值在于打破僵局;即便是草稿,作者也应该习惯人们阅读他们的作品。然而,有些人认为让别人读他们的文章没有任何意义,因为在他们看来,他们的作品是如此糟糕。

如果这将引发读者对我们的作品有何影响的讨论,那么这种方式就已经开始发挥作用了。此外,如果你花点时间考虑这一事实,即你为了提交学术审查而撰写的文章(尤其是论文)即便不是初稿,也只是早期的草稿而已,你就能逐步调整自己对什么才是呈现给读者的

第三章 开始写作

"足够好"的作品的理解。如果你能更进一步,承认你所有的写作对于目前所处的阶段而言已经"足够好",那么你或许已经达到了写作过程的某个更为现实的阶段。这并不意味着你就能泰然自若地向读者展示作品,而是会让你觉得没那么不安。

自由式写作和生成式写作可以结合使用,一同发挥作用:自由式写作产出一连串结构松散的句子,而对某些自由式写作的内容进行生成式写作,则能产出更具有针对性的文字。尽管如此,那些曾经同时尝试过这两种策略的论文作者经常说,他们更适应生成式写作,因为它看起来更像是结构式写作,这也许是优势,也可能是劣势。

在你撰写博士论文的过程中,你总会碰到写作时找不到合适的结构、冥思苦想应该说什么的时候,以及学术写作的特点与你正在发展的想法不一致甚至阻碍你写作的时候。在这样的时刻,自由式写作比生成式写作更有帮助。正如有人所说:"在做任何事之前,先写5分钟……能够帮你集中或巩固注意力。"

确保自由式写作和生成式写作富有成效的关键策略就是在完成之后进行讨论。写作与讨论相结合往往能激发进一步的写作。如果你和其他人一起进行这个活动,那么双方都有一位真正的听众,双方都能得到针对写作及时反馈,也都能促使对方多写一点内容,或至少决定你们的下一个写作的活动或任务是什么。这种"写作三明治"是一种将写作与讨论相结合的有效方式,同时也能确保写作不仅仅停留于讨论,而且能够执行下去。这一过程需要每周进行1~2次,每次不超过30分钟:

189

> **"写作三明治"**
>
> ☆ 写作:10分钟。
> ☆ 讨论:10分钟。
> ☆ 写作:10分钟。

你可以在写作小组中进行此项活动,也可以和一两个研究生共同完成。这个活动甚至在学生与导师的工作会议中也很有帮助,因为你们双方都试图阐明讨论或文本中的某个观点。

提示性写作、自由式写作和生成式写作这三种策略的作用可能是立竿见影的,也可能与你习惯的写作方式大为不同,因此显得作用不大。尽管这些策略值得坚持下去,特别是为了在一个大项目的早期阶段达到特定目的,尽管它们已经被证明可以帮助作者培养写作的自信心与流畅度,但我们仍有必要对其进行巩固:

> **强化巩固**
>
> 花10分钟时间进行"涂鸦",对我撰写论文有什么帮助?

这个问题是一个非常有效的问题,已经在本章讨论过了,但在这里提及,是为了让你停下来思考自己如何评估这些策略的价值。除了你对这些策略的使用反馈,你还应思考:(1)你用这些策略写出了什么;(2)你在写作中学到了什么知识;(3)你在逐渐成为一名论文作者的过程中学到了什么。

"涂鸦"的价值

☆ 用于短期、定期的写作任务或突发事件。

☆ 用于寻找章/节/段落的主题。

☆ 用于找到写作的焦点。

☆ 用于启动写作,"把东西写在纸上"。

这些策略中任何一项的价值或可能存在的价值,都将留待作者自己去挖掘。

11. 绘画

尽管本书几乎所有的内容都是关于文字的,但也有一些采用视觉方式的其他方法可用于拓展思维,如通过绘画的形式(考克斯,等,2015)。关于这一主题,有大量材料以及证据表明,借助艺术创作可以实现一系列学习成果。这并不是说你的论文既应该是一系列连贯的文字集合,又应该成为一件艺术品;而是说即便你不会画画,也可以用绘画来拓展思维和提高写作水平:

我听过太多这样的话："我不可能靠画简笔画来救我的命。"

有些人害怕将自己的画作展示给别人看。他们觉得如果自己的图画看起来像一个5岁孩子的作品，他们会被别人嘲笑。

事实上，你是否擅长画画并不重要，草图越不正式越好。事实上，要避免使用铅笔的冲动，因为它给你留有太多思考、擦除、重画和再次猜想的余地。形成草图并不是最终目的，绘画过程的最终目的是让你在画图中学有所得……你将对自己正在努力解决的问题有更深刻的理解。

（布鲁尔，2010：n.p.）

素描本里的内容不是关于如何成为一名优秀的艺术家，而是关乎如何成为一位好的思想者……对我而言，这一直都关乎视觉上的头脑风暴和记录，而且其门槛低得不可思议。

（圣·玛利亚，2009：n.p.）

艺术家和作家描述他们创作过程的方式有相似之处……因为尽管所有人都经常描述自己的想法是如何通过创作行为慢慢浮现的，但其中的机制却常常隐含其中，难以被看见。

（凯恩，2010：31）

以上引文表明，对于论文作者来说，绘画可能涉及一系列可以被视为学术技能的东西：通过创作进行思考、成为优秀的思想者、头脑风暴、做记录，以及强化你对研究中力图解决的问题的理解力。这些

第三章 开始写作

过程与我们希望在学术写作时发生的过程类似。这些内容与学术写作的目的相仿,既包括正在进行的写作,也包括最终的写作成果。

艺术创作已被证明对学生有益:提高学习效果、摆脱束缚、平衡生活与工作、用于糊口、表达自我身份、挖掘职业身份、疗愈自己和他人、倡导变革,等等;它可以是理解和学习基础信息与概念的一种方式(考克斯,等,2005:1)。

你可以采用视觉方式来生成写作。你可以用绘画作为创造工作空间的方式,从而鼓励用不同的方式解决问题(巴里,2014:2)。你可以通过绘画来指引和探索想法与思维。绘画不一定对产出文本有所帮助,但却可能帮助你找到你想产出的写作内容和你想使用的写作方式。和本章涉及的早期写作策略相同,绘画可以使你新出现的想法和理解清晰可见,并可以帮助你理解自己在攻读博士学位早期阶段阅读的所有新材料:

> 我逐渐意识到,绘画的经历可以使我们新出现的思维过程清晰可见……在绘画过程中,我在集中注意力和分散注意力之间来回切换……我开始考虑把绘画视为一个过程(这本身就是一种目的)……我发现我所探寻的真正主题是"我如何知道所做的事情是否有意义"。
>
> 思考不仅是一种自我反思,也是创作过程的一部分——和写作既相似,却又有所不同。通过实践而不是概念来发现事物,是一种"体验式思考"。
>
> (凯恩,2010:21)

怎样顺利完成论文：论文写作的策略与技巧

重要的是，在最初的思考阶段，你需要某种形式（写作或是绘画）来体现你的思考过程、学习过程以及你为了自己（如果还不是为了你的读者）而理解这一切的过程：

> 写作和绘画都依赖于某种想象（不是那种已经在脑海中完成，只需要用文字表达出来或再现到纸上的图像），而是一种由我们自己的活动所形成的想象，一笔指引着下一笔。我们具有大致的方向，但却不知道具体身在何处，直到我们迈出一步又一步，然后再继续迈出第三步。

（巴里，2014：136）

单纯在纸上或屏幕上做记号和明确写作的大致方向之间的互相切换正是研究的一部分：你明白自己想要探寻什么，但不知道该如何找到它；或者你确切地知道将使用哪些方法，但却不知道你的发现会是什么。这种已知与未知的转换确实存在。写作和绘画不一定能解决你现在面临的现实问题，事实上，在写作和研究过程中，你可能会因为仍存在问题及未知因素而感到沮丧。例如，看看巴里的一页附有11张图片的描述，看看你是如何对自己的作品感到厌烦甚至难以启动写作的（2014：162）。这与学术写作有相似之处，这些方法也与论文作者有关——绘画是理顺已知与未知事物的一种方式。

具有讽刺意味的是，我用文字描述了绘画在论文写作中的作用。我并不是建议所有的论文作者都应该采用视觉方式，但我在这一小节引用的人提供了一些有用的观点，用以说明理顺未知事物的过

第三章 开始写作

程——他们继续绘画,不理会未知因素。与其说是用视觉方式表达你的想法,不如说是用视觉方式来进行思考。

这其中所涉及的做法并不完全依赖思维过程,而是依赖于绘画的物理形态:对于我们写的任何一个故事或画的任何一幅画,只有在我们把它写下来或画出来后才能证明其价值。绘画为思考创设了空间:文字凌驾于图像之上的观念在西方文化中根深蒂固。但如果二者在创造意义的过程中是不可分割、紧密关联的平等伙伴关系,又将如何呢(苏萨尼斯,2015:i)?苏萨尼斯的《非平面》(*Unflattening*)一书是以漫画小说形式呈现的博士学位论文,书中认为,文字或某些写作传统(可能也包括一些学术写作场景)会使得我们的思维"平面化":"就像某种巨大的重物不断下沉……令人窒息和僵化……平直地渗入风景之中"(2015:5):

> 这是一种视觉的平面化,是关于可能性的矛盾体……身处其中的人符合马尔库塞(Marcuse)所说的"单向度思想与行为模式"。由于缺乏超越其存在状态的潜能的"关键维度",因此认为"万物皆有其位"。
>
> (苏萨尼斯,2015:6)

这种平面化的内涵包括视野的缩小,每个人身处自己的"盒子"中,写出同样的作品,所有人都因循守旧。他的主张是,"我们太过频繁地陷入一种欺骗,认为决定你的身份与前进道路的权力并不掌握在自己手上,而是受制于外部力量",依赖它们来解释探索的可能

195

性。这是对我们为了自己而写作、不愿被束缚的一种呼吁,而这也是论文写作的一部分——找到你的贡献,理解它与前人研究的关系。即便你在撰写论文时重复着惯例,你也必须找到创造这种独特性的方式。

本章讲述了开始写作的各种策略。从零开始意味着从细微之处入手是合理的。这仍然属于探索阶段,而写作和绘画则是你的探索工具之一。然而,现在是时候考虑更有条理的写作了。或许在你还未真正相信产出结构化的写作具有可行性之前,第四章就要探讨在你的写作中寻找结构的挑战。

这并不意味着你应该停止自由式写作和生成式写作,也不意味着它们将被结构式写作所取代。论文写作不是一个线性过程,生成式写作将会被反复和持续地使用。如果你需要获得有关自由式写作使用范围的提示,请回到自由式写作的使用清单。它不仅可用于"启动写作"阶段,也具有促使你"继续写作"的好处。

自我检查清单

开始写作

○ 建立写作"工具箱"。

○ 做好备份,准备好纸张、打印机墨盒等。

○ 购买写作规范手册。

○ 获取参考文献管理软件或系统。

○ 为研究和写作创建日志,包含重要事件、任务、会议日志等。

第三章 开始写作

○ 参加研究培训课程。

○ 与导师达成讨论写作的共识。

○ 商定早期作品和草稿的格式、截止时间和标准。

○ 以书面形式向导师确认决定。

○ 通过"反思"来回应论文获得的反馈。

○ 确认你对导师关于写作的反馈的理解是否正确。

○ 通过一些写作来启动这个过程。

本章学习成果

➢ 确定你作品的受众,并分析他们的期望。

➢ 界定、使用并讨论提示性写作、自由式写作与生成式写作的用途。

➢ 为你的写作任务制订一个时间表。

➢ 使用一系列写作策略。

第四章

寻找结构

> **内容提要**　本章旨在帮助论文作者思考如何为论文构建论点。本章概述了各类写作活动,并以探寻和聚焦中心主题作为重点。看似矛盾的是,当你开始构建和演练提纲与论点时,第三章所介绍的策略(如提示性写作、自由式写作和生成式写作)仍然有用,因为你在探索你的选择。本章介绍的重要策略是列出提纲(将在第七章进一步阐述)、撰写文献综述和"分层次"写作。

无论从属于何种学科,所有从事研究的学生应该掌握的诀窍就是精准地锁定具体要求,并据此构建研究模型。

(伯纳姆,1994:33)

我们可以将这句话理解为对课程或学位的一种愤世嫉俗的看法,那就是"只给他们要求,不给他们更多"。但这也是一项有益的提示,告诉你了解他人对你的期望有多么重要。你不仅需要了解被要求的内容,还要相应地调整思维与写作。

然而,对大多数作者而言,这一阶段的论文更多的是"寻找",而不是发现,但你可以通过写作来向前推进。请使用上一章介绍的自由式写作和生成式写作形式,帮助你穿越论文的碎片,通过多种尝试将其拼凑起来。这些策略能够让你简要写出对于整篇论文的思路,帮助你找到论文想要阐述的叙事类型。不要奢望在此阶段就能以文字或提纲的形式确定论文的全貌。本章将带领你朝着目标向前迈进一步——你仍有大量工作需要完成。

1. 修订研究计划

回顾你在申请书中所写的最初研究计划,你是因为这项研究计划而被博士项目录取的,你的想法在那之后肯定会有所改变。有益的办法是写下你如何把项目向前推进,这意味着你不会过于偏离自己的关注点(除非是有意为之),并且会让你感受到自己已经取得了进展,即便在这一阶段只是微不足道的进步。接着,你可以和导师讨论你的想法以及你进行的任何写作。

---

5 分钟自由式写作

你的研究在你拟订研究计划以来是否发生了变化?是怎样变化的?

第四章 寻找结构

你也可以根据研究计划进行结构式写作，列出所有要素，并进行详细阐述或修订：

◇ 建立临时性假设。
◇ 修改研究目的和目标。
◇ 缩小研究问题的范围。
◇ 确认优先事项：整合并删减问题/事项。
◇ 进一步界定每个问题中的每个词。

重新审视你的研究计划是开始为你的论文建立论点的好方法。事实上，如果你写出了一份300~500字的大纲，那么你可以将其作为后续写作的试金石，通过反复回顾来提醒你论文的重点。如果你认为研究的成果还没有多到能够写出与研究有关的内容，如果你确实为了寻找写作主题而苦苦挣扎，那么你可以撰写研究背景。这将对你的论文引言有所帮助。

我能写些什么：研究背景

☆ 我的研究问题是……（50字）。

☆ 曾思考过这一问题的研究者有……（50字）。

☆ 他们认为……（25字），史密斯认为……（25字），布朗认为……（25字）。

☆ 争论的焦点集中在……（25字）。

> ☆ 在……方面仍有待探究(25字)。
>
> ☆ 本研究因……而与某人的研究最为接近(50字)。
>
> ☆ 本研究的贡献在于……(50字)。

有些学生把方框里的这些问题定名为"第98页文件",因为这个方框出现在本书第一版的98页上。此后,写下这些问题的答案已被证明对于第一年或处于研究项目第一阶段的学生特别管用。写下上述问题的答案在这一阶段具有以下特殊优势:

◇ 在研究的早期阶段,它可以确立研究重点和/或方向,促使你在找到重点与方向前就开始写作。

◇ 它可以促使你将自己的项目与既有文献联系起来。

◇ 它还将促使你将自身的研究项目与既有文献区分开来。

◇ 它可以帮助你集中精力进行阅读与思考。

◇ 这是一项易于操作的任务:你只需要写下325个字。

◇ 字数限制有助于你聚焦写作重点。

◇ 这项活动可以推动你对论文的进一步思考。

◇ 在研究后期,这项活动可以帮助你在起草结论部分和修改引言部分时集中思想。

当然,你可以改变你对论文焦点的想法,但这种改变将随着时间的推移而产生。每一阶段的写作、思考与聚焦都将产生能和导师

第四章 寻找结构

一同探讨的重要话题。

这并不意味着现在用这样的方式写作是在浪费时间,因为你在日后还需要进一步修改。你的想法会随着写作而得以拓展;如果你完全不动笔,这一过程也许就不会发生。此外,观察自己的想法进展到何种程度所带来的心理层面的提升也相当重要。你可能会强烈地意识到还有多远的路要走,以至于忽略了自己已经走了多远。在修改研究计划的过程中,你会发现你对核心论点的认识变得越来越清晰。

2. 制定论文大纲

> 大纲的作用就是让你对自己的文章进行排序、分类与规划……请使用文字处理器输入大纲,并在你对大纲的内容与逻辑流程感到完全满意时,将其转化为文字叙述。
>
> (赖夫-莱勒尔,2000)

第七章描述了撰写论文大纲的步骤。在目前的早期阶段,列提纲的目的是逐步让你认识到你的论文会是何等样貌、何种类型,以及导师对你的论文持何种看法。千万不要等到自己"清楚自己想说什么""有话可说"或是"做了一些研究"后才开始写提纲。提纲为你提供了一种整理思路的方法,即便你对内容并不"完全满意",你也可以写出比一系列要点更有条理的东西。你可以超越一整列想法,而将其归为一系列标题。

怎样顺利完成论文：论文写作的策略与技巧

请从写300字到500字的摘要开始，这并不一定会将你束缚在某个结构上（任何主题领域都有很多不同的变化形式），但它会开始让你寻找某个框架，以便在此框架上建立自己的论点。圈出摘要中的句子和关键词，这样你就可以开始起草论文标题或研究问题清单，以此为论文格式做准备：

◇ 该领域现已取得哪些成果？列出姓名（日期）和存在的争议。你的研究与前人的研究有何关系？你想在此次讨论中补充哪些观点？你的研究问题究竟是什么？

◇ 你做了哪些工作？你是如何回答研究问题的？你所分析的领域是什么？你使用了什么材料/研究方法/研究路径？问题与方法之间的匹配度如何？你如何选择相关写作内容？

◇ 你的研究发现是什么？你的分析结果是什么？请对你的分析进行描述，详细说明所做的一切。这对现有文献有什么补充？

◇ 这意味着什么？你是否对研究问题做出了回答？是否存在新的问题？是否存在新的理论、方法与改进方案？

尽管上述问题预演了论文作者必须做出的许多决定，以及在做出决定前必须考虑的写作内容，但它们均未对结构加以说明，作者仍有选择的余地。这是论文的第一份大纲，最终版的章节大纲可能看起来与此完全不同。

如果你发现这些问题似乎不适用于你的研究，你可以试着无论如何也把它们写下来（结果可能会让你大吃一惊），或者进行调整，使之契合写作要求，促使你继续写作：

◇ 你可以将这些提示改写为问题。

◇ 你可以调整这项写作活动，撰写不同的问题或提示语，使其契合你的研究以及论文中的观点。

◇ 重点是你必须找到描述论文关键部分的方法，无论这种方法是什么。

◇ 开始从常规或非常规的标题中建立提要，如运用或调整通用惯例。

◇ 试着结合本章或其他章节的大纲中的标题，不需要死守某一标题。

◇ 与包括导师在内的其他人讨论新的大纲。

◇ 当你为自己的论文量身定制大纲时，也许会注意到你制定的大纲并不完美，逻辑上还存在缺陷和跳跃。这是我们需要继续努力的地方，但也不必过于担忧，因为你的大纲在初次尝试时必定不会呈现完美的结构。

重要的是，你要找到在这一阶段的写作方式，但不要期望所有的提示、问题和通用框架能够完全契合你的研究。如果你要凸显某个重点，你就必须调整自己对于研究的一些想法。

3. 寻找论题

本节所指的"论题"是一个可以经得起批判的完整观点。所有

怎样顺利完成论文：论文写作的策略与技巧

论文都有论题，而每一个论题都必须考虑一系列观点，包括对立的观点。论文的形式迫使论文作者预先考虑论文进入同行评审时需要面对的争论，论题即是凝结所有内容的中心思想。

寻找论题意味着在业已完成的各个工作阶段间建立联系，在已经起草或完成的作品间建立联系，最重要的是，在主要研究问题与所做的研究工作之间建立联系。所有这些都需要通过书面形式完成，各部分之间必须存在逻辑关联。将你发现的关联性明确地表达出来，能够帮助你在写作中揭示论题和主要观点。

另一个思考或寻找论题的方式是将其视为写作主题，它可能是你写作中的一条线索，或者思考过程中的一个步骤，它会反复出现，并随着研究的进展渐渐浮出水面。找到论题的关键就是在不断演练潜在主题时，将最初的研究问题作为试金石。

需要注意的是，论题通常来说是一个必须"被证明的"论点。除了少数例外，这个词在学术写作中是不常被使用的。大家都知道，研究和写作具有情境性，甚至具有偶然性。换句话说，我们无法在任何时间和任何情境下都"证明"某种东西，这并非"证明"一词的准确用法；反之，我们可以使用"表明""建议"等词汇，并对我们在分析文本、事物、人物或事件时所发现的东西做出合理、理性的解释。如果这样看起来像是一种妥协，那么需要牢记的是，在撰写论文时，我们正在经历一场辩论，会有许多人不同意我们所写的内容。我们不仅不能无视那些对我们的观点持反对意见的研究，而且必须正面解决这一问题。我们必须在自己的写作中阐明这些分歧的基础，在这场辩论中表明我们的研究在哪些方面具有合理性，诸如"建议"这样的词汇就属于辩论性的语言。

4. 撰写文献综述

并非所有的论文都有文献综述,但每位论文作者都必须写明相关文献,从而表明自己的研究和他人研究的关联性。即便你想要在多个章节而非某个章节提及相关文献,使其与你自身的观点融为一体,但此刻,最好将它作为你论述的一个独立单元。这样也许能帮你确定哪些人的研究是你想要提及的或必须提及的,以及你将如何概括性地对某一研究领域进行整体描述。

什么是文献综述?文献综述有多种不同的定义与目的,大多数文献综述都具有不止一个目的,且使用的定义也有所不同。下列作者认为,综述可以是一种解释,一种观点的整合,一个研究项目或研究任务,以及对新的文献来源的"发现":

> 文献综述是对已发表的研究的一种解释与整合。
>
> (梅里亚姆,1988:6)

> 文献综述本身就是一个研究项目。
>
> (布鲁斯,1994;转述自布伦特,1986:137)

> 文献综述是贯穿论文全过程的一项研究任务……以证明所

怎样顺利完成论文：论文写作的策略与技巧

> 研究的问题如何与前人的研究相关联。
>
> （安德森等人，1970：17）

> 文献综述赋予我们在某个与自身领域未必完全相同却有所关联的领域里重新审视一次文献的机会。
>
> （利迪，1989：66）

梅里亚姆（Merriam）所说的"解释"和"整合"清晰地描述了论文作者的积极作用；文献综述是论文作者的专属文献，是他们总结和述评的选择与布局。布伦特（Brent）恰当地阐释了研究必须具有文献综述。安德森（Anderson）等人强调，回顾文献应该持续贯穿整个研究项目的始终。利迪（Leedy）的定义似乎建议我们应该扩大综述的范围。

文献综述有两种意义上的"目的"：一方面在于让作者在写作过程中了解文献；另一方面，综述自身的"目的"就是在论证中发挥作用。布鲁斯（Bruce）同时捕捉到了这两种目的：

> 在研究生学习阶段这一特定背景下的文献综述的定义可以从研究过程和研究成果两方面来阐述。研究过程包括研究者通过探索文献来确定研究现状，提出研究问题或调查，为所确定的探索路线的价值进行辩护，并将前人的研究发现和观点与自身研究进行比较。研究成果包括对他人的研究工作进行整合，展示探索过程的完成情况。
>
> （布鲁斯，1994：218）

第四章　寻找结构

上述每一项内容都可以成为你的写作提示:(1)"确定研究现状";(2)"提出研究问题";(3)"为所确定的探索路线的价值进行辩护";(4)"将前人的研究发现和观点与自身研究进行比较";(5)"对他人的研究工作进行整合";(6)"展示探索过程的完成情况"。最后一项尤为有趣,提醒我们必须展示出文献研究的彻底性,以便找到我们的研究主题。当然,这可能不是我们找到研究主题的确切或大概的方式,但文献搜索有助于我们更精准地聚焦我们所做的事,进而影响我们的研究。库珀(Cooper)提供了文献综述与论文其他部分的有益的区分方法:

> 首先,文献综述使用早前的或原始的学术报告作为数据库,而不报告新的学术研究成果本身。其次,文献综述旨在总结、评估、澄清和整合早前报告的内容。
>
> （库珀,1988:107）

布鲁斯将其简化:"通常来说,文献综述是学术论文的重要章节,其目的是为所进行的研究提供研究背景以及合理性论证。"

对于论文作者来说,回溯文献是一种学习他人思维过程的方式,从而拓宽他们对于自身所处领域的视野,熟悉不同的理论视角与相似研究的发展。文献综述能够展现你作为研究者的能力:

> 表明你（具备）对背景理论的专业掌握能力。
>
> （菲利普斯和皮尤,2015:59）

怎样顺利完成论文：论文写作的策略与技巧

> 文献综述包括定位、阅读和评价研究报告以及与项目规划相关的随机观察结果和意见报告，其目的在于获得关于所研究主题的详细信息。
>
> （博格和高尔，1989：114）

这只是你在论文中必须创建的结构之一，即对前人研究的描述。哪些人曾在该领域进行过研究？谁认为你的主题是重要的？你的研究与他人的研究有何关联？该部分的目的在于说明"差距"，说明你的研究有其必要性。你的研究将会以微小或显著的方式推动该领域或这一研究主题的发展。

你的文献综述想要达到什么目的？为了对自身领域的"重大事件"进行概述？为了自身的研究而选择其中一些事件？为了总结他人研究成果？为了批判他人的研究？为自身的研究提供一个背景？最后一点可能适用于大多数论文；每个人都需要在论文引言中营造某种情境。你可以选择一个以上的目的，分别写在几个部分中。

即便是在论文写作的最初阶段，许多学生对文献的认识也远超过自己的想象。他们总是对自己尚未涉猎的文献如此敏感，以至于往往忘记了自己已经阅读过的大量内容。是的，外界的信息已经堆积如山，但你可以通过一些简短的写作来实现知识的内化。你既可以采用提示或问题的形式，也可以采用自由式写作或生成式写作的形式。

第四章 寻找结构

> **针对文献进行初步写作的提示语**
> ☆ 我对自身的研究主题了解多少?
> ☆ 我在文献中寻找的是……
> ☆ 文献中涉及的思想流派有哪些?
> ☆ 本领域现存的"巨大争议"是……

这项活动有许多潜在的好处:它可以帮助你认清你目前已经具备的知识,并逐步阐明这些知识;它可以帮助你发现知识空白,然后你可以选择哪些空白需要填补,而哪些不必要;写作还可以使你将自身研究与其他研究者的研究联系起来。

使用具体的提示也可以让研究聚焦于总体水平,尤其是当写作活动具有连贯性且时长较短时(最多15分钟)。如果这些提示看起来不恰当(如果它们不能起到促使你写作的作用),那么你可以对其进行修改,以便适应你的写作需要。一些论文者发现,问题比半结构式的句子更能有效地促进他们的写作;而对另一些人而言,情况则正好相反。

这是为谁而写的文章?你是否打算让其他人阅读?如果这项写作活动的目的是把你的最初反应记录在纸上,那么你可以通过让其他人阅读该文章来给自己施加一点压力。另一方面,经过几次修改,你可能拥有某些能够展现在导师、同行面前或者囊括在自己文献综述草稿中的作品;或许两者兼有——你在作品中展示了你的想法,

211

而它也可以被用于章节草稿中。

至少,这种活动构建了一种写作训练。今天你已经写下了一些东西,这将有助于你保持写作技能。因此,随后你可能会发现,开始撰写一篇结构更为复杂、风险更高的文章会变得容易一些。事实上,这种短暂性写作可能成为其他作品的梗概或草稿。或许你会觉得作品的质量不高,但达到高质量并不是这项练习的真正目的。

不断地重复该练习将有助于将新的阅读内容整合到自身所在领域的"大背景"或概述之中。当你大量阅读新材料时,你可能难以看清他们之间的关联性。你可以对它们进行比较和对比,用写作来保持研究重点,并拓宽对于文献的理解。这些简短的作品可以为你的阅读记录留下一些提示,但更重要的是,你必须用书面方式将这些阅读反馈记录下来。

上述提示使用的语言可以是非正式的、通用的,目的在于保持简洁,当然你也可以让它变得更学术化或更正式。随着理解能力的增长,随着文献的全貌逐渐浮出水面,你可能希望回归到较为专业的语言。但这样的改变可能会令事态复杂化,因为你意识到必须更加审慎地定义术语,同时还要为自己写下的内容辩护。这并不是一件坏事,只要你清楚自己可以在适当的时候回归非正式写作。换句话说,你可以同时采用正式或非正式的方式撰写文献综述,双管齐下。非正式写作有助于培养和测试你的理解能力,而正式的写作则是供导师阅读使用(为了获得反馈),或许还可以用于起草论文的章节。

第四章 寻找结构

> **为什么我们要对文献进行述评？我们的目标是什么？**
> ☆ 为了了解文献。
> ☆ 为了揭示现已成熟、适合拓展的领域。
> ☆ 为了搞清楚我们的想法从何而来。

上述过程的关键点是，它们都是结构性的，也就是说，我们在撰写"现已成熟、适合拓展的领域"的相关内容时，它们都是我们阐述自身观点并提出对该领域认识的重要组成部分。

第三点似乎有些荒谬：我们当然知道自己的想法从何而来，如果我们从未读过这些文献，怎么能说我们的想法来自文献呢？然而，"我们的想法究竟从何而来"这句话有助于提醒我们，我们不太可能凭空想出全新的东西，只是我们尚未发现是谁已在攻克我们的课题，尚未确立我们的研究和他人研究的关系。此外，当我们被他人的研究吞没时，这个问题可以作为一种聚焦手段：它并没有试图建立我们对于他人研究（我们同样也对其一知半解）的微弱联系，正如我们试图复现已经存在的所有研究的"全景图"一样，这个问题迫使你从自身开始，以自身的想法作为起点。它可以帮助你筛选出对我们的研究和思维产生最直接影响的研究者——通常只有两三人，最多五六人。

因此，撰写文献综述是了解文献的一种手段，写作文献综述的目的是了解我们所阅读的文献。一开始，你所撰写的是你不知道或不太理解的材料，随着理解的加深，你会填补空白，消除错误，其中一个关键性的过程就是确定不同的研究方法和理论方法。理解如此

怎样顺利完成论文：论文写作的策略与技巧

复杂的材料需要时间，但如果我们要在自己的研究中选择合适的方法、路径或批判立场，我们就必须理解这份材料。

通过定期写作，你将逐步适应以更加自如的方式撰写新知识。你可以继续使用一系列提示语，无论是试探性或知识性提示，还是个性化或学术化提示，抑或是探寻式或权威式提示：

◇ "文献"中讲述的内容是什么？
◇ 我的想法究竟从何而来？
◇ 主要的观点是什么？谁对它们负责？

(奥尔纳和史蒂文斯，1995：75)

这些都是撰写文献综述的合理提示，诀窍就在于不应让它仅仅成为对他人研究的总结。

同样需要认识到的是，述评并不是推翻反对意见。许多学生在刚开始写作时，好像觉得为了证明自身研究的合理性，就必须把其他研究贬低得一文不值。文献综述究竟带来的是研究背景还是研究冲突？文献为你的研究提供研究背景，没有必要与之对立。事实上，你必须在自身研究和他人研究之间建立关联性，或许这是目前你尚未觉察的关联。采取这种做法的作者才能拥有更大的影响力。你可以展示所在领域中具有争议性的内容，但不必全盘否定，也不必将所有内容都视为对自身研究的挑战。

与此同时，一些学生由于害怕冒犯他人而无法写出任何可以称之为"述评"的内容，因为这些内容会让人联想到批评，而他们只是该领域的新手而已。

第四章 寻找结构

> **文献综述的目的**
>
> ☆ 概述"重大问题"。
> ☆ 为自身研究挑选部分文献。
> ☆ 总结他人的研究成果。
> ☆ 评价他人的研究成果。
> ☆ 为自身研究提供研究背景。
> ☆ 发现研究领域的空白。
> ☆ 提高对相关理论和方法的认识。

以下是在介绍了文献综述及其在论文中的作用后,四位学生提出的意见与问题。评论内容显示了他们所认为的要点,而问题揭示了他们需要更多信息的领域:

> **学生的想法和问题**
>
> 要点是引导学生通过手头的大量文献,有效地找出相关信息,以及以最好的方式展示信息。
>
> ☆ 问题:其他老师能否在后续阶段协助这一过程?
> ☆ 要点:理解文献综述的含义以及如何将它与自身研究和项目的想法相结合。
> ☆ 问题:阅读材料的学术性应达到何种程度?所阅读的

怎样顺利完成论文：论文写作的策略与技巧

> 材料必须全部是学术型文献吗？
>
> ☆ 要点：注意结构；保持简单和明确；简明扼要。
>
> ☆ 问题：所有的报告都需要遵循相同的模式吗？
>
> ☆ 要点：对我来说，要点就是以通用结构为基础，找到需要与别人争论或讨论的要点。

与学生一起进行文献回顾所产生的一个问题就是思维、知识产出与写作过程之间的复杂关系。某些评论者（如哈特，1998）指出，学生们可以期望看到他们的理解能力远超写作能力：即使他们的写作没有进步，他们的思维、知识和能力也都在进步。如果事情正如所说的这样，你就需要想一想这对于写作的启示。这或许意味着你应该开展写作活动，而不仅是提升能力，从而帮助你跟上自身不断增长的理解和知识。

难道我们必须等到完全理解后才能写作？写作是你在调查过程结束时做的事情吗（比如回顾文献）？这种非书面形式会涉及哪些内容？这将导致什么后果？是否存在与不同研究阶段的形式相吻合的写作技巧（如采用自由式写作来整理思路）？自由式写作是此刻的一项关键策略，它可以帮助你在最有可能被他人想法淹没时理顺自己的思路。

自由式写作和记笔记交替进行，是确保你的理解得到发展、写作得以继续的有效方法。记笔记是一种主动参与阅读的有效机制，自由式写作则为自身想法的发展提供跳板。你要写什么？针对你阅读的文

第四章 寻找结构

献进行10~15分钟的写作,能够帮助你捕捉关键信息。

文献综述应提出的问题

☆ 研究的目的和目标是什么?

☆ 研究结果是什么?

☆ 采用了哪些手段/方法/策略?

☆ 开展此项研究的背景是什么?

☆ 它对该领域的贡献是什么?

☆ 它和我的研究问题有何关联?

请记住,依照之前章节中提到的校外评审人准则,最大的失败就是仅仅写出"这是我对我的课题所知道的全部内容"。文献综述不仅仅是整合他人成果,还应将自身的研究与他人的研究相结合。这不是一项简单的任务,因为你是一边开展研究,一边撰写综述。这也正是你必须在研究过程中采用多种形式写作的重要原因,产出的文本不仅包括你提交给导师的正式写作草稿,还包括本节提到的针对提示和问题的写作文本、本章介绍的基于自由式写作和生成式写作产生的文本,以及那些为了满足研究需要而独自写下的类似文本。请记住托兰斯等人所提及的"产出文本"的重要性。

如果你的文献综述不仅仅要回答"你对你的课题有哪些了解",那么你还要写什么呢?

> **文献综述应该回答的问题**
>
> ☆ 为什么这个主题很重要?
>
> ☆ 还有哪些人认为该主题很重要?
>
> ☆ 哪些人曾从事过对该主题的研究?
>
> ☆ 哪些人做过与我相类似的事情?
>
> ☆ 哪些内容可以为我的研究所用?
>
> ☆ 研究中的空白是什么?
>
> ☆ 谁将使用我的材料?
>
> ☆ 我的项目将有何用途?
>
> ☆ 我的贡献将是什么?
>
> ☆ 我将回答哪些具体问题?

文献综述的不同目的可以从已完成的论文中举例说明。下列范例展现了论文作者关注的内容:

◇ 界定术语。

◇ 证明所选文献的合理性。

◇ 为文献的删略说明理由。

◇ 预告综述的各部分内容。

◇ 指明综述的结构。

◇ 找到自身研究与过往文献之间的联系。

◇ 评论文献。

第四章 寻找结构

◇ 阐明不足之处。

◇ 采用"姓名+日期+动词"的句式结构进行概括性描述。

界定术语

第二章 文献综述A

　　通过使周围环境加速远离界面，淹没的孔口处将吸入液体。最初，气泡的形成相当于一个膨胀的球体，随着气泡形成过程的推进，它被不断拉长，其下部逐渐收缩形成瓶颈状。当颈部被割裂时，气泡从孔口处分离。分离的气泡不断上升，其残留在原处的部分体积成为下一个气泡形成的气泡核。

　　在该文献中，气泡形成过程可以按惯例分为气泡型和射流型。气泡型可用单气泡或双气泡的周期性形成来描述。

　　这位作者选择了上面列出的哪个目的来撰写文献综述？该作者选择以定义作为文献回顾的开始。关键术语的定义十分重要，因为它们决定了读者将如何理解你所说的一切。即使是极为熟悉的专业术语也可能需要定义，因为它们的使用方式不同。

　　让开篇部分更加清晰的做法是将两个段落进行切分：第二个段落开始对该领域进行概述，将主题分为两类。文章明确提及了"该文献"，因此读者能明白作者正在进行文献总结。

怎样顺利完成论文：论文写作的策略与技巧

进一步提升写作的做法是添加一行目的说明和内容梗概，也就是文献回顾的预览性内容。

上述修改建议并不意味着这篇文章属于拙劣之作；相反，这些建议旨在说明如何在若干草稿中使文献综述逐步成形，尽管你也可以通过在初稿中明确指出写作目的的方式来节省时间："本章的目的在于……"

当学生和导师阅读此范例时，他们经常会不耐烦地问："这个人在说什么？"他们希望看到标题和子标题来引导他们阅读，用菜单列表来告诉他们本章中哪些内容值得期待。他们需要更多的提示符号。他们想知道为什么"气泡形成"十分重要。这是谁说的？读者会寻找与上一章节的某种联系。所有这些问题的反馈都是恰当的。我们可以将这些问题转化为进一步写作和修订的指示：

◇ 找到本章与前一章的联结点。

◇ 说明这一主题的重要性。

◇ 将其置于更广泛的背景中。

◇ 告诉我们你在本章中想要叙述的内容。

文献综述的作者必须清楚地表明他们要选择的材料，并给出选择的理由，还必须交代不打算涉及的内容及其原因。众所周知，博士论文要求对所在领域进行"全面覆盖"；但不太为人所知的是，这必然需要选择——一种对所有可用素材进行的有根据的选择。对于某些作者来说，试图公平对待所有人的压力很难与删减某些文献

第四章 寻找结构

的必要性相平衡。

> **证明所选择文献的合理性**
>
> 第二章 章节研究回溯
>
> 导 语
>
> 回顾整个强度测试领域的发展将是一项艰巨的任务。从研究意义上来说,这一课题已经活跃了近百年。
>
> 因此,此篇综述将主要强调前人的实验研究。鉴于多年来开展的研究数量庞大,笔者不可避免地删减了某些重要研究。笔者为似乎忽略了一些人的作品但提到其他可能被认为不太重要的贡献而提前表示歉意。

这并不是令人信服的对文献筛选的解释;反之,这更像是为研究不力而找的借口。然而,我认为此处的情形是,作者非常清楚地意识到选择的必要性(以及谦卑的必要性),但却承担了文献筛选过程中可能招致的责难,而非应有的功劳。换句话说,我们并不是要将这篇文章作为糟糕的论文写作范例;相反,它揭示了撰写论文这一部分时某个难以达到平衡的行为——如何在公正对待整个领域的同时,证明你把某些关键人物排除在外是合理的,因为他们与你的研究并不直接相关。在文献综述的这个阶段,更好的处理方式是明确界定所做的选择并说明原因,援引被略去的文献并交代理由。

> **为文献的删略说明理由**
>
> 澄清心脏康复的含义是很重要的,因为这个词包含了许多不同概念。《英国医学杂志》(*British Medical Journal*)(布隆博格,2001)的一份最新报告指出,心脏康复可以采取药物治疗、手术介入、心理康复和生理康复等形式。本文将不再回顾药物和手术方面的文献,但相关信息可从以下参考文献中获得:BBH试验组(2000)一项主要活跃于欧洲范围的药物治疗试验;欧洲冠状动脉手术组(European Coronary Surgery Group, 2000);班德尔(Bounder, 1999);金(King, 1998)。鉴于本研究主要关注的领域为心脏康复的生理及心理层面,因此文献综述将涵盖上述两个方面。

此处的重要技巧是对你的文献综述设定明确的边界。这个例子也表明,作者正致力于一项多学科研究。你为你的文献综述设定的界限必须明确,也许还必须为其进行辩护。如果读者要遵照你的逻辑路径(无论他们是否赞同你的观点),那么你就必须对自己将要涉及的要素提供明确的预告。

第四章 寻找结构

> **预告综述的各部分内容**
>
> 文献综述
>
> 　　由于已有大量与儿童阅读相关的研究和文献,本章聚焦于:(1)对与本研究有关的前人研究进行选择性回顾,对此类研究进行概述,然后进行批判性评价;(2)就最近政府报告中表达的观点做出评论。
>
> 　　(1)1995年,赫梅尔(Hummel)等人调查了10~13岁儿童观看电视的情况,阅读被视为儿童生活中可能会受到电视影响的一个方面来研究。在该项调查中,五分之一的家庭拥有电视机,这与现在的情况有所不同,现在多数家庭至少拥有一台电视,且许多儿童还能使用影碟或DVD。鉴于此,赫梅尔等人的研究在某些方面价值有限,但她对诺丁汉地区的电视观众、非观众和新观众的纵向研究是有用的,因为她向我们提供了观看电视组与对照组的数据,并对新购入电视家庭中儿童的阅读习惯给出了建议,也对儿童观看电视潜在的长期影响做出了有趣的推测。

　　同样,如果你的文献综述按照时间顺序安排,叙述所在领域的历史情况、哲学理念或研究方法的演化,那么请在标题和句子中给出提示。

> **指明综述结构**
>
> 健康与体育教育的历史性联系
>
> 从传统意义上来看,体育教育者关心的是保持和促进学龄儿童的健康,而体育教育和健康教育之间的历史关联性已在文献中大量记载(缪尔,1968;斯马特,1974;麦克纳布,1985)。
>
> 20世纪早期,教育政策开始彰显对学童健康的关注。1903年,皇家体育委员会(Royal Commission on Physical Training)提议将体育作为小学课程中的一个科目,从而改善学龄儿童的医疗、身体和卫生条件。
>
> 在随后出台的第一版教学大纲中,皇家体育委员会建议:学校体育课程的主要目标是保持并尽可能地改善儿童的健康和体质。
>
> (教育部,1905:9)

因此,文献综述应包括定义、背景与年代,而不仅仅是对他人研究的简单概括。重要的一点是将文献与你自己的工作联系起来,既要有一般意义上的联系,而后也要有详细的联系,但一定要明确。

> **找到自身研究与过往文献的联系**
>
> 研究背景
>
> 自20世纪50年代末开始,在随后20年中,学界高度重视

第四章 寻找结构

> 混合能力教学的争论。该领域比较具有影响力的作者有拉德（Rudd）、维利希（Willig）、杰克逊（Jackson）、耶茨（Yates）、巴克尔-伦恩（Barker-Lunn）和凯利（Kelly）。然而，进入20世纪80年代后期，人们普遍认为对"混合能力"的争论已失去意义；争议不复存在，且人们已经将"混合能力"结构视为一种正常的做法，尤其是在资历认证前的教育阶段。当然，最近关于这个问题的出版物较为稀少，且因为其他更紧迫的举措而被从教师队伍的讨论中排挤出去。因此，这一立场或许有其合理性。本研究的目的并不是驳斥这一观点；相反，本研究意在指出倘若这个问题有其存在的合理性，那么也仅限于中等教育阶段，而非初等教育阶段。

迟早，你都需要对过往的文献进行评论。

> ## 评论文献
>
> ### 文献回顾
>
> 英国的一项实验（卡森，等，1992）采用了一种更好的研究设计，将300名因心肌梗死而入院的患者随机分配到运动组和对照组，并对患者第一次临床就诊时、心肌梗死后6周、5周后、1年后以及3年后的情况分别进行评估。评估的因变量为死亡率、身体素质、心绞痛、重返工作岗位、心脏大小和吸烟

> 习惯。体能是在自行车功量计上评估的，以总骑行时间表示。结果显示，若以平均骑行时间作为评估手段，对照组和运动组的身体素质存在显著差异（$p<0.001$），运动组的身体素质显著高于对照组。运动组重返工作岗位的时间并未早于对照组。两组的吸烟习惯无显著性差异。虽然未对情绪的改善加以测量，但对照组表现明显。倘若能客观地测量心理参数，这项实验则会更有意义，特别是当两组人员重返工作岗位率相同的情况下。

一旦你已经指出现有研究的不足——多数（如果不是全部）情况下是研究设计的不足——而非推翻这项研究，那么你就可以开始阐述如何在自身的研究中弥补其局限性。这就意味着要在研究中的缺陷或该领域的空白与你的研究目标之间建立一种逻辑联系。你可以使用"本研究旨在填补这项空白"等措辞，从而明确创建这一逻辑关联性。

> ### 阐明不足之处
>
> 尽管苏格兰的冠心病死亡率位列世界首位，但迄今为止，苏格兰似乎尚未开展任何以运动为基础的心脏康复项目研究。本研究旨在填补这一空白。这项研究仅涉及近期发生过急性心肌梗死的患者。由于该研究将对前40名连续病例进行调

第四章 寻找结构

> 查,因而研究对象涉及男性和女性。也有研究表明(休格和纽特,1999),如果使用和男性相同的标准来选择女性参与心脏康复治疗,女性从中获取的收效与男性相同。

使用"研究者姓名+日期+动词"的句子结构来表示何人(何时)对你所研究的课题做出过何种表述。这种句式迫使你快速写出相关领域的言语性提纲,或许还能将一系列的研究者汇集在一起。他们对你的研究课题都有哪些看法?例如,在选择了"伙伴关系"这一主题后,你可以选择对哪些文献或哪些人进行回顾。你可以用一句话或更简短的语言概括出研究者对于你的主题的看法:

> **采用"姓名 + 日期 + 动词"的结构进行概括性描述**
>
> 唐(Dawn,1999)提出了采用伙伴关系方式来促进对教师职业发展的反思,并在早些时候指出,研究者和教师需要通过"合作、协商与谈判"来发挥相互依赖的作用(唐,1999:133)。布鲁(Blue,1999)在研究导师和被指导者的角色时指出,这种发展型伙伴关系是改变教师行为的一种途径。埃利奥特(Elliott,1991)倡导教师践行"专业化模式",即通过早期参与伙伴关系,从而逐步融入所在机构的文化氛围,并再次强调这是"一个合作解决问题的过程"(第312页)。

本节中列举的综述步骤不一定完全依照这一顺序撰写，你可以从任何地方开始。然而，这些步骤的确与文献综述的各个要素相关联，从而建构了写作过程。一旦你阅读了所在领域的某些论文，你将对自身研究如何与形形色色的参考文献格式相契合产生更深刻的认识，例如采用哈佛（Harvard）、芝加哥（Chicago）、美国现代语言协会（Modern Language Association）、温哥华（Vancouver）等参考文献格式。每一种格式均有自己的格式手册，告诉你如何引用所有想要收录的资源类型。一些格式手册以简略的形式出现，采用尺寸较小的平装本，教会你如何在论文中引用一切素材。一旦你与导师确认过应以哪种格式撰写论文，就可以考虑购买相关的格式手册。它同样可以用于撰写期刊文章，因而是一项物有所值的投资。

5. 剽窃

有人认为，当你在描述他人观点时，很容易将自身的观点与他人的观点混为一谈。这是不可接受的行为。每当你提及他人的想法或作品时，必须对引用他人作品表示感谢，这似乎毫无争议。但许多学生表示，他们不清楚哪些行为构成剽窃，而哪些不构成剽窃。请注意，你和导师可以使用专门的软件或简单地将文本复制并粘贴到搜索引擎中，以此确认你的作品是否存在剽窃现象。这一步骤同样适用于申请博士学位。

首要原则：你的文献记录应与最终的作品一样优秀。请在记录参考文献和标注笔记时，遵循同样高的专业标准。

第四章 寻找结构

第二原则:不应留有灰色地带,如果你在自己的文章中逐字逐句地使用别人的成果,不管你是否对作者进行了援引,都是一种剽窃行为。

为了清楚起见,也因为学生似乎真的感到困惑,我们将采用下列范例说明:(1)总结(附带参考文献);(2)转述(附带参考文献);(3)引用(附带参考文献);(4)剽窃。范例中的源文本来自本章导论的某个段落。

源文本

然而,对大多数作者而言,这一阶段的论文更多的是"寻找",而不是发现,但你可以通过写作来向前推进。请使用上一章介绍的自由式写作和生成式写作形式,帮助你在论文碎片的基础上,通过多种尝试将其拼凑起来。这些策略能够让你简要写出对于整篇论文的思路,帮助你找到论文想要阐述的叙事类型。

(默里,2016:117)

☆ 概括(用自己的语言将整段内容精简为一句话)

默里(2016)主张从自由式写作和生成式写作入手,拓展论文内容。

☆ 释义(用自己的语言重新组织所有原句)

论文作者也许会惊讶地发现,采用自由式写作和生成式

> 写作来拓展论文结构具有可行性。这些策略有助于整合我们的想法。我们可以用自己的方式书写论文想要讲述的内容（默里，2016）。
>
> ☆ 引用
>
> 尽管自由式写作和生成式写作被认为是写作过程初始阶段所采用的策略，但它们能够促使我们"在论文碎片的基础上，通过多种尝试将其拼凑起来"（默里，2016：117）。
>
> ☆ 剽窃
>
> 使用自由式写作和生成式写作可以帮助你在论文碎片的基础上，通过多种尝试将其拼凑起来，让你能够简要地写出对于整篇论文的思路，帮助你找到论文想要阐述的叙事类型（默里，2016）。

在最后一个例子中，即使这句话添加了源文本的文献出处（默里，2016），但依然是剽窃，因为这句话照搬了源文本的话语，尽管与源文本相比有一些细微的变化，但还是从源文本中提取了一连串未经修改的句子。范例4既然是一种引用，就应该采用引用的呈现格式。以下是我所知道的最简单、最清楚的关于剽窃的定义：当你逐字逐句照搬某篇源文本时，这就是剽窃。你应该对其进行引用，引用时也必须注明出处。

尽管在某些文化背景中，人们认为我所定义的剽窃是对其他研究者的一种尊重，但这种观点并不具有普遍性。在许多文化背景中，

第四章 寻找结构

剽窃可能会让你被逐出所在的大学、课程或工作岗位。这种行为不仅是欺骗,更是偷窃。剽窃是学习的对立面:"剽窃彻底改变了学习行为"(萨瑟兰-史密斯,2008:35)。

剽窃限制了攻读博士学位期间应该进行的学习活动,同时也改变了研究行为,影响研究者的发展。此外,使用别人的思想和文字并将其占为己有(即使仅出现在论文中的某个部分),也并不符合论文的原创性标准。支撑博士论文研究工作的原则是,你的原创性研究和他人研究之间的联系和区别应当泾渭分明。

萨瑟兰-史密斯表示,目前存在一个"剽窃连续体"(2008:4),并建议我们应当采用"开放式"剽窃模型。尽管我不确定在作者的语境下,这句话究竟是何含义,但我认为这句话的重点在于提出了学生想要询问的问题。当学生忘记标注文章中使用的注释或引文时,可能就会出现无意识剽窃。

佩科拉里(Pecorari,2002:70—73)认为,无意识剽窃仍然属于剽窃,进而指出剽窃具有以下6个要素:

剽窃的界定

☆ 剽窃的对象(语言、词汇、文本、图形、图表、构思)。
☆ 被挪用的部分。
☆ 来源(包括书籍、期刊、互联网,且不仅仅是文字内容)。
☆ 实施者(个人、学生、学者)。
☆ 没有进行适当的确认。
☆ 有意或无意的欺瞒。

怎样顺利完成论文：论文写作的策略与技巧

无意的剽窃可能起源于马虎的笔记。例如，当我阅读克里斯蒂娜·辛克莱（Christine Sinclair）的语法书中关于剽窃的一章时，我同时对她所说的内容做了笔记，并写下一些自己的想法，增补到这一章中。这两种写作形式很容易混淆，我怎样才能清楚地将她所说的话和我的文字区分开呢？我把她的想法记录下来，然后把自己写的内容放入方括号里；具体来说，我把这段话的初稿写在了方括号里。这个简单的过程防止我把她的话语或构思与我的混为一谈。如果希望做得更彻底一些，那么我会检查她的整本书，确保没有出现同样的想法。我们甚至在过去一同工作的时候讨论过这个技巧。或许有人在我的本科或研究生阶段向我提过这个建议，我不太记得了。我无法保证没有人曾经想过（或者更重要的是，没有人曾经写到过）使用方括号以避免剽窃的做法。如果我正在攻读这一课题的博士学位，并希望能以这种方式声称使用方括号是我对知识领域的一部分"贡献"，那么我就必须进行更多的检索。讲述这件小事的重点在于，我可以确定自己没有抄袭她的书。

此外还有一种"拼合式写作"训练，也就是写作过程尽可能贴近源文本，而不是真正引用："拼合式写作……是从源文本中复制并删除某些词语，改变语法结构，或插入一对一的同义替换词"（霍华德，1999：xvii）。霍华德（Howard）认为，对于一个正在学习如何在新环境和新标准下写作的作者而言，拼合式写作几乎不可避免。他也认为这是学习过程的一部分，是"理解晦涩文本、扩大词汇量、增加格式与概念储备，以及发现和尝试新的表达方式的重要手段"（霍华德，1999：xviii）。霍华德（1999）和佩科拉里（2008：5）似乎在这一点

第四章 寻找结构

上达成了共识:"拼合式写作为论文作者在受限与得到指引的情境下(在源作者的语言指导下)提供锻炼的机会。"

当学生感到不知所措、担心自己的作品不如源文本或尚未确定如何使用恰当的词语时,方式相同但含义不尽相同地复制源文本也可被视为一种应对的策略(萨瑟兰-史密斯,2008:13)。例如,在博士论文的早期阶段,学生可能无法充分理解他们想要撰写的术语和观点。讽刺的是,这正是为什么探索自我语言表达方式极重要。这就是学习过程的一部分,是你拓展学科话语流利度的方式。诚然,你会担心犯错,也许会在改变源文本措辞时不经意地改变其含义(卡罗尔,2002:21),但这也是学习的一部分:发现自己理解上的错误,比用别人的话来掩盖错误更好。

问题或许在于,研究生觉得他们被期望以专业身份而不是以初学者身份写作,即使在写作的早期阶段也是如此。他们在那时既不是专业作者,也不是初学者,而是学习者;更准确地说,研究生在整个博士阶段都可能只是学习者。这种想法会使得学习过程、逐步增长的学业知识与写作的权威性之间产生冲突。关键就在于把自己定位为学习者,同时要注意,模仿与复制并不是在所有情境中均被视为学习模式。解决方案就在于有机会练习使用学术写作技巧,接受反馈并改进自身的做法(卡罗尔,2002:26),也许还应该有更多关于如何使用各种资源的技能指导。关键的问题不是剽窃,而是教育体系中各个层次的学生都在接受考验,考验的是如何运用那些从未有人传授给他们的技能(莱文,2006:n.p.)。

有些人表示,针对剽窃的练习应作为博士培训中必修内容的一部分，而其他人则认为，应该将其作为选修内容(卡罗尔，2002：45)。如果你仍然不确定剽窃对所属学科的写作，特别是对自己的论文写作意味着什么，你可以进一步了解相关信息。

或许真正的问题是，即使你正确引用了所有文献，你仍会觉得自己在写作中过度依赖他人的研究和想法：

> 为什么我们要把这些脚注放在四周，还必须说明每一个词的出处？这样看起来就像我什么也没有做，只是一直在抄袭他人的想法与文字。
>
> （萨瑟兰-史密斯，2008，转引学生的话）

这个过程是复杂的，因为有些观点在某一特定领域已经非常成熟，从而不需要引用。然而，对论文作者而言，其任务在于展示已经理解了"广为人知""成熟""普遍接受"三者之间的区别，并且在论文的背景下证明自己是如何知道的，即证明自己对"广为人知"内容的理解及其演变过程的认识。这是检验自己对他人权威性与对该领域贡献的理解是否不断加深的一种方式。

卡罗尔(Carroll)认为，学生们对剽窃的质疑在于对所有权概念的理解：

> 学生们合理地指出，每个人的观点都基于和依赖于他人的想法，因此他们发现这一概念难以理解。他们也认为，这一概念可能充满了危险，因为不能指望他们为自己产生的想法而到

第四章 寻找结构

处寻找先前的主张。

(2002: 10)

有些人会进一步争辩道,根本没有所谓的"作者"。但文献总有来源,即使资源来自互联网(有些人认为没有必要对此标注引用),仍然有在特定的某日、某时访问的文献出处。每一处文献来源或可能对你有用的文献来源是否具有权威性,需要你的判断。文本的诞生和调整可能会受到社会、文化或环境等因素的影响,但它依然是一个来源,依然可以被视为某位作者的作品。即使是匿名资源,我们也可以找到援引它们的网站或地址。如果我们现在有能力访问、解释和使用几乎所有信息,那么我们也有责任界定自己对这些信息的获取、解释和使用。

这些对剽窃的不同定义可能与对学术写作中引用他人作品目的的不同理解有关。

在写作中使用他人著作的目的

☆ 支撑自身的观点。

☆ 解释这项研究在该领域所处的位置。

☆ 说明你对该领域的贡献。

☆ 阐明自身研究与他人研究的关联性。

☆ 表明自身研究与他人研究的区别。

在写作中，为了做到一目了然，我们最好说明引用他人作品的原因，也就是明确说明每种情况符合上述哪一项引用目的。你可以和导师对此进行探讨，并在讨论过程中练习如何讲述他人研究与自身研究的关联性和差异性。你要掌握主动权，并将此作为谈话要点。请与导师以及其他人讨论文献资源在本学科中的使用方式，即使你已经修习了关于引用和/或规避剽窃的课程，也应该结合自身的研究和论文，更详细地讨论这一问题。

这种讨论可以在你攻读博士学位的早期阶段进行，因为你对文献的理解、撰写文献的能力、将文献与自身研究相联系方面的技能将得到提升。更具体地说，当你从文献概括转向文献述评时，每一次都需要在写作中设置明确的过渡。这是许多学术写作新手认为需要花费一定时间才能提升的技能。例如，学生们常用的表明引用/转述与评价之间差别的策略，就是以"这就表明"作为评价的开端，但这是一种模棱两可的表述：我们如何知晓"这就表明"是写作中对于他人观点的一种总结，还是表明对他人研究所持看法的一种评论？因此，我们应当避免以此种方式使用该短语，你可以在文献阅读过程中寻找更有效的、针对具体学科的策略。

你可以通过学习以下内容，开始逐步规避剽窃行为：

使用资料来源的技术性技巧

☆ 在你的学科中，什么需要引用，什么不需要引用？

☆ 使用哪种参考文献格式？

第四章 寻找结构

> ☆ 如何在文本框和正文中呈现直接引用?
> ☆ 如何进行转述?
> ☆ 如何进行总结?
> ☆ 如何区分你撰写的内容是针对他人作品还是自身观点的?
>
> （卡罗尔,2002）

但除了学习以上技术性技巧,你可能还需要回顾自己在写作中对文献资源作用的看法:

> ### 使用文献资源的错误观念
>
> ☆ 与我相比,文献资源更具有说服力。
> ☆ 更换文献资源可能会造成错误。
> ☆ 在我引用文献资源时,我可以不用引号就使用其表述。
> ☆ 只要我替换掉每个句子中的某些词语,它就成了我的作品。

你还应知道哪些内容不需要进行引用:

◇ 基本常识——人们已普遍接受的、基本的、为人所熟悉的以及成熟的知识。

◇ 客观事实——广泛存在的事实，例如，在教科书、百科全书、一般性参考资料中广泛存在的事实，但不包括统计数据。

◇ 你自身的想法、文字、研究发现等，除非使用的词语借鉴了他人的表述。

你也应该在作品中给出说明——你基于上述原因之一而没有进行引用。

检验你对剽窃和引用的认识程度与鉴别能力

☆ 在你的研究领域找出关于剽窃和引用的具体事例。

☆ 和导师一同讨论这些事例。

☆ 询问他们对你的选择的反馈。

☆ 他们是否同意你的观点。

虽说撰写论文的责任在你的身上，但教授你学术写作的责任则应归属于你所在的高校。无论导师是否认为他们的职责之一是将写作这方面的知识传授于你，你都有权得到这一重要课题的相关指导。假如你所在的系部针对剽窃采用惩治性措施而非教育性手段，也就是他们告诉你将对剽窃进行何种惩罚，但没有教你在写作中如何使用文献资源，那么你可能不得不要求得到关于剽窃的

第四章　寻找结构

指导、解释和反馈。

这一点很重要。虽然我们将剽窃作为本节的一个独立话题来处理，但它却关系到写作的方方面面，仅仅学习如何引用参考文献是不够的。正确引用不仅仅是一项技术性技巧，将其他文本与你自己的想法联系起来是学术写作的一个复杂特征。写作是一种技能，而根据文献资料进行写作则是学术作者的一项重要的辅助性技能。

你需要学习的是在论文中的不同位置使用文献、引证或参考文献的不同方式：在你所属学科的论文中，在不同位置引用他人作品的目的是什么？当然，引用参考文献在任何一个特定章节中都可能有不止一个目的。表4.1大致罗列了引用参考文献的潜在目的，包括你可以为了达到目的而撰写的内容类型。每一条注释都展示了如何将参考文献引入论文的各个章节。

表4.1　在论文的不同阶段使用参考文献的目的

论文	目的
引言/绪论	为你的项目提供一个总体理由： 该领域已有大量/少量研究，因此具有合理性；我正在以同样的/新的方式进一步推动其他研究者的工作。 其他人呼吁对这一领域展开研究，我的研究回应了他们的呼吁。我开展这项研究的动机与前人具有一致性。
文献综述	提供研究背景
	对以往的研究进行总结和评论
	展示你对该领域的认识
	为你的研究提供理由： 许多人曾研究过这一课题 某些研究与我的研究高度相关 某些研究与我的研究关系不大 以往的文献回顾得出了相似/不同的结论

续表

论文	目的
研究方法	回顾他人已使用的方法
	支持你所选择的方法
	展示你对其他方法的认识： 研究者们运用了各种不同的方法，他们有证据证明方法的可行性。 不同的方法具有不同的目的和预期结果。 本研究所选择的方法之前已经/从未被使用过。 我调整/开发的方法与其他研究者的方法接近。 其他研究者的方法也适用于本研究，但目的有所不同。 研究者已证明/推断出所有这些方法的利弊。
研究结果/发现/成果	呈现分析结果： 其他研究者通过这种方式展示了他们的研究成果 这与其他研究者所呈现的结果不同
讨论/分析	解释并证明你是如何进行分析的： 其他研究者以这样的方式分析其研究主题。 这不同于其他人呈现的结果。
结论	阐述你的研究贡献。
	说明你的研究对他人成果的补充作用。
	提出进一步研究的方向： 本研究对他人的研究做出了补充/提出了质疑/提供了支持。 其他人也有相似/不同的贡献。 我与他人的贡献相结合，为后续研究提供了借鉴。

表4.1的框架表明，在论文各个阶段使用引文的目的既有共通之处，却又有所不同。在大多数章节中，你将使用参考文献来支撑自己的写作，然而各章的引用方式有所不同。例如，当你在前面的

第四章 寻找结构

章节中引用文献以说明自身的研究背景时,你更多地提及他人的研究,而不是自己的研究。相比之下,当你在结论部分提及文献时,你更多的是阐述自己的研究,而较少提及他人的研究。这意味着结论部分就像是倒置的文献综述,也就是关于前人文献和自身研究的撰写比例完全颠倒过来。此外,除了写作的篇幅与范围,还存在其他差异。

上述框架并不适合所有类型的论文;这些目的也不适合每一篇论文。这正是你和导师在讨论中为了获得更深入的理解而应当探究的内容。这些讨论很可能产生关于在你的写作中使用参考文献目的的其他定义。在这一点上,如果导师能够向你展示如何进行此类写作,将会对你有极大的帮助。然后,你们还可以讨论在没有抄袭任何文献资源的前提下,在多大程度上可以使用这种方法。

如果这个框架似乎与你的学科不相关,你也可以对此进行讨论。即便你不打算撰写文献综述这个章节,你也依然需要对自身的研究设定研究背景;即便在你的论文中没有研究结论这个章节,也依然存在一个记录和分析研究结果的章节。为了达到这些目的,你需要思考参考文献的目的,以及如何在撰写论文时恰当使用参考文献。

即使是在章节草稿中,我在表4.1中使用的措辞可能也和你在论文中的用词不完全一样,这些词语阐明了写作中使用参考文献的每一种方式的逻辑。至于具体怎么表述,你可以通过研究你所在部门和/或学科的已发表作品和已完成论文来学习。但是,你仍然可以使用表4.1中的内容作为写作提示,无论是用于研究日志还是论文章节的初稿,或是二者兼有。这种写作有助于提高你在论文论证过程中对于上述策略的理解,并拓展你的写作技能。

6. 论文布局

> 撰写论文的过程——以问题为起点,排除最初的构想,不断更换试验性的论文,直到它符合你的研究目的与论据——这意味着你耗费了更多时间制订计划,却花费了较少时间舍弃没用的文本。
>
> (弗劳尔,1989:150)

一篇论文聚焦于一个核心问题,并由这个焦点统领全文。在本节中,"论文"一词用于指代完整的文本,描述你为了研究项目所进行的某种特定类型的报告,也就是论文的正文。

另一种撰写论文的方式是理解其中心论题在通用结构中的位置。我们可以从通用结构出发,开始进行论文布局。

通用论文结构

☆ 引言/研究背景/文献综述

　　◎ 概括并评价过往的书籍、文章、论文等。

　　◎ 阐述过往文献的空白之处。

第四章 寻找结构

◎ 介绍自身的研究项目,论证其合理性。

☆ 理论/手段/方法/材料/研究对象

◎ 阐释方法、理论方法、研究工具。

◎ 调查的方法。

◎ 表明自身研究方法与他人研究方法之间的联系。

◎ 证明研究方法的合理性。

☆ 数据分析/研究结果

◎ 汇报研究过程,列出步骤。

◎ 记录数据分析过程,说明你是如何进行分析的。

◎ 报告你的发现。

◎ 确定各部分内容放入正文或附录的先后顺序。

☆ 结果解读/结果讨论

◎ 解释研究发现。

◎ 证明你的解释的合理性。

◎ 用插图、表格、图表等形式综合说明结果。

☆ 结论/启示/建议

◎ 对后续研究的建议。

◎ 对未来实践的建议。

◎ 报告超出本研究范围的问题。

针对论文全篇和各个章节,还有许多其他可供使用的结构:

◇ 专题式。

◇ 叙事式。

◇ 扎根理论。

◇ 案例分析。

◇ 复现分析。

◇ 年份式。

◇ 合成分析。

我们首先要意识到，关于论文结构的决定将会影响其他大多数在写作中的决定。关于论文总体结构与比例的决定应优先于对句式结构与风格的关注。如果你在这一阶段对写作已有一个定位，也将有所帮助，这样就能够进一步列出框架、大纲、草稿，并周而复始地迭代。

设定论文框架或大纲可以通用模板为基础。哪个模板是你的读者所期待的？你要解释所属学科的"通用"结构。目前人们广泛使用的是哪一类型？

学生和教职员工在回应通用型方法时经常问道："那创造力呢？"复制这些通用范式的同时，我们是否逐步丧失了自身的话语权？我们是否仅仅为了符合主流的（而不是唯一的）类型以及传统风格和结构，不断妥协自己的想法？其中一个解答是，你可以使用通用模板来生成结构与文本，当然，此后你可以将其修改为你所选择的任何结构。

一旦你对结构有所了解，就可以开始考虑论文的篇幅：你的论文要写多长？每当我询问学生他们的论文有多长时，他们总是无一

第四章 寻找结构

例外地看着我,好像我疯了。"视情况而定,"他们说道,"一根绳子有多长?"他们精心地使用了这个比喻,这个比喻在英式英语中的意思是任何长度,他们只能视情况而定。但事实果真如此吗?在大多数(即使不是全部)院校,一些系部会设定最低和/或最高字数限额。目前,你所在的系部可能已有一些一般或特殊的要求,你应该询问清楚。

如果没有字数限制,既没有上限也没有下限,这就使论文在某种程度上缺乏限定,这个问题可能很棘手。推迟对总长度和结构的决定,很可能随之而来的是推迟决定论文各部分、各章、各节和其他一切内容的形式和范围,这一切都将变得不确定。有些人认为,这是最有创意的模式,也正是研究的目的:迫使学生做出这些决定。这是很公平的,只要你被提醒(而不是被阻止)尽快做出决定。

一旦你开始考虑论文的总长度,你就可以开始考虑(也许甚至计划)章节比例;一旦你考虑了各章的长度,你就可以考虑各节和各分节的长度,以此类推。这种思考并不容易,因为在决定每一章内容时会产生很多问题。无论如何,这只是第一步。在第七章中会有更多关于这方面的内容。

7. 分层次写作

我发现,实用的做法是从输入章节标题开始,对它们进行编码,从而展现层级结构。接着,我在每个标题下采用笔记的形式草拟我想说的话,用粗略的页面草稿作为导引。下一步是打印现有的章节,并在上面做笔记,注明章节的撰写思路。然后,我再回到文档中,将笔记扩充成文本定稿。这个过程是一种"从种子开始成长的写作",或者说是建立一种连续的、更详细的层级结构。

(奥尔纳和史蒂文斯,1995)

我们有各种各样的方法和软件来设置文本大纲,但是构建像论文这样的长篇文本的概念化阶段可以被定义为层级。奥尔纳(Orna)和史蒂文斯(Stevens)的大纲展示了如何设置一系列的步骤,使你的论文从原始模板中发展起来:

◇ 勾勒论文结构:撰写章节标题列表。
◇ 就每一章的内容写一两句话。
◇ 为每一章中的每一节写出标题清单。
◇ 在标题下面注明你将如何撰写每一节。
◇ 为每一章撰写一段导语。
◇ 在第一页的顶端记录字数、草稿编号和日期。

修订后的大纲有助于你规划和聚焦写作,对于读者而言也具有实用性。这有助于他们把你的论文作为整体来看待,并在开始阅读之前形成一个印象,了解所有内容是如何结合在一起的。下面的范

第四章 寻找结构

例对此进行了说明,这是一篇真实的学生作品,其中关于原始研究的细节已经进行了修改。

注意使用动词的格式,以便明确各章的功能。某些动词比其他动词表意更为具体,一些动词的含义则不够具体,甚至含混不清,但重点是作者已经逐步明确其将在哪一位置解决何种问题。你将看到何处可能存在删减,或者哪些地方必须使各章之间的联系比现有的更明确。

论文大纲

第一章将讨论(will discuss)管理学中对分析模型的需求。

第二章试图界定(tries to define)管理模型视野下的产品模式含义。

第三章讨论(discusses)开发管理模型的必要标准。

第四章处理(deals with)开发管理模型所必需的概念结构类型。

第五章涉及(covers)从模型中提取信息,以及不同的实现路径。

第六章阐释(explains)与MOVE密切相关的OUP学校模型之一——通用OUP参考模型(GORM)。

第七章评价(evaluates)近年来英国最具影响力的项目之一——AAWAT项目。

> 第八章讨论(discusses)MOVE委员会十分重要的研究。
>
> 第九章描述(describes)四个研究原型,旨在实现管理过程模型化理念。
>
> 第十章探讨(deals with)管理模型、观点模型或领域模型的当前和潜在未来,这些对管理者有特别的参考价值。
>
> 第十一章总结(conclude)管理建模的理由,并确定了未来实践的重要问题。

请参见巴伦杰(Ballenger)的"用于探讨设想的积极动词",它将帮助你说明论文各章的目的。

此处提供的示例不是为了指出论文本身或作者的缺点。这是一份草稿,首次尝试勾画出从一章到另一章的主要论点,以及每一章的主要内容。这一示例表明了草稿的结构特点。我们没有理由期望这项重要训练的第一稿就能达到完美的水平,想法一旦被写到纸上,就需要经过多轮修改。此外,你的草稿也将得益于学生和导师间的多轮讨论,因为你对论文论点或叙事线索的理解也将不断加深。

上述示例旨在敦促你起草论文大纲,然后对其进行修改。这项任务适合采用非正式语言,其显著的优点是帮助你集中精力,在写作中确定想要表达的内容,而不至于过于担心该怎么写,却忽略了真正想要表达的内容。

修改论文大纲草稿时,你可以做如下几种类型的修改:

第四章 寻找结构

　　◇ 使用表意准确的动词——例如，不用"处理"(deals with)，而用"描述"(describes)。

　　◇ 采用笃定的语言风格——例如，不用"试图界定"(tries to define)，而用"界定"(defines)。

　　◇ 使模糊的词语更加精确——例如，不用"一些"(a number of)，而用"四个"(four)。

　　◇ 设定清晰的逻辑架构。

　　◇ 建立各章之间的明确联系。

　　既然你已知晓可以改进大纲草稿的方法，你就可以写出更好的初稿了。无论在何种情况下，你都会知道应当检查草稿的哪些优缺点。

　　尽管上述示例仍有不足，或者还需要后续的修改，但你可以将其作为大纲模板，让读者对你的整个论文有一个概览。这有助于他们将你的论文视为一个整体——由于你为他们提供了指引，他们就能理解各个部分是如何关联的。

8. 写作地点

　　最佳写作地点是哪儿？通过与研究生的交谈，我们发现有关"最佳写作地点"的看法存在巨大差异，而且这些差异都直接或间接地与学生的写作习惯有关。以下是某个论文写作小组成员列出的清单：

最佳写作地点

☆ 关于图书馆的看法出现分歧。有些人觉得图书馆过于安静,而另一些人则觉得太过喧闹;有些人创作时离不开咖啡,而另一些人则需要完全不受干扰;有些人喜欢在家里工作,而另一些人则觉得这样会分散注意力。

☆ 被选为良好写作环境的具体地点:学校宿舍;家中的温室;床上(相当多人喜欢这样,但其他人却坚决反对);家里的沙发;咖啡馆(有些人喜欢这种闲散的感觉,但另一些人认为这会分散注意力);家里的办公室。

☆ 在不同的博士论文撰写阶段,我们喜欢不同的地点。当需要大量书籍时,我们需要留在图书馆;当进行文献阅读时,我们可以待在家里;当觉得沉闷或与世隔绝时,我们或许会选择在咖啡馆写作。

☆ 心理状态:鉴于心理状态的变化,我们认为地点本身不是产出富有成效的工作或写作的重要因素,真正重要的是我们当时所持有的心态;其他人则认为,身处他们喜欢的环境能让他们具备良好的心态。

☆ 生活日常是我们讨论中出现的另一个重要问题。我们所有人都觉得某种生活日常是必不可少的,包括工作时间和非工作时间(比如去健身房、朋友聚会或休息)。我们一致认为这一点十分重要,因为它帮助我们从工作中缓解一下,而不会产生负罪感。

☆ 一天中工作的好坏时段:我们在这一问题上显然有不

同的看法,有些人喜欢早上,有些人喜欢晚上。我们一致认同,试图推翻我们自然的工作节奏是毫无意义的。有些人听说晚上工作也是可以的,就松了一口气。

☆ 开始仪式:开始工作前,我们该做些什么?进行自由式写作,沏一杯茶,整理工作空间或者去跑步,我们发现这些活动能激发出良好的心态。

☆ 奖励:在工作期间喝一杯咖啡、抽一支烟、运动、睡觉或看电视等。其中有某些休息项目对于我们自己和他人来说都是有用的信号,表明我们已经停止工作。

☆ 新生们发现,听取前辈的意见十分有用。他们也可以看到,研究和工作的方式以及他们与研究的关系随着时间推移发生了变化。

上述笔记的有趣之处在于,它们源于学生真实的讨论,是由学生们在思考写作行为时,根据实际发生的情况所做的记录而形成的。他们显然表明了自己的观点,但也在这一过程中互相学习。他们可以亲身体会到,单一的地点不太可能适用于所有写作,并将这种认识带到写作实践的计划中。

9. 写作时间

以下问题主要针对写作时间。论文写作显然需要定期写作,但应该是什么时间?

◇ 你选择的时间是什么时候?
◇ 你在什么时候写得最好?
◇ 不同类型的写作是否该选择不同的时段?
◇ "定期"所指的频率是多少?
◇ 当你必须在"错误"的时间写作时,如何逼迫自己动笔?
◇ 学生们的评论表明,时间问题与地点问题有所关联。注意他们在地点、时间、其他活动以及"生活日常"之间所看到或设定的联系,并设定与自己的联系,以便适用于你自己。

自我检查清单

寻找结构

○ 从研究计划入手:修改、扩展并/或缩小研究焦点。

○ 验证你的研究假设/论点。

○ 逐步培养写作习惯。

○ 勾勒论文结构的草图或模板,撰写标题。

○ 思考标题的呈现顺序,并在必要时调换顺序。

○ 针对每个标题写下几句话。

○ 对标题进行细分:列出更多标题和次级标题。

○ 考虑字数限制:每一章的字数。

○ 使用关联词在各章和各节之间建立明确的联系。

第四章　寻找结构

○ 试着把你的论文作为一个整体来看待——各部分的总和是什么？

○ 即便不是为了撰写论文,也要不时地为表达自我观点而写作。

本章学习成果

➤ 构建一份论文大纲。

➤ 撰写一篇325字的论文摘要。

➤ 基于你目前对所在领域的认识,阐释文献综述的目的和计划。

第五章

首个里程碑

> **内容提要**
>
> 本章鼓励论文作者从作者型思维模式转向读者型思维模式,从思考自身想要传达的内容转向关注读者心目中的标准。在攻读博士学位的第一阶段结束时,也就是全日制或在职博士项目的第一年或第二年,通常会有某种形式的评估。研究进展评估的时间和方式因院校而异。本章将要介绍的写作策略涉及撰写第一份研究进展报告、为发表而写作、从笔记转变为章节草稿、写作小组,以及结构式写作静修。

从以作者为基础而写作转变为以读者为基础而写作,意味着你必须在你攻读博士学位的第一阶段完成一些事情,这是一个需要与导师以及同伴定期就写作进行讨论的过程。在这一点上,博伊斯所谓的"具体化"成为写作的重要组成部分。

从此处开始,本书的重点是章节写作,为拓展思维和为章节而写作的活动将持续存在。本书将关注的重点放在博士学位第一阶段的末尾(无论它何时来临),是为了让你身临其境地参与到勾画论文结构与撰写章节内容、小型论证或论证阶段的任务中。因为你通常会感觉这像是博士阶段的第一个分水岭，本章也将讨论其中的情感历程。

1. 首个写作里程碑

为什么要有写作里程碑？这么做是为了在论文写作的过程中稍做停顿：

◇ 盘点已经完成的工作。
◇ 审视并尽可能地修正研究计划。
◇ 强化研究的重点或论文的重心。

"里程碑"这个词意味着你应该了解自己已经走了多远，以及还有多远的路要走。在论文的创作旅程中，你将把这一里程碑置于何处？通常情况下，随着学生产出某种形式的进度报告，这一里程碑将以书面形式完成。

从心理层面来看，如果这个阶段像正式考核一样进行，将会使很多人望而却步。另一方面，经受住这一阶段正式考核（包括小型答辩）的学生汇报说，这是检验其知识掌握程度的有效方法。

你的"里程碑"将以何种形式呈现，是需要你和导师共同商讨的问题。如果现在有一项写作任务，不论是报告还是论文章节，你都要了解该使用什么格式，参照什么标准，以及何时需要提交。

2. 第一年进展报告

博士阶段第一年的进展报告就是一个界线明晰的里程碑。在某些系部，第一份报告必须在一年之内提交，某些系部的提交时间截止于博士在读期间的第九个月。对于专业型博士学位而言，报告将采用"概要式论文"或其他形式。除了标题和时间，你还需要了解关于必须撰写内容的详细情况：

◇ 格式。
◇ 内容。
◇ 已完成工作、现阶段工作与后续待完成工作三者之间的平衡。
◇ 参考文献。

你在语言风格方面又该注意什么？是否应该用过去时撰写已完成工作、用一般现在时叙述现阶段工作，以及用将来时描述待完成工作？如何将三者联系起来？你能否突出其关联性？你能否将目前取得的成果、你的目标和你最初的（或修改过的）研究目的联系起来？最后，你是否可以在开头部分放入内容提要？也许这些做法都是为了突出连续性。这么做的原因显而易见，它的作用在于帮助你把所有的内容汇集在一起，以便读者更容易接受你的报告。

某些系部对第一年的进展报告有着非常具体的要求：

◇ 基于所研究的主题，撰写5000~10000字的报告。

◇ 修改研究计划或摘要。

◇ 制定论文各章节的大纲。

◇ 列出目前使用的参考文献。

◇ 提交过去一年的研究日志或研究总结。

◇ 提供下一年度的研究时间表。

不管你是否被告知了诸如此类的具体要求，即使不能全部完成，你最好也要在进展报告中尽可能多地涵盖上述要素。

3. 从笔记到草稿

本节将概述从笔记到草稿的转变过程：

◇ 热身。

◇ 提示。

◇ 提炼。

◇ 由笔记到草稿的写作。

◇ 主题。

◇ 框架。

这一想法是通过写作将堆叠的笔记组合成一篇富有连贯性的作品来实现的。这一过程的最终结果可能并不是一份目录（有些人认

第五章 首个里程碑

为不应当是目录），而是一份精选的笔记。

这种从笔记到连续性文本的转变没有什么神秘感：写出几个句子，然后通过自由式写作或生成式写作把你的想法汇集到一起。看似矛盾的是，请不要把"写作材料"，例如论文、章节内容、书籍、笔记、复印件等放在身边。你需要腾出一个空间，写下你笔记里的内容，这样做的目的旨在提炼笔记，而不是全面地总结笔记。这一步骤会帮助你记录自己的想法，并防止你复制他人的想法。

> **热　身**
>
> 你可以进行5分钟的自由式写作，描述你在写作中提及他人成果的感受，或是在某个章节中强化自身研究的感受，以此作为正式写作前的热身。

你应该明确写作任务的性质：

◇ 这一写作任务的目的是什么？
◇ 你的写作是为了对思维进行加工吗？
◇ 你的写作是为了将新的想法融入研究项目吗？
◇ 你正在撰写论文的某个部分吗？

在你攻读博士学位的某个阶段，当你开始撰写章节草稿时，这个列表中的最后一项即将成为现实,没有必要推迟这一过程。你清楚各个章节的样子、包含的内容、篇幅的长短,以及你要在某个章节中传递的信息,等等;你尚不明确的是每一章节的框架。

提 示

☆ 你目前撰写的是哪一章?

☆ 我已经开始写第……章了。

通过一个能够确认写作重心的提示或问题来明确写作任务:你的写作提示是什么?接下来是写作范围问题:你要花多长时间写作?在你开始写很多句子或段落之前,可以先写下一连串标题、提示或问题,以此作为写作的框架。

提 炼

在不看笔记的前提下,用5分钟时间写下你的笔记所涉及的主题,以及你正在草拟的章节主题。

这将为更持久的写作提供重点或起点,有助于你把握主题的整体性,看清写作的概貌,同时抓住写作的细节。倘若从细枝末节入

第五章 首个里程碑

手,你可能无法找到(或是需要耗费更长的时间去寻找)"完整的画面"。相信你的大脑能够完成记忆和整合的工作(哪怕只有5分钟),然后你就可以在此基础上继续前进。

本节中的问题和提示不仅是为了给你提供一些写作内容,也是为了帮助你安排写作活动,这些问题迫使你在开始写作之前确定写作时机。例如,一个20分钟的由笔记到草稿的写作活动可以包含4个步骤:

由笔记到草稿的写作

☆ 在本章中进行关于内容/故事的5分钟自由式写作。

☆ 为本章写出3~4个写作提示(5分钟)。

☆ 花5分钟时间为你正在起草的章节列出大纲。

☆ 根据你在上述步骤中的写作提示进行写作(5分钟)。

这些提示混合了两种写作类型:概述和更翔实的写作。这样做的目的是让你同时学会这两种方式,因为这两种写作对于勾勒你的章节框架都很重要。但是二者不能同时进行,这是论文作者可能陷入困境的时候。人们很容易深陷细节的泥沼而忽略了章节的"故事";另一方面,你想要在"故事"和笔记之间建立一种关系,所以你也不能忽略细节。

> ## 从自由式写作转向正式写作
>
> ☆ 创建写作大纲。
>
> ☆ 口头演练你想要"正式"表达的观点。
>
> ☆ 针对大纲中的某一个标题,进行15分钟的写作。

不要将所有笔记都剪贴到本章的文件夹里,那样做只会让搜寻"故事"变得愈加困难。如果你将自己所有的笔记(也包括针对他人文献所做的笔记)都剪贴到各个章节中,你就有可能会将这些笔记统统整合到自己的论文中。从笔记到草稿的过渡过程十分重要,它可以让你透彻地思考一个可能完全不同的故事,即你自己的故事。你的故事应该影响你对笔记的使用方式,而不是背道而驰。

这样似乎过于简化了笔记与当前思维和写作的交互作用,但在这一阶段,你必须更多承担"塑造"的角色,为论文章节勾勒出自己的结构。在草拟某个章节时,你要有意地超越笔记的范围,一个章节不仅仅是这些部分的集合。如果新的论点超出笔记的范围,你可能会舍弃某些笔记,或者,你还可以使用笔记来概述论点的发展,为本章论题或论点的发展创建一个故事。在这个阶段,不必担心语法、标点符号、拼写或语言风格问题。你可以期待有人对这一做法提出质疑,并准备好对其做出解释;你会发现这样做很有帮助。

当然,如果对如何将笔记整合在一起有了想法,你就可以着手从其他文件夹中将其导入。用一句话写下这个"想法"可能是一个好主意;然后,你可以将其作为你的选择和写作的"试金石"。

第五章　首个里程碑

短时间的写作可以帮助你完善故事线、论点和框架，而且随着你越来越清楚某个章节想要阐述的内容，你将在这一阶段提高意志力，以便经受住这个无休止的过程。

主　题

考虑你对提示所做出的回答：会出现什么样的主题？

当然，你可能会在后续进一步修改时改变你的想法。在后续阶段，你会想把正在撰写的章节与其他章节联系起来。虽然你现在可能会顾虑连续性这一问题，但你可以将自己的想法记录下来，放到一旁，然后重新专注于手头的任务——撰写这一章的内容。

框　架

☆ 针对以上提到的话题3——"提炼"，你写了哪些内容？

☆ 你写下了一系列标题吗？

☆ 按照这些标题整理你的笔记。

你想要使用的关键的（最重要的）二手资料中的引文是什么？你可以稍后添加其他引文。试图囊括所有的观点只会让你深陷于他

人的想法而无法自拔,从而分散你表达自身观点的注意力。

4. 对话

> 最成功的作者花在写作上的社交时间和写作时间一样多(他们在这两方面都只花了适量的时间)。
>
> 随着作者获得了对外交流的信心和经验,他们学会了从哪里获得有关他们是否处于正确轨道上的实际指导。
>
> (博伊斯,1994:244)

对话是双向的交流,你可能要考虑一下是否还有后续的问题。如果你发现自己从错误的方向切入问题,或是你的导师不明白你想要探讨的问题,你可能就想重新表述这个问题。此处的目的在于讨论,而不在于问答。

对于所有这些问题,你可能都有自己的想法。较好的做法是通过仔细思考、理清思路和确定表达方式(或确定是否表达)来准备讨论。对话意味着你已经准备好并且愿意在某个时刻提出自身的观点。

培养对话技能(这是一项重要的专业技能)是一些研究方法类课程的组成部分:

> 我们假定每个研究者和导师都会为课程带来自身的期望和设想,以及个人的对话风格和动机。有些人将在课程中提高自

第五章　首个里程碑

身的对话技巧，而另一些人则会通过互相学习加以提升。

（默里和洛，1995：103）

以下提示可用于发起对话，但也可用于写作实践：

对话：期望

☆ 在下一阶段，导师的角色是否会发生变化？

☆ 导师在这一阶段对你的期望是什么？

☆ 你需要哪些资源？

对话：会议

☆ 会议召开的有效频率是多少？

☆ 监督过程是否有效？

☆ 你是否需要"调整"沟通策略？

☆ 排除故障和解决问题：会出现什么问题？

对话：写作

☆ 你对所在系部的论文写作有什么看法？

☆ 是否有能表明良好做法的例子？

☆ 你有能用于讨论写作的常用词汇吗？

以上问题只是大体上的设计,以便在对话中保持一定程度的开放性,必定有一些你想探讨的问题没有在列表中出现。你也可以进行一些有创造性的对话:想象一下,在对话中会产生哪些不同的反馈。你可以在小组中与同伴尝试练习回答上述问题,并探讨其复杂性。学生和导师可以在私下里进行5分钟的写作:例如,写下各自希望在论文写作中期进行哪些自我角色调整。这将给两人一个机会来展现他们的假设,并给他们足够时间去考虑如何在讨论中表达这些假设。

需要指出的是,并非所有学生都清楚学生向导师提出疑问的合理性,也就是为了更好地理解导师话语的意思而向他们提出问题。这并不是说你必须要直接向导师提出疑问,而是说随着你在该领域变得越来越专业,对话和论辩应该逐步取代一言堂或单向的讨论。

如果缺失了此类对话,我们可能就无法展现和处理我们的预期与设想。师生之间总有发生冲突的可能性,这可能是由于未能言说的需求无法得到满足而沮丧,也有可能由于过于隐晦的需求没有得到满足而愤怒,因为它们从未被听到。

5. 监控

倘若你感到很难对现有的工作进行评估,或者难以用你想要的方式充分地表达出来,这可能是由于你在过去的一到两年里未能足够详尽地监控自己的决定、行动和讨论。如果你还没有这样做,现在可能是一个与你的导师讨论制定一个系统,以监控你的进展情况

第五章 首个里程碑

的大好时机。如此一来,你便无须等到某个"里程碑"出现,就可以更有规律地监控进度。如果你在写作中运用这一监控机制,还有一个额外的好处,那就是保持沟通的清晰度。例如,为了方便使用,你可以为每一场与导师的会谈制定一份监控表,监控表的内容可以非常简要:

学生个案记录

学生:＿＿＿＿＿＿＿＿＿ 会谈日期:＿＿＿＿＿＿＿＿＿

时间:＿＿＿＿＿＿＿＿＿

☆ 会谈目的。

☆ 提交材料。

☆ 关键结论与评价。

☆ 后续行动。

☆ 下次会谈安排。

然后,你可以将会谈简报通过电子邮件发送给导师。

一些学生认为这种做法过于激进;他们认为,如果有学生试图"监控"论文指导会谈,他们的导师会感觉受到严重的侮辱。然而,导师的反应可能取决于你如何介绍这个想法,或是取决于他们如何看待你们之间的关系。如果你能用以下几个监控的目的说服他们,他们就更有可能接受你的建议:(1)协助你撰写进度报告;(2)协助他们评估你的写作进展；(3)协助双方掌握沟通情况。将这个机制的名称从"监控表"改为"学生个案记录"可能更为妥当，后者暗指这是针对你自己的记录，而非针对导师的记录。你需要尽快通过书面形式和他们确认所达成的一致约定、监督机制的目的以及形式，以便让他们明白你已经准确理解了他们的观点。

这种半正式的监控机制是你在博士生阶段提升自我的过程的一部分，你也可以将其视为这一过程的正规化或专业化。可以说，就像其他任何大型或重大的项目一样，博士生从一开始就应该拥有正式的监控程序。如果缺少某种形式的监控机制，你怎么知道你正在取得进展？难道要等到下一次进度评估吗？难道要等待他人来告知你是否已取得进展吗？这将有悖于把你在博士阶段培养成独立研究者的教育目标。

6. 压力

> 我还有很多事情没完成。
> 我的文献阅读量还不够。
> 我写的内容还不够多。
> 我手头的任务太多了。

以上是大家普遍担忧的问题。我们可以将其作为写作的提示：学生们报告说，他们觉得在5分钟自由式写作中"甩掉"或"卸下"焦虑和真正的担忧是极为有用的办法。而第二次写作活动（另一项5分钟的自由式写作活动）则可以撰写相反的内容：

> 我还需要完成三件事：（1）……；（2）……；（3）……
> 针对X问题，我已做了足量的阅读，能够继续进行……
> 我已经在……方面有了一个良好开端。
> 针对X问题，我已经撰写了足够多的内容，现在我能够继续进行Y的写作。

每一个新的提示都能让我们看到积极的一面，即你已经做了努力，并且把焦虑转化为对行动的提示。至少，这两组提示都为我们提供了5分钟的写作练习。

然而，尽管这种写作活动能够解决某种具体的焦虑感，但更重要的是，你的整个博士生涯的大局也可能会受到影响。审视一下你的整个博士生涯，你将会从中受益。这是你回顾自己的规划并考虑对其进行调整的好时机，如合并平行任务和平行发展路线。博士阶段的研究工作变得越来越复杂，这或许就是引发焦虑的原因。焦虑对你而言是一个警钟，还是一种非理性的恐惧？

7. 什么是进步

以下是一些学生对于进步的定义：

> **"进步"是指……**
> ☆ 得到某种结果，无论好坏。
> ☆ 能够解释结果。
> ☆ 达成研究目标（以及系部或导师期望的目标）。
> ☆ 对研究充满信心，非常了解此项研究。
> ☆ 得以发表。
> ☆ 完成一定量的工作。
> ☆ 学会了新技能。
> ☆ 更深入地理解了文献内容。

这里我们有必要提及论文发表。在研究的这一阶段，你可以做好准备并提交期刊论文，即便你觉得自己还没有太多建树，我们也有充足的理由这么做。你可以将学术会议报告或所在系部的研究进展报告改头换面，变成一篇期刊论文。即使你没有什么"研究"值得报告，也能够为期刊中的学术辩论做出贡献。由于你最近对所在的领域进行了概述，你完全有资格撰写一些不同类型的文章：

> **为出版而撰稿的文章类型**
> ☆ 采用"先进技术"的文章。
> ☆ 展现"新兴趋势"的文章。
> ☆ 阐释"事物演变过程"的文章。
> ☆ 进行"文献综述"的文章。
> （注：综述类文章和期刊在某些领域中具有极高的地位）

第五章　首个里程碑

我在其他地方对撰写期刊文章的过程做了全面介绍（默里，2013），但第一步是要和导师针对目标投稿期刊的选择进行讨论。你要列出你最常阅读的期刊，它们大概是对你的研究最感兴趣的期刊。你还要对这些期刊及其编辑做一些研究，以便制订一个全面的写作出版计划。你可以和其他研究者建立联系，以便分享关于写作与论文发表的经验。如果你在学术写作的技术性技巧方面需要帮助，那就想办法解决这一问题。你要掌握的关键技能之一是在工作场合留出并保障写作时间（无论是在高校还是其他环境）；或许同样重要的是，你要找到那些同样重视写作的人，与他们一同写作。

接下来是确定你最想投稿的期刊，分析你的目标期刊，并回顾去年发表的论文摘要。你要留意该期刊所发表文章的写作方式：如标题的类型、摘要和引言的开篇句中如何呈现研究背景，摘要和结论的结尾部分如何阐述贡献等。诚然，作为一名读者，你已经对该期刊十分了解，但期刊分析旨在让作者了解自己该做些什么。

写作活动：10 分钟自由式写作

☆ 反思本阶段导致写作问题和障碍的原因。

☆ 重新认识自己作为科研团体作者的身份。

☆ 说服自己能做到言之有物。

☆ 为什么有些人培养出了为出版而写作的能力？

☆ 编撰文章/书籍的主题。

你也可以采用"布朗八问"（详见第七章）来起草论文摘要。

摆在新手作者面前的难题是如何融入现有群体：在本领域的出版物中，什么才是可接受的及占据主导地位的主题、风格、意识形态和话语行为？这一点与你在文献综述中涉及的理据有关，你将在该部分总结过去和现在争论的内容，但争论的焦点可能有所不同。占主导地位的思想流派是什么？你是否认同他们的观点？你怎样才能加入他们目前正在开展的讨论？这取决于你是否能表达专业的观点，分析其他观点是如何形成的可能会有帮助。最重要的是，在你向任何期刊投稿之前，你需要得到关于写作策略和文章的反馈。

8. 寻找主题

在这个阶段，寻找写作主题似乎是一个荒谬的想法。恐怕你已经想出了足够多的主题，但我们需要的是一个符合出版商或期刊编辑议程的精选主题。

◇ 转换学术会议报告，并以幻灯片内容作为写作大纲。
◇ 撰写综述类文章。
◇ 撰写关于原创性研究的内容。
◇ 撰写试验性研究的内容，或先完成一项探索性的"预试验"，然后写下来。

没有必要把所有的好东西全放入一篇文章里；你可以将其拆分成

第五章　首个里程碑

几篇文章发表在不同的期刊上。通过关注出版物中的一个领域,你就有可能成为这一领域的专家。

有人把这种做法称为"香肠切分法则",往往暗含不鼓励这么做的意思。然而,把所有的成果都写入一篇冗长的文章里是愚蠢且不可行的行为。此外,本领域的专家会在他们的文章中提及相关成果也是众所周知的情况。

"循环利用"的伦理问题也值得深思。有些人认为,为多家期刊撰写同一篇文章的不同"版本"是不道德的行为。简单的重复确实不会赢得朋友,而且可能会导致严重的后果。但如果你在撰写某个主题时为了不同的读者而重塑你的材料,那么无论如何你都有可能进一步拓展自己对主题的思考。换句话说,对某个主题进行多次写作可以成为拓展你的描述和思维的一种方式。

在一份期刊上发表一篇文章就能让你的成果引起所在领域所有关键人物的注意吗?很可能不会。重要的是要考虑你是否应该接触比一份期刊的读者人数范围更广的读者。例如,如果你发明了一种新的方法、过程或合成方法,可以成为一篇文章的主题,并作为附录出现在之后的一两篇文章中。这样一来,两三组甚至更多读者将会看到你的新发现或者你对知识的贡献。

9. 在研课题写作

在沿着权威性写作迈进的同时,我们仍留有针对在研课题的尝试性写作的一席之地。在研课题就是那些目前尚不完整或未能确定的课题。某种程度上，对在研课题进行写作是多数博士学位论文的本质。多数高校都有在研课题进展研讨会，这一点已经得到了人们的广泛认同。

在研课题进展汇报并不总是让人感到自在，但却能为你的研究提供重要的反馈。你要明确指出自己所介绍的项目是正在进行中的，表明研究尚未完成，你能够为未来的研究规划方向。

从确定性到尝试性的转向（或许还会出现反复）必须在你使用的写作风格和你的遣词造句中有所体现；否则，你的文章可能会显得凌乱或自相矛盾。你在这一阶段的写作可能更具试探性，为自身论点所能提供的支撑更少。既然这是可以预料的情况，那么承认这一点也许有好处。目前尚处于寻找最有力论据的过程并不是弱点，但如果你在博士学位论文的最后一个季度还在这样做，那就值得担忧了。

在这一阶段，我们可能还无法为研究画上句号，也许只是完成了一部分工作。你恐怕必须采用开放式写作。假如你正在做汇报，你可能想要确保在开场后的1分钟里就阐明汇报的范围与目的。在这开始的1分钟里，你会发现自己在不断调整听众的期望——他们习惯了听取研究者们汇报已完成的工作，你有必要帮助他们调整其倾听行为。

假如某些听众似乎一直揪着研究中某些有待完善的方面不放，那么你可以表示赞同，承认那些方面确实还不完善。我见过太多的学生反馈说，教师和学生在会上责问他们为什么不对第三章进行

第五章 首个里程碑

深入研究,而事实上(打个比方),或许这些学生最多只完成到第二章。无论你准备得多充分,无论你对在研课题进行了多么清晰的预测和论证,如果这样的事发生在你身上,都不要感到震惊。你要准备好提醒听众自己在报告中将要谈及做到了什么,还有哪些尚未做到。

针对在研课题的叙述

☆ 讲述你迄今为止有哪些学习经历。

☆ 讲述论文的进展情况。

☆ 讲述你对参考文献的理解。

☆ 讲述你迄今为止的项目进展。

☆ 评估你迄今为止的项目状况。

☆ 讲述你在多大程度上已针对某一点逐步兑现你的项目目标。

如果你的听众中有人坚持探究你尚未开发或是尚未完成的领域,你就可以利用这一点来应对答辩。因为答辩这一过程将对你的研究项目进行深入探究,即便研究工作已经完成,这种情况也是不可避免的。

什么类型的结构或叙述方式适用于在研课题汇报?无论你选择什么作为汇报的叙述内容,你都应该在汇报一开始、汇报过程中及汇报结束时不止一次地明确表示这项研究尚未完成。

酒杯现在是否处于半满或半空状态？你可能很清楚还有哪些工作有待完成，但你能否对已完成的工作做一下描述，使其看起来更符合目前所耗费时间的合理进展？这一点是否正是你汇报的目的？

针对在研课题汇报与写作的各个阶段，什么样的语言风格是合适的？

表5.1　语言风格

明确性	试探性
现已取得的成果	有待探索的成果
时态上采用过去时	时态上采用现在时和条件句
呈现分析/结果	提出可能性
指明成果	表明潜在结果
已解决的问题	待解决的问题

大多数在研课题汇报都具备我们期望看到的一些特性，并以适当的风格加以呈现。例如，你可以更多地采用试探性语言，你可以明确说明自己目前能够确定及尚未确定的部分。你可能会发现，对中期的"研究发现"做出多种解释，或对下一步骤做出多种陈述在任何意义上都是有用的。你可以思考这当中的优缺点，并且请听众们与你一起这么做。这类对话将帮助你进一步拓展自身想法，甚至可能增强你的自信心。

第五章 首个里程碑

表5.2 指向的风格类型

明确性	试探性
分析表明……	目前尚不确定这一解释是否合理,但……
这表明……	这似乎表明……
这就印证了……	这似乎与……研究具有相似之处
现已完成……的目的	第一个研究目标已经实现
后续研究将……	下一个可能的步骤是……

当然,你的导师可能对你的作品有类似的期望,又或者他们可能没有这样想过。你对此有所了解吗?你询问过他们吗?他们甚至会觉得这种对措辞的关注有点肤浅;他们可能会担心你没有把注意力投入到汇报中更重要的问题上,而专注于较为次要的汇报风格上。

然而,你所选择的风格将会影响你的汇报。假如你选择的语言风格是事先精挑细选的而不是随机发挥的,那么你的写作将会更有力、更清晰。你可能已经在研究生阶段的汇报中见识过因研究者在语言风格和面向听众的演讲方式上没有做出有意识的选择,导致对研究进展和研究计划的低估(显得过于谦卑)或夸大(显得不切实际)的情况。你需要对文章明确性和试探性风格的比例做出选择——是1∶1的比例,还是其他比例?为什么这样选择?你将如何在写作和言语中展现这个选择和这一划分?"进行中"的状态将会如何改变你的作品的其他方面?你是否觉得你也需要提升汇报的技巧?

逼迫自己在研究中创建临时性或微型闭环的一种方法就是在所在系部(如果可以)或在学术会议上做一次学术海报展示。许多学术会议都设置了专供研究生展示在研课题的环节,不仅是在科学领域。相较于论文发表,展示海报的一大好处就是你通常可以和与会者进行更多面对面的、一对一的讨论,这是建立人脉的好方法。海报展示的目的是提供你在某个特定时刻的研究快照,仅此而已。

这就需要一些预先规划:找到某个合适的学术会议,把你的研究与会议主题联系起来,提交摘要,准备学术海报,等等。如果你还不知道哪些会议是与你最相关的,导师和同伴可以为你提供建议。关于设计海报的最佳做法指导,许多网站针对海报和幻灯片演示的图表和语言等元素给出了建议。学术海报是一种与众不同的媒介,此外,还有其他一些可以利用视觉元素吸引观众注意力、同时又能展现研究的学术价值的方法。

可以说,你的写作需要为了海报展示而做出改变。风格的转变是必然的,海报比论文需要更多的"视觉性写作"。当读者变成观众时,风格的具体特征必须有所变化。人们会在1至4米/码或5米/码的距离"阅读"你撰写的东西,你的写作内容必须在这个距离内具备高度的"可浏览性"。所需的风格转变细节包括如下差异:

表5.3 风格转换示例

学术论文	学术海报
使用长句	使用短句
限定42字	限定8字
详细说明论点	列出要点
标记关联词	不出现关联词
要点在后	要点在前

第五章 首个里程碑

续表

学术论文	学术海报
定义并阐释	直接呈现
传达"论题"	传达信息
意在令人信服	意在引发讨论

在学术写作中,关联词是使得语言连贯或"流畅"的关键。它们向读者展示了你如何从一个想法过渡到另一个想法,或如何从一句话过渡到另一句话,以便他们能够紧随你的思路,而不是费力解读你的想法。而在学术海报中,想法和章节内容之间的关系是直观的,不需要关联词。这样做的目的是不让观众采用传统的逐行阅读方式,而是让他们一眼就能掌握全部信息,这通常是通过一个统一的图像来实现的。

对于学术海报而言,风格的转变首先应从标题开始:

论文标题

风格即观点:对乔治·麦凯·布朗(George Mackay Brown)散文的重新评价。

标题的变化取决于学术会议的受众和会议主旨,但可能更为简短,表意也更为直接:

> **海报标题**
>
> ☆ 风格即观点。
>
> ☆ 乔治·麦凯·布朗：小说中的观点表达。
>
> ☆ 风格转变：如何做到这一点。

假如与会的观众对"风格"感兴趣，那么第一个选项则是最佳选择。如果观众是那些对苏格兰文学感兴趣的人（因此很可能会对作者乔治·麦凯·布朗感兴趣），那么第二个选项将最能吸引他们的注意力。倘若观众是研究生（就像你一样），他们想知道更多关于风格转变的细节，那么第三个选项就是最佳标题。像往常一样，选择哪个选项是由受众和目的决定的。

你的在研课题汇报的目的是什么？

◇ 传达信息。

◇ 说服他人。

◇ 获取反馈。

◇ 汇报进展。

◇ 提出问题。

以上选项中，哪一项是你的主要目的？这一目的将如何影响你的海报？

对于海报主体部分的写作，我们也需要进行类似的调整：删减、

第五章　首个里程碑

列举、标记重点。打个比方,假如我们盯着论文中的某个段落(我自己的论文),就可以看到如何将其转化为适用于海报的风格。以下是论文摘要的结尾段,带有诸多论文写作的特征:

> **论文风格示例**
>
> 第五章"散文即观点"(Prose as Voice)分析了叙事中观点互动的语言机制,从而表明布朗缺失了从一种观点到另一种观点的过渡,这就需要读者建立观点间的联系,感知观点交叠的内在含义。在布朗的小说中,观点不仅传达了构成人物世界观的内部经验和外部经验的混合,而且也是人物掌控自我生活的标志。在布朗的小说《格林沃》(*Greenvoe*)中,人物能够表达自己观点的程度揭示了他们作为自我经历主宰者的程度。

此处使用的论文写作的特点包括多行的长句、诸如"不仅……而且……"的关联词,以及"感知观点交叠的内在含义"这种力求准确的措辞,等等。这些都是论文写作可以采纳的特征,如写得更清晰以避免歧义、连贯而努力地阐明论证中的联系,正是人们希望在大量已完成的论文中看到的。

然而,对于海报来说,一切都必须有所改变。例如,我们必须从100个字删减为23个字。

> **海报风格示例**
> ☆ 风格的转变展现了多样化的观点。
> ☆ 过渡的缺失：读者亟待建立其关联。
> ☆ 风格转变表征人物的主动性或被动性。

小说标题《格林沃》之下的这些观点展现了海报风格的特征。第一个示例展示了对短句的运用，采用"展现"这种直白的语言以及多个单音节词，所有的词可以轻松地在一行中显示。第二个示例采用冒号将一句话（也许还有概念）拆分为两个部分。将否定词放在句首可能产生相当显著的效果，肯定比"不太可能的是……"这种我们在论文中经常看到的句子效果要好。第三个示例以"风格转变"这一关键词开始，与第一个示例一样，从而营造出一系列的印象，形成了文字的视觉模式。我们可以对以上列表中三个示例的每一个元素同时进行改写，从而呈现出相同的语言形式。另外，形式的改变也可作为实现特定目标的有意选择。

进一步采取文字视觉化手段，我们可以在一个例子中展示我们想要表达的东西，并用词语本身作为说明。为了达到这一效果，你必须仔细而艰难地选择材料。什么是对你现阶段工作的最好例证？这是否契合会议议程，符合与会者的潜在兴趣？

> **我现在能写些什么？**
> ☆ 总结业已完成的研究（写成句子，500字以内）。

第五章　首个里程碑

> ☆ 构思后续的写作内容（写成句子，500字以内）。
> ☆ 列出三个问题，就每个问题写下约100字。
> ☆ 用大约500字写明早期的研究计划是如何演变的。

展示在研课题学术海报是博士阶段重要的过渡性活动，可以防止你陷入困境，并在这一关键阶段校正你对重要问题的注意力。它为你提供了同行的评论，让你不断前行，并让你觉得自己终于在前进了，然后朝着对整个研究项目进行终极"阐释"而迈进。

10. 写作小组

> 自身存在问题的作者……不会全身心地参与关于写作的讨论。他们没有准备好热情地参与写作小组的讨论，努力解决存在的问题。他们似乎心不在焉，无法耐心倾听其他作者的经验或是他们对新策略的建议。作为创作者，他们似乎努力坚持唯我独尊、自我封闭的形象。
>
> （博伊斯，1994：77）

上述引自博伊斯的话指出了论文作者组建写作小组的好处，还指明了如何发现那些不太可能认为写作小组有用的人。有两点可能很关键：避免"无病呻吟式会议"；规避那些对于尚未完成的作品夸夸其谈的人，至少对写作小组来说是这样。

尽管写作小组在美国有着悠久的传统（盖尔，1987），但在其他文化中尚未成熟。有证据表明，写作小组能有效地帮助学术人员（默里和麦凯，1998；莫尔斯和默里，2007），并以增加和/或提高出版物的文字产出为目标，其过程对研究生同样有效（艾奇逊，等，2010；默里，2014a）。

在写作小组中，论文作者的许多水平可以得到提高（甚至加速）——提升写作水平、养成写作习惯、撰写论文故事、建立人脉网络、寻求同伴支持和研究培训等。一旦研究生们开始分享研究和写作的信息、技能与策略，论文写作的效率往往会得到动态提升，而且会增加撰写论文的乐趣。当然，这种写作小组的方式并不适用于所有人，有些人更喜欢孤军奋战。

或许存在某个中间地带，论文写作小组为个体的某个具体目的服务。出于这样的原因，学生们在加入这个群体时会有不同的需求和目的。至少在一开始，有一名主持者将有所帮助。这个人应具备以下某些或全部能力：组建团队的技能、拓展写作的知识、管理团队的兴趣（即使是首次尝试），以及对研究生的指导能力。要求主持者拥有学科专业知识（即小组成员所撰写的所有博士论文涉及的专业知识）是不切实际的，而经验表明那么做也没有必要。甚至主持者也并非不可或缺，因为哈斯（Haas，2010）的研究表明，在自然科学领域，学生领导的小组同样可以卓有成效。

写作小组的目的取决于参与者想要达到的目的，但以下内容将是我们探讨其目的的出发点：

第五章 首个里程碑

> **成立写作小组的目的是什么?**
> ☆ 为作者提供支持。
> ☆ 创建一个讨论写作的平台。
> ☆ 激发写作的优先次序与目标设定。
> ☆ 促进对写作计划和草稿的讨论。
> ☆ 实现定期写作。

定期的写作小组会议成为中短期目标的临时期限。在我参与的小组里,我们通常会制订一个为期6个月的计划。

尽管每个小组的情况有所不同,但通过制订各自的目标和基本规则,我们的小组已形成一系列核心做法。小组会议的时长为90分钟,每月举行两次,并将每次会议作为一个最后期限。无论我们觉得自己在这些会议之间取得的进展多么有限,我们也会谈论这些进展,事实证明总会有所进展。这种组织结构还可以帮助人们建立为期6个月的目标和子目标,同时使得他们可以监控所取得进展的程度。得知自己要在会议上汇报进展可以起到激励的效果,让我们在会议举行之前完成一些写作。对大多数作者来说,它就像其他任何一个最后期限一样。此外,还有一种额外的激励,那就是我们可以在简短讨论中获得积极反馈。那些没有写完预期内容的人不会受到公开的"点名和羞辱";反之,他们将参与小组讨论或双人讨论。主持者可以就什么是以及什么不是合理的写作目标提供指导。

所有小组会议都包含三种类型的活动:

怎样顺利完成论文：论文写作的策略与技巧

◇ 评估进展情况，设定新目标（5分钟）。
◇ 写作（80分钟）。
◇ 讨论所写的内容，并获得反馈（5分钟）。

重要的是，会议不仅限于对写作的讨论，而是真正动笔写作。从长远来看，这种做法有助于降低启动写作的难度，让写作更多地成为一种常规活动。由于写作之后紧接着是讨论，我们可以得到即时、生动、积极的写作反馈，这是我们在独自写作时所缺失的。

作者们还可以为彼此的在研课题、章节草稿或论文草稿给出反馈和评价。为了思考如何才能做到最好，我们查阅了有关给予和接收反馈的相关文献，对此展开明确的讨论，并就我们期望的工作方式达成一致。研究表明，给予和接收反馈是研究生自我发展的重要方面。根据学生的反馈来看，除了导师的评价，同行评价也是至关重要的。

> 研究发现，准备和接收来自教授和同行的评价，是帮助学生理解学术写作过程、产出更高质量的书面产品的最具影响力的方式。
>
> （卡法雷拉和巴尼特，2000：39）

这一过程可以帮助学生更好地理解学术写作的反复性。论文或学术文章中存在的反复性往往被掩盖了，不会被人们说出来，学生们可能会因为被要求多次修改而感到沮丧。在写作小组中，他们可

第五章　首个里程碑

以进入很多其他作者(小组中的工作人员和学生)都在经历的同样的迭代过程,还可以分享自己的烦恼。这是在写作小组中可以学到的重要经验之一,不仅能让他们意识到"所有人都在同一艘船上",而且还能让他们感知写作过程的现实情况。

接受批评和提出批评同样令人不适。每一项都需要不同的技巧,而技巧会随着时间的推移而提高。然而,论文作者在接受批评时,其出发点可能是相当消极的:

> 我害怕收到反馈,不知道读到我文章的人是否会对这个主题感兴趣。
> 我对自己的文章感到失望。
>
> （卡法雷拉和巴尼特,2000:45）

这些学生显露出他们的脆弱,因为他们即将接受批评。写作中的情绪问题并不总是与导师讨论的一部分。作者在写作时可能比他们做其他事情时更缺乏自信(金,2000:263)。写作小组的讨论为探索这些情感过程提供了时间和空间,这类讨论可以为将来与导师的讨论提供有益的演练。例如,学生可以在提出和接受批评的实践中,促使导师提供更多的指导。

对某些学生来说,写作小组往往是探讨这些心理历程的唯一空间。倘若导师发号施令,让他们继续研究、以后再操心写作的事,而他们此时对写作倍感焦虑,那么不仅论文完结的时间会延长,而且写作的过程和其中所涉及的一切内容都无法被学生彻底掌握,因为

怎样顺利完成论文：论文写作的策略与技巧

根本没有足够的时间。

有些学生不知道他们的论文要写多久，也不知道该如何给予和接受批评，而有些导师则不鼓励他们的学生在整个博士阶段全身心地投入写作。如果将二者联系起来，问题就显得很简单。这种情况真实存在，那些在写作的早期阶段就缺乏见识和指导的学生，最有可能会提出诸如"我是否需要查阅文献""我需要在多大程度上了解他人的研究"这样的问题，因为他们真的对此一无所知。

埃尔伯为写作小组或"无教师课堂"提出了强而有力的理由，认为它们可以帮助作者以旁人的眼光看待自己的作品：

> 为了提高写作质量，你不需要那些关于应该做出什么修改的建议，也不需要那些何为优秀作品或何为拙劣作品的理论。你需要做的是在别人阅读你的文字时记录他们的想法，并且持续进行至少两三个月的时间。你需要的不仅是几个人的经验，而至少是六七个人的经验。你要不断地从同样的人身上获取经验，这样他们就能更好地将经验传授给你，你也能更好地倾听他们的想法。
>
> （埃尔伯，1973：77）

上述内容印证了一个观点，即给予和接受批评需要一个过程，我们应该给自己充足的时间和机制来学习，而不是希望事情会为你自然而然地改变，或是在没有取得进展时将错误归咎于自己。

埃尔伯（1973）也为将不完整的、我们还不满意的作品展示给他

第五章　首个里程碑

人提出了强有力的理由。尽管你肯定在想,作者们有多少次能自如地将经过大量修改的论文交给同行评议,以及他们有多容易接受批评? 也就是说,仅仅因为我们修改了10~12次,我们就能变得更加自如吗? 或者说,这种自如是随着与组内的六七位作者建立起信任与理解而产生的吗? 埃尔伯认为,在作品完成之前的不同阶段的写作过程中,我们把自己的作品交给他人阅读,是学习如何写出好文章的重要步骤:

> 即使你很忙,即使你没有什么可写的,即使你感到非常受阻,你也必须写一些东西,并试着通过他人的视角去体验。当然,这样做也有缺点:你可能对作品并不满意。但如果你仅仅了解人们如何感知和体验你所满意的文字,那么你将错失一个关键的学习过程。你往往能从他人表达厌恶的语句中学到最多的东西。你是想学会写作的方法,还是想保护自己的情感不受伤害?
>
> （埃尔伯,1973：77—78）

他在这里并没有提到"反馈"或"批评";他似乎更关心我们如何通过别人的眼光来正视自己的作品。他发现,这正是关键的学习工具。

艾奇逊和格林(Aitchison and Guerin, 2014)、埃尔伯(1973)、默里和穆尔(Murray and Moore, 2006),以及其他一些人已为写作小组建立了组织框架,并制订了启动小组的指导方案。埃尔伯对此提出的建议有:

◇ 一群忠实的人。
◇ 多样性：不同类型的人和不同类型的写作。
◇ 写下任何东西都可以，但必须要动笔写作。
◇ 安排一个固定的时间。
◇ 配备主席/领导/主持者。
◇ 在每次会议上评估会议的情况。

研究表明，写作小组会议举办的时间和地点并不重要，最重要的是参与者应对使用这种模式达成一致。以下是一些为你的写作小组准备的谈话要点的例子，可能有助于促使成员同意尝试这一模式。

写作小组讨论

如何培养写作习惯？

☆ 写下阅读的内容，也就是把写作和另一项已经在做的任务捆绑在一起。

☆ 为写作设定优先次序。

☆ 确定具体的写作时间。

☆ 和你的学生同时写作。

☆ 列出你需要启动的项目，草拟可行的行动规划。

☆ 只需写5分钟。

☆ 在日记中留出空间。

如何保持写作习惯？

第五章　首个里程碑

> ☆ 做好规划：找好读者，设定最终期限。
>
> ☆ 组建一个写作小组。
>
> ☆ 找一位了解写作和（或）你所在领域的研究的人作为负责人。
>
> ☆ 和其他作者及研究者建立联系：养成谈论写作的习惯。
>
> ☆ 把写作当成一种习惯。
>
> ☆ 为自己设定写作奖励：食物、饮料、运动或其他类型的写作。
>
> ☆ 为自己设置不写作的惩罚，如经济惩罚（整个组都同意，如果没完成写作活动，就为某个慈善机构进行一次捐赠）。
>
> ☆ 考虑极小幅度的写作增量。

人们对于写作小组这一构想的最初反应褒贬不一。鉴于学生们对写作小组的了解极为有限，他们无法确定自己能否在采用这种方式所投入的时间里获得足够满意的回报。以下是来自学生的一些反馈：

> ### 你会加入写作小组吗？
>
> ☆ 我可能会至少参加一次，从而决定它是否对我有用。在内容编排上……我可能希望看到更多关于语法和类似话题的内容。
>
> ☆ 我愿意参加写作小组。我希望通过许多实际的写作训

> 练及大量反馈来提高我的写作水平。我也希望得到一些提升我已具备的写作技巧的建议。
>
> ☆ 我愿意加入。我想看看其他学生的写作经验或写作策略。

这一系列的反应可能是因为写作小组对这些学生（也许还有导师）而言是一个全新的概念。无论如何，每个学生群体都是不同的，为什么他们都想要同样的东西？他们最初的犹豫不决其实源于一种普遍的但却被污名化的错误观念，那就是这一小组是专为那些有写作"问题"的人准备的。事实并非如此。写作小组是为那些想要写作并知道通过定期写作能提高自身写作水平的人设立的。

阐明一个写作小组能做什么和不能做什么显然是很重要的。小组成员可能因为个性和共同的目标而团结在一起，而拥有一名负责团队管理的主持者（教职员工或是学生）则可能有助于使这个过程对所有参与者都有效，特别是当这个人对写作和写作小组比较了解时。

在参加了某个写作小组半年或一年之后，6位研究生对其影响进行了回顾：

> **对你而言，写作小组是否奏效？**
>
> ☆ 我利用写作小组来衡量我的项目进展情况。它促使我关注截止日期，并且在这方面十分有效。它确实帮助我按部

第五章 首个里程碑

就班地完成了现有的论文内容,也应该能帮助我在3月31日前完成提交论文的目标。小组讨论的有效性体现在提出了许多专注于实际写作的方法,还提供了关于论文提交的想法。

☆ 写作小组的用途在于,和他人的讨论至关重要!因而写作小组十分有效!虽然我们所做的事情不同,所在的领域不同,但参加写作小组仍然十分有用。谈论真实的研究项目,并将最后期限和会议完美结合在一起确实很奏效。它让最后期限变得不那么"可怕",使我们更容易完成写作任务。我大概用2~3个月时间就完成了我的目标。

☆ 这个团体提供了几项重要的支持,包括纯粹的陪伴(否则写作会是一项孤独的任务)和鼓励,尤其是定期重新调整重点、重新激发动力并强制性地重新评估进展。小组的活动时间是从本就过度紧张的时间里抢夺而来的,这或许就是这个团体具有实用性的一个衡量标准。设定目标至关重要——至少在它被内化之前是这样的!我在多大程度上达成了自己设定的目标?总体而言,让我惊讶的是,小的目标通常都能实现。值得注意的是,我最终的目标还没实现;但至少在过去,这个目标显得太过庞大,难以为此拟定完整的大纲。

☆ 早期的培训课程帮助我专注于写作,特别是安排章节结构和组织写作。我还发现,与同事交谈并讨论他们的方法与问题也很有帮助。拥有充足的时间也很有帮助——这个小组迫使我把这部分工作提上日程。我应该花费更多的时间用于科研写作,但写作小组是我目前在工作时间内唯一能够进行科研写作的时段。

☆ 从我的经历来看,写作小组已经成为我博士生涯和日常生活中关键的支持性活动。我利用这个小组以简单易行的方式(时间表)设定目标、提前计划我的活动、设置最后期限并实现我的目标。这是一种支持,从而不断鼓励我进行研究。写作小组还帮助我提升了写作技巧;在讨论的过程中,我阐述了自己的研究方向,也变得更具批判性。它帮助我"培养"了我的思想,让我把想写的东西结构化,同时与我的表达保持一致。

☆ 在我看来,写作小组帮助我养成了规律的写作习惯。与其他处于同一过程的人互相分享经验具有很强的激励作用。它的作用还体现在完成任务的过程中。比如,上周我需要撰写一篇研讨会的摘要,但我不知道该怎么写,然后我想起来自己在某次写作小组培训中写过某些类似摘要的东西。我拿着这个文本,让它帮我动笔写作并慢慢成形。关于目标设定的过程,我发现自己一开始的目标都过于雄心勃勃。过去的几周,我主要都在阅读文献,而不是写作。但这些目标促使我完成了一部分写作,而不是像过去那样,只专注于文献阅读。

这些反馈展示了一个写作小组中论文作者们的不同体验。他们都在团体中找到了自己的位置,或在小组活动中找到了自己的目标。他们都有一个共同点,就是他们找到了一个写作同伴团体。

第五章　首个里程碑

我们不太可能描述厌恶写作的那些人的意见,因为他们很显然不会出现在这里并表达他们的观点。在任何特定的小组中,都会出现一系列的积极评价,这也正是参与者们会继续参加的原因,因为他们体验到了这些好处,也将在随后几个月中体验到其他好处。

11. 写作静修

另一种创造专门的写作时间,同时又能增进研究者互动的模式就是写作静修。越来越多的证据表明,在两天的时间专注于写作的做法对研究者而言是有好处的(穆尔,2003;格兰特,2006;默里和穆尔,2006;默里和牛顿,2009;默里,2015b)。

写作静修包括"拔掉"网络、离开电子邮件和所有电子设备,以便专心写作。这就意味着你不能查阅参考文献。不能因为感觉自己"卡住了"就停止写作,而是要坚持下去,通常最后都能解决问题并继续写下去。

我向研究生(和学者)倡导的写作静修形式就是我称为"写作池"的模式:所有人都在同一个房间里写作,一天的时间被分为一个个固定时段,每个时段为一个小时或90分钟,并设有固定的休息和用餐时间。为了让这种形式能对研究生奏效,我通常提供一次涵盖本书中介绍的多种写作策略的研讨会,并要求他们阅读默里和牛顿(Murray and Newton, 2009)的文章,以便他们了解这种模式的形式、

怎样顺利完成论文：论文写作的策略与技巧

具体时间安排和原理。采用这样的写作方式是考虑到了与写作相关的焦虑，使得写作成为首要任务，并防止出现抗拒任务的行为（麦克劳德，等，2012）。

结果是积极的：参与者的写作产出率得以提高，设定的写作目标有所改进，与学术写作有关的自我效能感得以增强，对学术写作的要求以及为了达到要求对要做之事的认识有所加深。尽管几乎所有的静修时间都用于写作，但也会有一些简短的讨论，届时研究生（和学者们）可以打听彼此的研究项目。这些为科研活动的简短讨论营造了所谓的微观科研文化氛围，让他们沉浸于研究中，这也正是他们中的许多人一开始就报名参加高等学位项目的原因。

对你而言，写作小组和写作静修都是将本书提到的策略付诸实践的大好机会，这意味着你可以在小组时间或静修时间写出一个章节、一份报告或一篇文章。请访问rowenamurray.org，观看此类静修参与者的短视频，其中包括全日制博士和从事全职工作的在职博士。

撰写博士学位论文阶段的重点是，你已开始向自己和导师证明，你正在逐步构建自己的论文。你可以表达对不断形成的论文的感受、阐明研究的优缺点，以及确定自己在哪些方面取得了明显进展。

下一步就是找到定期写作的方法，有时则是带有一定目的地连续写作，但你仍然可以用写作去摸索（或忽略）新的方向。现在，写作已经在你的论文撰写过程中发挥了一些作用。然而，现在是时候开始章节写作了，或至少应该开始试验章节写作了。

第五章　首个里程碑

🔍 自我检查清单

首个里程碑

○ 确定你的首个写作里程碑。

○ 讨论第一年进展报告或第一次正式评估的标准与格式。

○ 针对恐惧、压力、焦虑、问题和提示,进行自由式写作。

○ 讨论"进展"的定义,举例说明研究和写作过程中的进展。

○ 更新并商定一个新的写作计划。

○ 考虑建立自己的写作小组或进行写作静修,还可以鼓励你所在的系部/学院/大学这么做。

📋 本章学习成果

➢ 描述第一次正式评估对你的要求。

➢ 建立/回顾正式或半正式的研究进展监控机制。

➢ 构建在研课题进展报告。

➢ 组建/加入写作小组或写作静修。

第六章

成为连载作者

> **内容提要**
>
> 本章旨在让学术论文的中期阶段便于管理。现在是时候"停下"文献综述并开始论文其他部分的写作了。在写作过程中,你既可以使用以段落为基本单位的结构化方式来生成文本,也可以采用渐进式的方式。本章将概述如何提高写作频率,并使其更具规律性和针对性。本章所介绍的主题包括段落结构、研究方法写作、寻找写作的"学习伙伴",以及暴食式写作和零食式写作。

研究项目进入第二阶段后的一个核心问题就是,各个章节应该写到何种程度?如果你目前尚无正在撰写的章节,那么也许是写作过程、读者(也就是导师)或者反馈机制出现了问题。本章将解释和说明此类可能出错的事项。尽管写作过程是非常个性化的,甚至是私人化的,但仍有一些策略可用于克服学生在这个阶段所遭遇的障碍。

最后,告诉人们必须一直写完一个项目,并且他们可以在写作过程中养成高效的写作习惯,都是很好的做法。但如何才能做到呢?你如何才能成为一名"连载作者"?拓展此项技能涉及诸多因素:行为、社会心理、同龄群体、动机,以及写作实践与过程中的身份认同和知识水平等。本书的前五章已介绍过上述所有问题,本章及后续的五章中将继续讨论这些问题。

1. 什么是连载作者

> 作者在感到完全准备好之前就动笔写作是效果最好的。在经常性地参与写作之后,动机就会产生。
>
> (博伊斯,1994:236)

虽然"连载"一词通常指代某种特殊类型的作品——连载故事,但在本章的叙述中,"连载"是指分期撰写一篇论文。

连载作者将写作视为一系列任务,从一项写作任务推进至下一项任务,进而将写作过程彼此衔接,从而缔结出连续性——不仅是文本的连续性,还有写作过程的连续性。在创作伊始,当你竭力理清写作思路时,这将为你节省宝贵的时间。

连续写作被认为是一种成效卓著的方法,因为它意味着写作是有规律的。"连载"也意味着每期写作之间有一定的时间间隔。你可以建立一种写作模式,设定一种适合你的工作环境和社会环境的写作节奏,以维持(至少不会破坏)你的写作。

第六章 成为连载作者

这种方法适用于撰写草稿与修订稿。论文作者对一个"系列"的修改要有自己的判断。当你定期写作时,你可以建立起一套修订模式。修订不仅能巩固和澄清自身论点,而且实际情况往往是(虽然并非总是),论点只有通过一系列修订才会真正浮出水面。

你为何想成为一名连载作者?连载式写作会让你更舒适、压力更小。你完全能够做到将写作融入日常的工作与生活中。你可以通过定期写作找到动力,并在许多写作时刻拓展你的想法,而不仅仅是在最后的冲刺阶段。采用这种写作方式,就算不能一下子产生"完整"的想法,你也不太可能认定自己是个失败者。你甚至可以开始重新规划工作日,将写作纳入其中:

> 写作和与之相关的练习几乎总是局限在简短的、不影响更重要活动(如社交生活、职业责任和体育锻炼)的日常时段。作者……花费在写作上的时间比他们想象的要少,但却能写出比以往更多或更好的作品。从长远来看,这种写作方式所节省的时间远超所耗费的时间……起初显得多余的新习惯,最后发现不过是一些易于操控、平衡和节制的规则。
>
> (博伊斯,1994:xx,xxiii)

定期写作和"按需"写作是一项重要的专业技能。你必须学会合理地处理写作与其他学术任务或专业任务的关系。

如何才能成为一名连载作者?为了让写作变成一个序列,你必须把写作想象成一个包含多个紧密相关的步骤的过程。为此,许多作者不得不把写作重新设计成一系列事件或时刻。要做到这一点，你必须设定这个系列的"情节"，以及情节之间的关联性，这就是在写作中实现平衡和节制的方式。

2. 搭建论证支架

本小节认为，定义和范例的组合是学术论证中的一个有力工具。对于你想要论证的任何观点，都可以采用以下4个步骤作为论证的支架：

为你的论点搭建支架

☆ 确定主要观点。

☆ 界定术语，详细解释。

☆ 阐述你的观点。

☆ 讨论图示、范例或论据：说明它们是如何表达你所说的内容的。

许多作者在第三个步骤就止步不前，好像在说："看，这样就可以证明了。"然而，仅仅提供证据是不够的，你必须表明自己是如何构建你对它的解释的，以及这种解释是如何使你的观点得以证明的。

3. 段落结构

> 尽管人们往往将段落视为写作风格的一个元素,但它实际上是一个重要的创作工具。请将段落作为写作单位,并使每个段落对应一个主题。
>
> [斯特伦克和怀特,(1959)1979]

这条建议摘自一本经久不衰的有关写作风格的经典著作。斯特伦克每一个版本的《风格的要素》(*Element of Style*)对于新手和资深作者而言都具有同等的标杆参考价值。作为一本畅销书,该论著或许在美国更加广为人知,但除了标点符号和拼写方面的一两处差异外,其内容在其他文化背景中也同样具有相关性和实用性。尽管斯特伦克和怀特的初衷是要帮助学习者避免犯下最常见的错误,但是他们却为如何写出好文章提供了参考,良好的写作品质得到了定义。

斯特伦克和怀特提供的"课程"正是简明写作的典范:"使用主动语态……;省略不必要的词语……;在结论部分保持时态一致。"简短的图示可以为定义和建议提供支持。许多研究生不知道"修辞规则",常常对于什么是好的作品感到困惑。同样,许多导师也不了解所有规则,尤其是在那些仅仅把写作看作"报告"研究的一种手段的领域中。

针对风格的争论最后往往演变为个人喜好问题,而非"规则"问

怎样顺利完成论文：论文写作的策略与技巧

题。如果争议是以目前所学的规则而不是以学生时代记住的规则为依据，对每个人而言都是有利的。一旦你学会了这些规则，就可以自行纠正许多错误，这是一项重要的专业技能。如果能使你的观点更清晰，你也可以偏离规则。

> 自古以来，最优秀的作者有时会无视修辞规则。但当他们这样做时，读者通常会在句子中发现一些补偿性的优点，这些优点是以违反规则为代价的。除非作者十分肯定自己能够做得很好，否则他很可能会更严格地遵守这些修辞规则。当他们在规则的指引下学会用平铺直叙的语言写出适合日常使用的文字后，请让他们到文学大师的作品中去探寻风格的秘密。
>
> ［斯特伦克和怀特，（1959）1979］

无论他们是否偏离规则，最优秀的作者一定是那些了解规则的人。

这里有一个关于学习规则的有趣观点：我们通过遵守规则来学习写作。假如我们不了解规则，就如同置身于浩瀚沧海一般，感到无所适从。有意思的是，在这片海洋中，我们无法在一种形式和另一种形式间做出有意识的、笃定的选择。这个事例告诉我们，了解文体的规则以及它们的使用和滥用问题是不错的主意。这一学习过程将告诉我们，文体是如何作为一种工具来帮助我们更为清晰有力地表达自我观点的。

论文写作涉及许多小型的文体试验，因为我们要调整我们惯常

第六章　成为连载作者

的写作方式或是我们过去为其他任务而写作的方式,以便适应论文的论证结构。

你可以设计一个段落,作为论证中的一个单元。你无须太在意段落的长短,只需要根据论点的需要来决定字数的多少。当然,你可以在写作过程中改变想法,但大纲结构将给予你指引。

段落结构

(1)主题句;(2)解释或定义术语;(3)给出范例/证据/说明;(4)说明例子是如何证明主题句的观点的。

提供上述结构的目的除了给出段落结构的基本指引之外,还在于能够帮助你编排所要表达的观点的顺序,增强各个部分之间的连贯性。通过这种方式,所有的观点都将依照逻辑顺序紧密相连。

关联词同样必不可少。它们可以起到明确逻辑结构的作用,引导读者浏览你的文章,使他们看到你在文本中设置的关联。由于读者没有读心术,你无法苛求他们努力找出联系是什么。读者很可能看不到这一联系,或是看到了其他联系,然后将他们的"错误"归咎于你的写作技巧欠佳。

你已经掌握了大量的关联词:此外、因此、然而、首先……其次……再次……、因而,等等。重复也可以是一种有效的连接手段,同义词或代词也是如此,即用另一个词来代表关键词。

> **关联词：示例**
>
> 　　就公爵夫人而言，她显然站在功劳的一边；虽然她从不挑战公序良俗，但她的确竭力地用精英统治取代王国的贵族统治。例如，她赞同法国宫廷对阶层问题的相对漠视……同样，当费迪南德认为……的时候，公爵夫人立即给予首肯。另外，安东尼奥告诉我们……
>
> 　　　　　　　　　　　　　　　　　　　　（塞尔泽，1981：72）

在上述段落中，塞尔泽（Selzer）运用了许多连接手法，从而确保读者能跟得上他复杂的论述。

> **关　联**
>
> ☆ 第一行的分号提示读者，两点是相互关联的。句号会将两点分开，而分号则将它们连接起来。
>
> ☆ 代词"她"（在句子的前半部分指代公爵夫人）提示我们，作者仍在讲述同一个主题。
>
> ☆ "例如……"告诉我们如何把两个句子联系在一起。后续将有更为具体的信息，用以说明要点。
>
> ☆ "同样"则是另一个在句首使用关联词的例子。读者通过第一个词就能知道如何将各个要点联系起来。

第六章 成为连载作者

> ☆ 重复使用"公爵夫人"让我们明白,她才是本段的主题,尽管文中还提到了其他两个名字。
>
> ☆ "另外"是另一个关联词,与句子的开头相连接。

单独抽取出来就能看出,关联词指明了论证的方向:提出观点,然后进一步解释,紧接着是一些互相支撑的例子。论点就是这样在后续的例子中得以强化的。

然而,某些形式的学术写作不需要使用关联词,你可以有所取舍。例如,根据惯例,论文摘要和概要部分可能没有关联词,这与不同期刊的要求有关。摘要的逻辑结构可能极为明显,在如此短小精悍的篇幅中,似乎不需要关联词。结构化的摘要可能还附带小标题,这就使得关联词变得冗余。

在为网络渠道撰文时,哪怕是与自身研究相关,我们也可以用视觉关联代替语言关联。这种做法也同样适用于第五章所提到的科研海报。这些海报的阅读方式与论文不同,不是一段接一段、一句接一句阅读的。读者(更确切地说是观众)可能会从某个部分跳跃到另一个部分,他们可以依照任何顺序进行阅读。因此,你不必按照单一的顺序撰写。作者的职责就是引导读者的注意力,但未必非要依照线性文本格式。

当然,你可以选择省略其中的某个步骤。打个比方,如果你觉得没有必要对主题句展开详细说明,那么就可以省略第二个步骤。这样可以促使读者有所跳跃,让他们跟随你的思路而主动创建联系,而非为他们创建好联系。

你还可以将各个段落视为共同发挥作用的一个系列或段落组合,此处由你来确定需要用几个段落表达一个观点,或是你认为或想要说明哪几个要点是相关联的。然后,所有的观点都可以在最后的一个短段落中汇集起来。首先,你要勾勒出你想写的要点:

段落大纲

☆ 列出你想要谈及的要点。

☆ 审视清单:是否其中的哪一点实际上不止包含一个要点?

☆ 你能去掉其中任何一项吗?

☆ 这些要点的顺序是否正确?

☆ 为每一个要点撰写一个段落。

通过这种方式,你可以在想要表达的观点与呈现观点的段落之间建立直接联系。使用这种方法意味着你要投入时间计划这些要点、考虑要点的顺序和深度,并根据需要进行切割、添加和拆分。直至你完成上述步骤,才能开始思考段落写作问题。列表中的关键词可以直接写入你的主题句中。

这个过程要求你在开始确定风格之前先对内容和结构做出一些决定。你已经清楚主题句中的措辞,也清楚下一步可能是详细阐述或定义该主题句;接着,你要举例说明,提供证据;最后回归主题,或通过示例对其进一步说明。

4. 导入段

撰写导语是一种在写作的某个部分梳理你所要表达内容的方法。你想呈现什么内容？写下几句话可以迫使你做出决定。

这项活动也有助于你投入到某个主题（即为写作的某个部分或论文的某个部分撰写的主题）之中，并帮助你专注于该主题。

导语部分的关键要素包括:(1)确定主要观点;(2)使用动词说明目的;(3)解释内容。

导　语

写下能够界定本章主要目的的一句话：

☆ 本章(动词)……

☆ 本章主要围绕……

☆ 在这一章中,……将被描述为……

☆ 本章将论述……

☆ 本章旨在……

☆ 本章实际上是讨论……的。

☆ 在这一章中,笔者想要论证/展示/证明……

怎样顺利完成论文：论文写作的策略与技巧

想必你已经审慎思考了这些选项的风格范围，请选择最契合你本阶段想法的一项。请记住，这仅仅是一个草稿而已（如果不是"预稿"），其功能在于强迫你写下几个句子，帮助你确定本章要"做什么"。

这或许会是你在这一阶段重要的思想转折：从"这一章要写什么"——预示着你觉得有义务将自身与他人的所有好点子全都写进去，到"这一章我想达到什么目的"——表明你有一个选择原则来帮助你筛选所有的笔记。

或许是时候开始使用"论题"和"论点"等措辞了，如"本章的论题是……""本章的论点是……"。你在这一章中真正讨论了哪些内容？你能否将其归结为一个要点？你能否对早前写下的有关这一章的内容进行修改（为了上述练习而写的句子），从而写出一个更为确定的句子？

假如你觉得自己还无法做到这一点，那就说明你对这一章的内容还不够确定，你还无法掌控其内容，你将不得不在这一点上多花些功夫。此刻或许还不是你开始将笔记转化为草稿的最佳时机。如果你的写作方向尚未确定，你可能很快会在写作中迷失方向。请回到自由式写作中去，这一章的精髓可能就在那里。

另一方面，你可能已经在写作中为章节找到了主题，但并不确定它是否"正确"。它或许并不正确，请按照本节描述的方法继续创作。另外，你的不确定可能会掩盖你在确定本章重点方面所取得的进展，因为在你的脑海中总是有一种挥之不去的怀疑——"这真的是我在这一章想说的吗？"犹豫的后果便是你无法专注于某个主题。矛盾的是，看起来是在寻找一个"更好"的主题的想法，有时却会招致一个更为糟糕的主题,因为你还没有对那么多处修改进行整合,可能就已经失去了写作重心。在你做出的诸多写作选择中,总有不确定的因素存在。与其说草拟各章节内容能够消除疑问,不如说可能将引发更多的疑问。通过一连串的修改,论点将逐渐浮出水面。

请用下列提示开始你的写作,并将适合你的一条插入其中:

我现在能写些什么?

☆ 下一节将讲述……

☆ 下一节将回顾/评价/定义/描述……

☆ 本节共有以下三个要点:……

☆ 这一点将涵盖以下三个部分:……

基于上述各点或类似要点的导语不仅是读者的辅助工具,也是你写作的辅助工具。撰写导语有助于你精准、直观地确定章节目的。

5. 关于研究方法的写作

尽管你的论文可能没有称为"研究方法"的一章,但你必须为所提出的研究问题阐释其研究方法、手段、分析视角——不管你使用什么名称。

怎样顺利完成论文：论文写作的策略与技巧

你所使用的术语会因你所属的学科而异，也会因你在该领域所持有的争辩立场不同而有所差异。在选择术语方面没有必要拖延；你可以从那些自己只有一半把握的术语开始。为了让论文在这一阶段取得进展，你需要用各种写作方式摆脱各种不想写作的理由，即使是在不确定的情况下。

把你即将或此前如何回答研究问题作为你的首个主题或许有所帮助，也就是说，用15分钟撰写一篇文章应该是你目前写作训练的一部分。请写下你所有的想法。其目的十分简单，那就是从时长15分钟的几百字写作开始，然后在随后的数周甚至数月逐步增加。和往常一样，你可以以句子为单位进行写作，因为这可能有助于你拓展自己的想法。

◇ 目标是启动写作。
◇ 任务是立即进行非正式的写作。
◇ 成果是时长15分钟的写作，约200字左右。

下一个步骤是撰写标题列表，可能还包含副标题。你可以使用15分钟写作中出现的或是来源于研究问题的词语，或者通用的标题，如研究对象、抽样、文本、分析工具、参与者、引用、交叉引用、焦点小组[1]、问卷调查、研究视角、期刊等任何与你的研究相关的词语。以

---

[1] 焦点小组（focus group）：也称小组访谈，是社会科学研究中常用的质性研究方法，一般由一个经过研究训练的调查者主持，采用半结构方式（即预先设定部分访谈问题的方式）与一组被调查者交谈。——译者注

第六章 成为连载作者

上的每一项都是某个小节的潜在标题。

你可以通过回归研究问题的方式，迫使自己进一步写作：如何将所写的句子、标题与这些问题联系起来？你可以写几个句子，把你最初的写作和你最初的问题明确联系起来。假如你正在对此进行文本加工（正如你应当做的那样），那么你可以将原始提案中的研究问题或你修改后的导言纳入这个文件。

针对"方法"部分（或章节）第一页的其余部分，你必须说明自己在阐述研究方法时所要涵盖的重点，或是你如何开展研究的要点。

你可能需要重新编排你所列的要点，也就是你想涵盖的重点。有些要点可以被再次划分到其他标题中，而另一些则可以整合到章节的各个部分中。

列出研究方法大纲

☆ 你为什么要做这项研究？

☆ 你是如何着手研究的？

☆ 你为何选择这种方法？

☆ 你的研究问题是什么？

☆ 你的方法如何能够与研究问题相契合？

☆ 你需要涵盖哪些主题来解释你的方法？

一旦你写出了某些标题，不妨开始考虑篇幅和比例。"研究方

法"这一部分/章节的篇幅需要多长？它在整篇论文中所占的比例会是多少？你所采用的是一种成熟（不存在争议）的方法，还是一种需要更多解释与支撑性论述的新方法？

你或许觉得以下范例与你所在的领域或学科没有直接关联，但这一范例的意义在于展示方法论这一章节/部分开头部分的诸多要素。你不必在意早期草稿的风格问题，"本文所采用的研究方法描述如下"这一表述是可以接受的。本阶段更重要的是考虑写作内容，而不是对于风格的修饰。

以下范例是一篇论述研究方法章节的开头部分：

范 例

研究方法

本研究旨在验证运动舒缓心脏康复方案对近期遭受心肌梗死患者的有效性。笔者将运动方案的效果与接受常规护理对照组的效果进行为期10周的对照。为期10周的控制期结束后，常规护理对照组接受运动方案，而运动组则转入维护保养组。该研究设计以期解答如下问题：

（1）该心脏康复方案是否具有生理上的效应？

（2）该心脏康复方案是否具有任何心理效益？

（3）该心脏康复方案能否提高人们对心脏疾病的认识？

本研究所采用的研究方法描述如下：研究对象；实验组；相依测验；研究过程。

> 研究对象
>
> 本次研究对象为40名男性（人数为29人）和女性（人数为11人）患者，均有心肌梗死病史，且符合参与心脏康复方案标准。该方案的人员筛选标准包括：
> （1）年龄在70岁以下。
> （2）有临床病史，以及心电图和心肌酶临床证据的心肌梗死。
> （3）心肌梗死发病后至少6周。
> （4）没有可能妨碍全面参与运动方案的生理问题，如髋关节和/或膝关节的炎症等。

该范例具备章节导语的各项基本要素：与研究目的的联系、设置这一章的理由，以及对其内容的预告。

6. 学习伙伴

该术语用于指代那些可以和你定期讨论写作的人，你们的讨论是积极的，而不仅仅是互相发牢骚。"伙伴机制表明，在探索新的发展阶段或掌握新的……技能时提供支持的必要性"（帕伦博，2000）。此人或许是你的同龄人，也可能是你所在系部的另一位研究生或其他系部的同僚。他的身份并不重要，只要你发现你们的讨论具有支持作用且富有成效即可。务必为了写作而碰面，一旦碰面就写作，否则你可能会养成仅仅谈论写作而不开展实际写作的坏习惯。

> **30 分钟会面**
>
> 会面议程
>
> 会面时带上你的大纲和日志。在写作时以句子为单位。
>
> 5 分钟写作：
>
> ☆ 自从上次会面后，你为论文撰写了什么内容？
>
> ☆ 写作耗费了多少时间，已经写了多少字/次级主题，等等？
>
> 10 分钟个人写作：
>
> ☆ 撰写你写作议程里的下一个主题。
>
> ☆ 10 分钟讨论。
>
> ☆ 和学习伙伴讨论你撰写的内容。
>
> 5 分钟个人写作：
>
> ☆ 你的下一个写作子目标是什么？

你们讨论的内容没有限制，可以是写作过程的任何方面，包括所取得的成果。最好的学习伙伴是那些同样定期写作的人，或是朝着这个方向努力的人。

7. 持续写作

对于如此庞大的写作项目，你很可能需要对自身的写作习惯做出一些改变。例如：

第六章 成为连载作者

◇ 拖到最后一刻才动笔绝不可行。

◇ 你必须更频繁地修改你的文章。

◇ 你必须对作品进行深入讨论。

◇ 别人将对你的作品进行更为细致的审查。

◇ 你有义务修正语法错误、标点符号错误和拼写错误等。

你可能压根就不喜欢定期写作的想法,它需要把结构化写作和生成策略结合起来,在探索思路的同时写出小论点,拆开一个主题并思考标题应当是什么。另外,你也可以撰写问题清单。问题是,从这一刻起(如果你尚未开始),论文作者必须以多种不同形式并行的方式持续创作。

你要尽量腾出时间与导师及学习伙伴定期讨论写作情况:讨论你管理写作的方式、写作地点、写作时间以及写作的频率和产出。你可以讨论作为一个作者的新感受;你可以分享写作的乐趣;你还可以交流为了养成写作习惯所制定的策略。例如:

我现在能写些什么?

☆ 为明年的学术会议撰写一份摘要(200字?)。

☆ 在大纲中写下关于研究方法的概略描述。

☆ 用500字(30~60分钟)写下关于研究方法章节的主要内容。

8. 写作中遇到的问题

在论文写作的这个阶段，可能会出现一系列新的"问题"。迄今为止，你所面临的写作挑战以及所制定的写作策略似乎都无法与你下一阶段的研究相匹配。你或许会开发全新的替代性活动，优先考虑"研究"而不是写作。然而，你为自己提供的不写作理由可能包含许多值得思考的深层原因。

写作中遭遇的问题

☆ 畏惧导师的反馈，或者对导师有惯常的畏惧。

☆ 感到"无聊"：这种情况往往是压力的表现。

☆ 缺乏动力：请不要将此重新定义为没有进展，而是写作的各部分之间联系有限。请将各部分写作活动联系起来。

☆ 写作不够频繁。

☆ 对全局的恐惧：畏惧成功，畏惧失败。

☆ 缺乏奖励。

☆ 语篇标记问题：你无法在自己的写作中找到方向。

☆ 缺少预告。

☆ 没有达到足够高的写作标准。

或许你的写作周期已被打破，你必须有所行动，以便恢复这一

循环。尤其是非全日制学习者,他们往往不得不把论文"搁在一旁"——有时是很长一段时间,以至于似乎难以重新拾起。你可以使用定期"涂鸦"的策略(假如你觉得还难以达到"写作"这么高的标准)来慢慢酝酿你的想法。最重要的是,本书前五章所描述的短期写作活动将防止你感觉与自己的作品完全失去联系。

无论你对自己的作品有何感受,无论你对"问题"有何感想,它可能并不像你所想象的那般不堪。你不可能在这一阶段就对自己的作品完全满意。事实上,可能直至论文写作过程的最后一刻,你才会感到完全满意,甚至直至那一刻你也仍不满意,因为没有人比你更清楚,自己的作品还有进一步改进的空间。

9. 写作障碍

写作障碍在本章中单独列出,因为这是一个具象化问题,通常可以通过字面意思来辨别。无论不同的作者赋予这个词语何种含义,它都是我们认可的词语。有意思的是,它似乎最常用于生成文本时所遇到的严重问题。它也是所有作者最害怕或是最难以解决的问题。

事实上,"写作障碍"可能是人们为了试图解释他们为什么不写作而抓住的一个词语;由于缺乏更精确的定义,他们将这个词语作为一种万能的手段。该词的确确认了问题的存在,尽管没有对问题加以解释。

另一种看待这一"综合征"(如果这个措辞合适)的方式就是将

"受阻"的瞬间视为常见或普遍的经历,这些我们难以进行写作的瞬间可能会在写作过程中的某个特定时期出现。一个关于写作的普遍误解是:一旦开始写作,一切都会"畅通无阻",而那些写得不顺畅的人必定有什么地方出了问题——要么他们写得不够好,要么他们的研究不够好。换句话说,缺乏反馈可能将一次次地打击作者对于自身工作或写作的信心。

本节中的所有策略都可能帮助受阻的作者重新开始写作。然而,他们感到受阻可能源于一个根本原因:

为什么作者们会受阻?

☆ 他们认为必须先搞明白自己在想什么以及自己想说什么,然后才能开始写作……并且卡在这一点上……

……而不是用写作来理清他们想说的东西。

☆ 他们竭力地想要有逻辑地、科学地和客观地指出某个问题……并且卡在这一点上……

……而不是用文字来解决这一问题。

☆ 他们希望在动笔之前先确保准确无误……

……而不是在不确定时继续写作。

☆ 这个项目看不到尽头……

……而不是把论文的终点作为写作的主题。

第六章 成为连载作者

受阻的作者或多或少都丧失了把写作作为思考"引擎"的技能——又或许他们从未拥有过。他们没有将写作融入自身的思考与学习中,没有运用写作来解决问题。

诚然,写作障碍可能是系统本身存在缺陷的一大反映,即不仅写作任务存在缺陷,而且整个写作过程存在问题:"缺乏耐力是写作障碍最重要的单一预测因素。"或许是作者过早进行了写作,缺乏必要的计划、写前准备或自由式写作。如果作者没有使用一系列的策略和技巧来确保这类写作,一旦他们开始动笔,起初可能"畅通无阻",随后就会遭遇写作障碍,因为他们需要同时做出多个层面的决定。同样,如果作者们没有形成写作习惯,那么当他们在完成其他毫不相干的任务时,就会因为突然之间要写出流畅的文字而倍感压力。博伊斯认为,我们需要训练的"耐力"不仅包括等待合适的写作时机,而且还包括耐心地将时间投入诸多写作活动。那些想要按要求写出好文章的人会不断地感到失望,最后往往陷入写作障碍。

写作的兴奋点之一在于不知道文字中到底会出现什么;或许受阻的作者是那些在某些时候对不确定因素过于不安的人。也许还有太多其他的不确定因素(无论是关于研究、论文还是日常生活的),使他们无法应对这种不确定性并在写作中与之共存。然而,即使是最为精心策划的作品也可能拥有自己的活力,不断地抛出新想法,不断改变看待事物的方式,或是产生新的联系和区别。

受阻的作者可能忽略了研究项目自身的意义。由于完成论文可能不会对他们的生活产生立竿见影的影响,有时似乎需要他们做出过多的牺牲,这有可能给与作者有关的所有人带来压力。

怎样顺利完成论文：论文写作的策略与技巧

作者可能努力想做的事太多了：一次性表达你想表达的一切并不容易，通常也不可能做到。即使你已经学习了很多关于写作过程的知识，并且觉得自己已经掌握了关键做法，你的书面输出仍然需要修改。这一点看似显而易见；然而，当你提交了一份自认为很好的、早已经过多次修改的作品，却得到需要更多修改的反馈并且你能断定之后很可能还需要进一步修改时，你也许会感到十分沮丧。这是一个持续数月和数年的过程。

论文写作过程旷日持久的特点或许也是诱因之一。作者们或许觉得完成论文遥遥无期，他们或许会觉得人们过多地关注写作质量；当然，研究的质量与原创性恐怕才是最重要的。

写作似乎占据了太多的中心位置，占据了太多的时间。我们为何要将如此多的注意力放在学术写作的策略和质量上呢？我们犯了将本质上是一种报告程序的写作过度复杂化的错误，难道不应为此感到内疚吗？

内疚是否会成为阻碍作者写作的因素？他们是否认为自己应该在过去工作的数周、数月乃至数年时间里，以书面形式"展示更多内容"呢？许多作者（事实上是几乎所有与我共事过的人）均表示，他们在写作过程中都会感到内疚。即使他们达成了写作目标，仍然会觉得自己做得还不够。更有意思的是，即便是那些超额完成目标的人，也会因为没有完成足量的写作而感到内疚，这是一个颇有意思的普遍现象。这对于作者而言有何启示？难道只有写作新手会这样吗？难道只有学术写作者会这样吗？一旦你成为成功的、定期出版作品的作者，这种感觉就会烟消云散吗？或许是的。

第六章 成为连载作者

对于写作本身,这种内疚又意味着什么?我们知道,论文的完成时间将会因此延迟,这种写作可能永无止境,我们也知道如何"用文字来表达思想"。本书的前几章提及了一些策略,导师们也有其他"疏通"的方法。是不是因为这种写作从多个领域向我们发起挑战,在学术写作中向我们揭示已知与未知、确定性与不确定、可以言说与不可言说的内容?学术写作具有某些看似严格的约束(而不是有用、可用的框架),这些约束也会阻碍写作。

或许内疚和写作息息相关,因为在撰写论文的过程中,我们总是被无休止地定位为"还没有达到目的",写得还不够好。这让我们体会到,失败几乎成了写作过程的一部分——好像我们每一次的作品都不能"通过"。渐渐地,随着时间的推移,我们或许并不觉得自己离目标越来越近;我们的感觉或许恰恰相反。在被告知自身的弱点后,我们有什么资格坚持写这些东西?我们可能会感觉到自己被定位为(或将自己定位为)自命不凡的新手,决心无视导师和其他人对于自身错误的描述。事实上,我们尚不清楚自己的作品是否足够好,但仍然坚持不懈地写作,因为我们别无选择。我们有意的"冒犯"举动就是继续创作本应优秀的作品,甚至在一定程度上完全无视自己是否拥有这样的写作产出能力。令人矛盾而又痛苦的是,对某些人而言,这种内疚会随着他们论文写作过程的深入而与日俱增。

到头来,在论文写作这条漫长的"道路"还远远没有到达尽头之前,作者们将不得不心怀愧疚地坚持写作。这听起来像是"振作起来"的建议,但要解决写作障碍问题,一个积极的出发点应该是摒弃围绕写作的某些"神话",并接受论文写作是异常艰辛的这一事实。它以一种意想不到的方式与我们生活的其他方面和我们的身份联系起来，或许这就是它之所以（或者可以）是一种成长经历的原因。假如有个论坛，在那里我们能够随心所欲地讨论写作的感觉究竟有多糟糕，以及我们觉得自己的写作有多糟糕，将有所帮助："写作是一种折磨，并且从实际情况来说，是一项不可能完成的任务。"（贝纳布，1996）贝纳布（Bénabou）似乎"将文学视为一种内在的痛苦体验，从而使得文学成为他唯一的现实，而且是一种不宜栖居的现实"。是否本小节所提到的任何分析与解答都可以缓解他的状况？写作有时是一种折磨的说法是放之四海而皆准，还是只针对贝纳布而言？他是否为了达到某种效果而使用了夸张手法，以便吸引我们的注意力，正如他的书名那样？

"折磨"意味着暴力，或许"曲折"是更能准确描述论文写作的词语，表明其过程充满了曲折。本书提供的所有框架和结构手法，都无法预测个人撰写论文的曲折道路——没有笔直的路线，只有迂回曲折的羊肠小道，其中没有任何两条方向一致的分支，甚至似乎都不朝着一个方向。对于将目标定位在某个终点的作者来说，也许"折磨"一词是最为贴切的表达。

这并不意味着我们应该为作者们建立互助小组，帮助他们摆脱挫折、抱怨各种约束条件；相反，我们应该重新定位写作在我们日常生活中的位置，因为它必然会影响我们的情绪、感受和思想。

是什么使得写作进度停滞不前？是什么让写作变得"不宜栖居"？我们是否已认同了那些让写作变为"折磨"的老师和编辑？我们是否有过无效的做法？写作能否成为某种富有创意、令人愉悦的

第六章 成为连载作者

过程？我们能否改变自身的做法？

我们的写作经历（以及关于写作的教学经历）必然会对我们现在看待和处理写作的方式产生影响，这可能是问题的一部分，也可能是解决方案所在。在某次讨论中（也有可能是在某次写作活动中），有人透露了某位英语老师手中挥舞的红笔所具有的魔力，有些人甚至还记得小学老师的名字。

另一方面，会不会是我们对那位老师的认知阻碍了我们前进的脚步呢？我们是在对自己做同样的事吗？我们会通过聚焦过去接收到的负面反馈（即便是出于善意）而阻碍自己的写作，就好像这样的反馈必然适用于现在的情况：

> 我们的思想是强大的工具。当我们认定某件事是真实的或超出自身能力范围时，就很难再突破这一自我设定的屏障。当我们为自己的立场辩解时，几乎无法突出重围。例如，假如你告诉自己"无论如何也写不出来"，你就会寻找证据以证明自己的处境。你会想起高中时糟糕的作文，或回想起你上次坐下来写信时所感受到的尴尬。你会在脑海里装满限制，以至于让自己不敢尝试。要想成为作家或是其他什么人，首先要做的就是让最大的批评家——也就是你自己——保持沉默。
>
> （卡尔森，1997：119）

我们能否修正上述认知，在内心创造一个新的编辑？无论我们如何分析作者遭遇写作障碍的原因，我们仍然需要找到方法去跨越或绕开它。

下一小节将提供扫除障碍的建议和方向,有些建议将涉及写作,有些则涉及用图解代替写作,这两种方法均可以作为(或可能激发)讨论的话题。

疏通策略

☆ 自由式写作。

☆ 生成式写作。

☆ 和导师一同写作。

☆ 思维导图。

☆ 口头演练。

☆ 写下你所知道的关于×的全部内容。

☆ 写下你对×的所有想法。

☆ 构建一种结尾的感觉;想象完成后的论文。

☆ 没有哪种单一的疏通疗法(如自由式写作)在独立使用时能发挥出极佳的效果,尤其是从长远来看……因此,在促进写作的持久性、舒适性和流畅度方面,循序渐进地使用各种方法的组合效果最佳。

(博伊斯,1994:100)

上述策略中的每一个都有助于你通过撰写某些内容而重拾写作。

第六章　成为连载作者

无论你写下什么,都能成为一个良好的开端。打个比方,我们知道自由式写作具有让我们内心的编辑保持沉默的能力,而且许多作者发现,这种写作方法的确有助于他们的写作,即便是以写作障碍为内容的自由式写作也会产出文本。类似地,生成式写作可以迫使我们专注于某一主题,推动其往前发展。即便是为了巩固某个已经提出的观点,也可以成为重拾写作的开端。

最重要的是我们要继续前行。与其纠结于已完成的作品和写作的修订,还不如继续下一个主题,即使我们知道自己没有"完成"之前的写作。换句话说,我们与其陷在困住我们的泥潭里难以自拔,还不如继续前行。

或许最有效的写作顺序便是先根据提示写作,随后进行自由式写作,接下来进行生成式写作,最后再运用结构化写作。虽然在写作的早期阶段,这种活动顺序可以帮助我们在前进的过程中边写边想;但在写作的后期阶段,当我们逐渐认为自己已经明确了前进方向时,也可以从看似倒退的初始策略中获益,你可以在任何阶段运用这些策略来启动写作。具有讽刺意味的是,你越是对写作方向感到确定,越有可能忘记这么做。

琼·博尔克(Joan Bolker, 2018)专门为遇到写作障碍的作者提供帮助,并从以下三个方面解决这一问题:预防性策略、咨询策略和克服写作障碍的策略。她鼓励人们"写下令你害怕的内容":"你可以问问自己是什么让你如此害怕;试着写下答案,并注意你所写的内容"(1998:93)。她认为,我们与其试图克服对写作的恐惧,还不如以在恐惧中努力写作取而代之,反正无论我们写得再多再好,可能也无法完全消除恐惧。即使论文完成了,通过审核并发表了,我们还是会畏惧写作。博尔克提供的一些"当你遇到障碍时的趣味训练"和本书所涉及的活动与做法相类似。事实上,它们都是由来已久的技巧,只是被赋予了新的含义。她指导作者们尝试五种预防性策略:

预防性策略

☆ 过于痴迷写作,以至于当停止写作时,就会出现戒断症状。

☆ 通过确定明天的写作内容来结束今天的写作。

☆ 把写作放在其他任何事情之前进行。

☆ 不为已完成或尚未完成的作品担忧。

☆ 把现已完成的作品汇集到一起,然后留意作品的数量。

另一种看待我们早前视之为问题的方法就是"转化"写作障碍。帕伦博(Palumbo, 2000)认为,我们可以转化心理障碍,从而"释放内心的作者"。随着论证的深入,这句话的真正含义在于,我们必须为了写作而改变自我。他认为,我们可以通过写作改变自我。很显然,假如我们不认同这一观点,便会觉得这多少有点夸大其词(有的人会认为这种想法很"美式"),那么我们就不太愿意(或能够)通过这种方式纾解写作障碍,或无法意识到原因就潜藏在人们当下的习惯性做法中。但我们大概会赞同,除了我们自己,没有任何人或任

第六章　成为连载作者

何事能够为我们自己的写作障碍负责。

倘若你遭遇了写作障碍,帕伦博建议你做出改变,任何改变都是可行的:

> 写作能催生更多的写作。如果你被困在某一困难的场景(或章节)中,无论如何都要写作。我们一眼就能看出,字里行间充斥着陈词滥调。把它写成句子……写作能催生更多的写作,正如忧愁会招致更多的忧愁一般。执着会带来更多的执着,徘徊则会让人更加犹豫不决。不仅如此,写作还能激发并强化你具备写作能力的事实。通过这种方式,你写出的页数将积少成多。
>
> (帕伦博,2000:35—36)

假如你遭遇了写作障碍,事实上这可能源于你做错了什么事情。如果你做出改变,反思自己对于这一改变的反应和影响,那么你就有可能跨越这一障碍。这种改变会促使你对写作进行必要的盘点,通过"春季大扫除"(帕伦博,2000:37),你可能会改变自己的做法。假如你不做出任何改变,则可能依旧停滞不前,这种停滞是实际上并非感受上的停滞。

当然,作为某个概念时,仅仅是页数的累积并不能即刻满足许多导师或学生的需求。但作为一种行为,页数的累积将受到导师的欢迎,也会改变论文作者的思维模式。因此,我要在此对不止一位学生提出的疑问做出回应:撰写实际上"糟糕的作品"仍有其积极意义。

怎样顺利完成论文：论文写作的策略与技巧

此外，坊间还流传着另一则关于论文写作的传说，那就是只有学生才会写出蹩脚的文章，只有遭遇障碍的人才会出现写不出来的问题（帕伦博，2000：37）。相信我，我们都曾写过一文不值的东西。论文作者应该欣慰地发现，我们都曾处于那样的境地。我们都写过令自己感到不满意的作品，我们都曾为了写作而写作，就为了看看自己能否写出质量更好或数量更多的文章。我们都会不断重复这一过程，当问题再次出现时，我们的痛苦也不会有所减轻。在写作尚未成为我们的例行事务之前，我们甚至会因为自己不得不重新思考这一切而大吃一惊。

问题是，长久以来，这种"一文不值"的作品并没有被新手作者们发现，以至于他们认为只有自己才会写出这样的东西，而所有人都知晓写出才华横溢作品的诀窍。在某种程度上，这种想法或许是对的：写作有许多诀窍，当人们最终发现它们时，大多会选择不与他人分享，这么做确确实实影响了我们的写作。但更重要的是，你需要一个支持你的同伴群体，如果可能的话，还需要一位写作指导者。请利用你的人脉为自己提供支持，当写作变得难以忍受或遭遇障碍时，如果你没有同伴、导师或其他人能够助你一臂之力，这就是一个你可以（而且我认为是应该）做出改变的信号了。毫无疑问，人脉与人际关系能够促进和重塑你的写作，使其变为成功的作品，或至少是在目前情况下足够好的作品。

这些解释并不能平息所有的自我怀疑，我所说的"质量问题"会再次出现："写出蹩脚的作品有什么意义呢？"难道我们尚未达成

第六章　成为连载作者

共识（难道到现在还不够明显）——写作质量才是学术写作的关键吗？然而，帕伦博引用本·赫克特（Ben Hecht）的话提出了一个问题：高质量的产出是否需要一个完全不同甚至更为艰难的写作过程。"做一个马桶盖所花费的精力并不比做一扇城堡里的窗户少；不同的仅仅是景色而已。"（2000：189）论文写作的过程极为艰辛，但它一定比创作其他东西更难吗？自我怀疑或许只是我们必须接受的写作过程的又一特征，这意味着我们需要重新审视自己的作者形象：你对自己在写作方面的看法会对你的写作效率产生积极或消极的影响（希姆斯特拉和布赖尔，1994：59）。希姆斯特拉（Hiemstra）和布赖尔（Brier）描述了诱发写作障碍的生理、心理、环境与认知因素。博伊斯同样对不同类型的触发因素进行了归纳："自我设限、羞怯、压力之下的窒息感、习得性无助[1]，以及无效的讨价还价策略等。"（1994：241）

我所分析的基本主题是，在某种意义上，遭遇写作障碍的作者为自己铸造了牢笼；而解决方案的基本主题是，作者必须以不同的方式看待和运用写作。他们应着眼于主要目标——写作，这是首要也是最重要的目标。他们必须改变自己的立场，从遭遇阻碍、停滞不前、当其他人向着终点冲刺而自己却仍困在栏框前的作者，转变为站在起跑线上的作者，虽难以冲刺，但可以依照自己的步调缓步

---

[1] 习得性无助（learned helplessness）：该词是心理学家马丁·塞利格曼（Martin Seligman）和史蒂文·梅尔（Steven Maier）在1967年创造的心理学术语。习得性无助发生在当一个人持续面对某种消极的、无法控制的局面后，不再试图改变所处的环境，即使他们有能力这样做。——译者注

向前。毕竟，论文写作不是一场短跑，而是一场马拉松。

10. 渐进式写作

写作问题或许还源于我们内心对于"暴饮暴食"的偏见：因为我们认为写作需要大块的时间，所以我们为这些大的时间框架设定了大的目标。然而，这些大的目标往往过于庞大，定义通常不明确，很难具体实施和管理。另一种方式则是把写作视为是一系列体量更小、更加明确的任务，能够让我们在较短的时间内完成。渐进式写作是我创造的一个新词，用以描述将写作过程的各个阶段与任务视为一个渐进的过程，其目的是帮助论文作者掌握写作的主动权：

◇ 设定写作的"暴食"阶段和"零食"阶段[1]（详见下一节）。
◇ 明确写作的增量。
◇ 根据论文大纲分配任务，并记入工作日志时间栏内。

这一点早已有目共睹：大多数人都知道，除非我们事前做好规划，且对于一部分人而言，除非我们根据上述字面的意思将任务写入日志，否则事情就不存在。这种方式的特点在于将写作任务分配

---

[1] "暴食"（binge）和"零食"（snack）：文中所指的"暴食式"写作特指某些人喜欢长时间的写作，期间有相当大的间隔时间，而"零食式"写作特指某些人倾向于频繁地、少量多次地在短时间内写作。——译者注

第六章　成为连载作者

到不同的时间段(不仅仅是最后阶段)，然后监测你的进度，从而评估你是否使用了切实可行的增量。

11. "暴食式"写作与"零食式"写作

许多作者(包括学生和导师)都认为，只有长时间的写作才可能成就最好的作品。有些人认为，他们只能以这种方式"真正"地写出作品。但这种"暴食式"策略有其缺陷：

> 暴食式写作会导致躁狂，一种近乎狂热的兴奋和冲动。暴食式写作让人手忙脚乱——因为在释放自己正在忙碌、不想被打扰的信号之余，我们必须完成其他逾期未完成的任务。暴食式写作会导致我们找不到休息和恢复的时间，而这些时间本可以为写作提供能量和灵感。暴食式写作还会引发另一个问题：写作的间隔时间过长，作者需要在恢复写作之前进行大量的热身运动。
>
> （博伊斯，1994：240）

此外，我们是否经常有大把的写作时间？即便对于博士生(特别是非全日制学生)而言，也有许多其他的职责和任务。暴食式写作真的是一种有效的方式吗？不管你如何看待这种方式，你会将其作为唯一的方式吗？即便你确实有很长的写作时间，你也应该用它来进行有组织的"暴食"。本书前几章讨论的策略旨在使论文作者

333

怎样顺利完成论文：论文写作的策略与技巧

能够使用一系列的方法，将写作纳入其所拥有的任何时间段，它们或长或短，甚至二者兼而有之。

此前我们已对暴食式写作策略给出了诸多的警示，在此处讲到它似乎有点奇怪，似乎它本身就是一种策略。我曾极力主张采用零食式写作，直到很多大学（和其他机构）和团体的作者提供了他们采用暴食式写作策略的理由。似乎总有人说："我只能在拥有大块时间的前提下才有最佳表现。"因此，关于暴食式写作的概念和实践，一定存在某些根深蒂固却行之有效的东西，我们不应完全将其抹杀。

在当前暴食式写作与零食式写作的争议中，我的立场是，两种模式都有其各自的用途，我们应该在战略和战术上同时使用这两种模式。因此，在本书的论述中，我主张用暴食式写作与零食式写作相结合的方法撰写论文。

正如此前所说的那样，我的观点是，暴食式写作不应是完全开放且不设限的。一个有效使用暴食式策略的例子就是，在为最后期限的到来做准备的阶段，我们利用即将来临的最后期限强迫自己集中注意力，聚焦于写作本身。那些通常拥有大块时间的人，例如研究生，应该搜寻其他的备选策略，坐视提交论文的最后期限到来显然不是明智之举。

你可能还会通过其他途径进行暴食式写作，或许是安排一整段足够长的时间来开始和完成一篇文章。据钟爱暴食式写作的作者反馈说，这种模式让他们有时间真正进入写作的"心流"，并且，假如这段时间实际上是持续不断的，那么他们就可以完成大量的作品。

但问题在于，这种模式有多强的可行性？你有多少次能真正做

第六章 成为连载作者

到？你以这种方式开始并完成写作项目的次数有多少？你所在领域中的高产作者和成功作者是以这种方式写作的吗？

随着你的科研水平及写作技能不断提升,你有必要开始留意自己管理写作过程的方式。哪些是真正有效的做法？我们必须承认,对短期任务有效的策略可能并不适用于论文写作的漫长过程,除非你将这一漫长过程分解为具体的写作任务,而这种做法可能让我们更接近零食式写作的概念。

零食式写作能给你的写作带来的关键特征是定义写作任务的过程,这一过程可能比你拥有大量写作时间时更为详尽(默里,2014b)。这一过程反过来又进一步提升了写作动力。你或许认为,所有报考更高学位的人在任何时刻都具备充足的动力;但许多人报告说,动力也有高峰与低谷之分。为了不断提高你的写作水平,一个有效的方法或许是将动力与写作相结合,这让我们又回到了本章开篇所援引的研究:"有规律的写作投入必然会带来写作动力。"(博伊斯,1994:236)

如果将"暴食"和"零食"模式结合起来,就可以建立一个富有成效的写作过程。显然,你的写作要富有成效,以便你在加深理解和管理研究的过程中保持写作状态。当你对所要撰写的内容在脑海中形成清晰画面时——无论是以图像形式还是以具体的大纲形式呈现,暴食式写作的效果最佳,它有助于你在写作时发现想法或观点之间的关联性。采用此种方式定期写作,你会发现自己在写作中是专注而流畅的。换言之,暴食式写作和零食式写作都可以与本书涉及的其他策略,以及你将从其他作者那里学到的策略结合使用。

12. 制定写作策略

在找到某种行之有效的写作策略之前,你将不得不尝试一系列不同的策略。最终,大多数论文作者和研究人员报告说,他们希望能够写出更好的作品,以及更轻松地写作。实现这一目标的方式或许是通过定期写作以及以不同的模式写作:

◇ 定期进行自由式写作、生成式写作和/或根据提示写作。
◇ 在开始写作之前,先制定详细的大纲。
◇ 短时间写作与长时间写作交替进行。
◇ 针对特定的写作目的,使用相应的写作模式。

最后一点意味着你必须决定每次写作的目的是什么:

◇ 你是在进行写作热身,还是在进行结构化写作,或者是为了拓展思维而写作?
◇ 你所撰写的文章有何目的?你打算表达什么观点?
◇ 据此规划你的写作日程。

除非你做到这些,否则整个写作过程可能会显得失控、混乱或至少"毫无章法",写作活动也将显得毫无意义。此外,还有一轮轮的反馈与反复的修改在推动你的研究和论文不断向前发展。因此,

第六章 成为连载作者

你需要将这些因素纳入写作过程。

你可以开始实时规划这些写作活动。第八章的内容涵盖了在有限时间内撰写和修改论文的全过程,但给自己留出更多时间是可能的,也许是更有益的。

本章探讨了将章节写作作为系列写作的一组任务,从而成为一名连载作者的过程。关于写作障碍的部分旨在帮助你克服诸多障碍中的任何一个,以便你能在写作中继续前进。下一章将更进一步,探讨如何开始将所有章节整合在一起。

自我检查清单

成为连载作者

○ 定期写作。

○ 测算你的实际产出量:统计/计算平均每小时或每周的撰写总量或页数。

○ 规划并组织研究进展报告。

○ 规划并撰写论文的各个章节。

○ 安排你的"暴食式"写作,同时进行"零食式"写作。

○ 如果你在写作时受阻,试着用一些策略来解除障碍。

○ 提交一份学术会议摘要。

○ 为自己设定写作任务:在动笔前确定格式、内容、时间跨度与字数。

○ 持续使用自由式写作,以帮助你拓宽思路、建立自信心。

怎样顺利完成论文：论文写作的策略与技巧

> **本章学习成果**
>
> ➤ 明确各段落的构成要素。
>
> ➤ 撰写与研究方法相关的内容。
>
> ➤ 分析写作中出现的问题。

第七章

创建论文结语

> **内容提要**　结语意味着限制、闭合,以及将事物限定在某一范围内。在写作中,这要求你制定一个选择原则:你将在论文中扩展哪些内容,以及舍弃哪些内容(或将哪些内容留待后续使用)。结语表明辩论的终结:你必须表明自己的立场并为之辩解,驳斥不同的观点,并为你设定的理由进行辩护。本章介绍的写作策略包括布朗为起草摘要所列出的8大问题、安排论文布局、撰写750字论文摘要,以及撰写论文结论。

1. 何为结语

整合后的内容是什么?其中最重要或最核心的东西是什么?结语就是把各部分整合起来,然后得出点什么。

(埃尔伯,1973:20)

怎样顺利完成论文：论文写作的策略与技巧

我们可以将结语比喻为另一个相关的词——血栓。血液在整个人体中自由循环，直至遇到了血栓。血液可能已在一段时间内逐步变得浓稠，流动受到了限制，但血栓则意味着完全停止了流动。同样，在论文写作过程中，我们的思想自由流动，甚至写作在许多阶段都可以有效地摆脱结构的限制。然而，我们有必要停止思想的自由流动，为论文或论文的某一部分设计一个终点。如同血栓一样，结语也可以解除。就像时间规划一样，我们会根据事件和反馈来修改结语。

这个比喻带有恰当的暗示，包括压力、紧张、痛苦和焦虑，这往往是整个学术活动中最艰难的部分。许多作者避免创造结尾，因为他们对读者的反馈感到焦虑，或是因为他们尚未理清自己的中心论点，尽管他们未必能意识到自身的焦虑及其原因。另一些人则通过声称自己具备创造力来为自己未能构建出结尾开脱，他们认为构建结尾是一种退步性的做法。可能也有一些论文作者不知道该如何构建结尾。

但创造结尾是论文写作的最终目标之一，因此练习撰写结语至关重要。你的论文最终必须有一个结尾，所有章节也必须连贯地走向终结。每个章节都有独特的结尾形式，因此在早期稿件中练习创建结语不失为一个好方法。

结尾本不存在，需要作者去创造，注意在本章开篇埃尔伯引语中强调的"创造"。在研究中，结语可能意味着某些相当具体的东西：

◇ 实现研究目的。
◇ 交代研究结果。

第七章 创建论文结语

◇ 将现有的及新的研究和理论相整合。

结语还有诸多不同的定义可供参考。现在看来,这些定义并不都是相关的。然而,即便是那些看似不相关的定义也可能成为你写作时的有用提示,也就是说,它们可以帮助你构建结尾部分。根据这些提示来写作可能会迫使你写出结语。

不管怎样,这些例子都说明了为论证已经实现了某种闭环而需要的提示类型。尽管有多种变化,但请想想你将如何呈现结尾部分。在你阅读时,请留意这些词和短语在一般情况下以及在你的学科中是如何表示结束的:

发出结束的信号

☆ 叙事结构将整个故事串联起来。

☆ 每一章都回答了一个问题,并持续推进论文论证。

☆ 与研究目标/问题明确联系起来,并表明了论文的进展情况。

论文结语必须表明你已经完成了研究的某个阶段,论证你已经完成的研究代表着某种形式的完结:

◇ 说明你已经完成了最初所要做的事。

◇ 表明你已经开始实现某些目标。
◇ 说服读者你已经做成了某事。
◇ 展示你对已取得的成果所存在的局限性的理解。

一如既往地，关键是要用契合你所做工作的方式阐释结尾部分。然而，在现实中，思考和写作的任务是在你所做之事和你认为自己能做之事间的协调。这类协调后续还将继续出现，这些看似没完没了的协调似乎会推迟论文结尾部分的到来，但积极地寻求结束才是你下一步应有的举措。

2. 临时性完结

有些作者可能觉得，只有在论文写作的最后阶段才能真正做到完结。从某种意义上说，这种想法有其正确性，因为论文的整体论述必须统一。临近最后期限也可能是推动完结的一大因素。基于上述原因，相当多的作者更喜欢临时性完结这一表述。

因此，你的职责就是界定完结对于你各个部分的研究或论文意味着什么。你已经完成了哪些研究任务或步骤？你完成了哪些写作内容？最重要的是，你在概念上是如何向前推进的？你距离论文完结还有多远？据你推测，你认为最终的结论会是什么？

换言之，这并不是能够拖延到论文撰写过程结束时再做的事。你可以开始思考每个阶段或每个章节的结束可能意味着什么。临时

第七章 创建论文结语

性完结这一术语意在帮助你对结尾的构成要素做出初步决定：

◇ 完成某个章节。
◇ 撰写一份研究进展报告。
◇ 赶上最后期限。

当然，以上所有的完结形式都取决于导师的反馈。即便你竭力且清晰地阐明了临时性完结的定义，他们也可能会要求你做出进一步修改。导师们有时会忘记，他们所提出的不断修改的要求或许将妨碍学生构建结语，他们似乎总想让你再增加一些内容，而你最终的字数却是有限的。如果类似的情况发生了，你应该试着让导师在帮助你添加内容的同时，做好编辑和删减工作。

这么做可能会改变完结的操作定义，但也并非是绝对的。如果反馈意见似乎需要对你的定义进行大幅修改，也就是需要对研究彻底返工，那么就必须考虑两个问题：(1) 我对完结的定义是否有误？ (2) 导师要求的修改范围是否过大？随后，你必须对导师的反馈做出回应。

事实上，你可以开始把你的写作看作是一系列的"小结尾"，因为你在写作过程中更早地确定了写作的规模和范围。若你在早期阶段就把这些确定好，那么写作的不确定性、不可预知性和压力就会减少一些。例如，在论文写作过程中，结构性的决定就会减少。

在这一点上，通常有人会问：创新性又将如何体现？这个问题暗示了写作过程中的结构化在某种程度上阻断了创新性元素的发挥。这种说法极为荒谬，事实上，无论你的大纲或计划多么详尽，你可能

343

都需要对大纲的结构进行检验,甚至有可能偏离这一结构。有效写作的诀窍是找到一种让自己回归正轨的方法。换句话说,你将继续感受到各种选择和新的想法,因为它们出现在你身上,这些不会因为你有一个大纲或结构而蒸发掉,这仍然是一个"创新"的过程。

话虽如此,但对于许多作者而言,尤其是刚刚开始写作的人而言,论文收尾与创新性之间似乎存在某种冲突。论文作者漫长的写作周期又加剧了这一冲突。

结尾的本质是限制、封闭以及完结的想法与做法。对于写作而言,这意味着在某种程度上限定主题、设定选择原则或优先顺序,并过滤掉论文中不再拓展的想法。让自己放手的方法便是考虑日后如何在其他地方使用自己的衍生创意。

3. 不再拖延

重要的是要进行总结:哪些写作策略会有所帮助?哪些策略不起作用?哪些策略已被证明富有成效?是否有修改论文主旨的理由?写作中是否存在障碍?读者的反馈对写作有何影响?在这一阶段,你是否正在寻求各种不同的反馈?重要的是,你应该继续和导师及同伴讨论写作的成品和过程。

你应当利用本章来为你的写作过程设定一个重要的转折点:为你目前的工作设置结尾,并不一定意味着最后定下来某个章节,而是为某个阶段的工作或某篇作品画上句号。人们还有一个针对"全局"

的重要问题：结语中的某个因素将如何影响你的整个研究和论文？

写作过程也有收尾：你现在就可以开始使用本书第二至第六章所提及的制定框架、自由式写作、列提纲、打草稿和重新修改等技巧来继续撰写论文的其他部分。这些策略还可以帮助你不再拖延。许多不同行业的作者均发现，使用自由式写作和生成式写作，再加上提纲，能够帮助他们尽早启动写作任务。他们不再逃避写作，而是立即开始"把想法写在纸上"。他们发现，这种做法可以大大减轻写作压力，大大减少"最后一分钟"以及"截止日期前一晚"的折磨。

4. 研究日志

你可以在研究日志中以多种形式及其变体来演练如何收尾。日志还有助于你追踪、回顾想法的发展过程，你会发现自己的思维已经向前有所发展。论文的这种演变"历程"或许本身就是论文的一个组成部分。在某些学科中，你可以基于这些笔记生成一篇论文。在其他学科中，研究日志或许更像是创建结尾内容的一个空间。

◇ 你为什么要写研究日志？
◇ 研究日志对你的写作有何帮助？
◇ 研究日志是否仅仅是额外的写作练习？
◇ 研究日志具有更重要的作用吗？
◇ 你知道在自己所在的领域中，有谁写研究日志吗？

怎样顺利完成论文：论文写作的策略与技巧

你可以开始使用写作提示。随着你对研究生学习与科研的基本规则与环境的了解，你可以写下你的想法以及不确定因素。最重要的是，你可以写下自己对于研究发展的思路。尽管存在潜在地影响着你的作品的诸多外部因素，但你可以通过定期的反思性写作使你的研究回归正轨。你可以通过定期撰写研究日志来重新集中你的想法。

撰写研究日志可以让你不必再刻意地迎合读者期望以塑造你的内容。你在日志中记录的内容越多，你就越有可能做到这一点。你可以将自己从读者的期许中解放出来，从为了迎合他们而不断变换的语言风格和结构中解脱出来，因为无论你怎么做，读者似乎都不会真正满意：

> 令我感到沮丧的是，当我写下一些强硬的、快速的、充满混乱和破坏性的东西时，我却因为写的内容强硬、快速、充满混乱和破坏性受到责难。后来当我试图把那些因素淡化一些，挖掘一点心理与情感因素时，我又因为遗漏了第一次放进去的内容而受到责难。读者对钱德勒（Chandler）抱有这样那样的期望，因为他以前做过这些事。但当他做了之后，人们却又说，假如他不那么做，可能会更好一些。然而，现如今这一切都是徒劳。从今往后，假如我再出错（毫无疑问我会犯错），那么也绝不会仅仅因为避免犯错而不犯错，因为那是徒劳的。
>
> （海尼和麦克沙恩，2000：30—31）

研究日志有助于你避免犯下为取悦读者而偏离自身想要表达的

第七章　创建论文结语

内容的错误，它还有助于你克服对于犯错的恐惧。

研究日志可以帮助你从早期写作过渡到后期写作，这并不意味着你会忘记如何用标准的学术方式写作，而是意味着你将拥有多个写作场景。这也并不意味着你就能从读者的期许中解脱出来；依照他们的评论，你仍然有许多地方需要改进。

如果你有多位导师，你会发现，记录下导师的反馈，通过日志的形式将各个不同研究阶段的观点（这些观点要么极为相似，要么非常不同）进行对照，可以从中获得进步。这样的方法尤为实用。

有些学生发现，两位导师并不总是"意见一致"。在这种情形下，学生应该主动解决这一问题，使用研究日志就是极好的办法。

然而，上文引用钱德勒的例子是为了说明，你可能会在迎合读者的期许时走向极端，这一点对于仍处于早期写作阶段的论文作者而言有百害而无一利。在起步阶段，你不太可能对自己的作品感到满意，更不要指望作品会得到他人的认可。

你想写的是什么？事实上，你撰写的内容可能取决于你如何界定研究日志的目的，但也没有必要将其作为研究日志的唯一功能。你还可以将研究日志用于追踪研究和论文的进展，或是用于其他全然不同的目的：

撰写研究日志的目的

☆ 作为研究及写作的系统性书面记录。

☆ 作为研究项目的日记本。

> ☆ 作为结构化或半结构化反思日志。
> ☆ 作为随想记录。
> ☆ 作为一种学习机制。
> ☆ 作为上述内容的结合体。

研究日志的目的可以用穆恩(Moon)在描述她自己的写作实践时的一句话来概括：日志有助于我们通过"在纸上思考"的过程来写作(1999:119)。她还罗列了以下内容，并作为撰写日志的潜在主题：

> **研究日志的主要内容**
> ☆ 会面记录。
> ☆ 记录。
> ☆ 待办事项清单。
> ☆ 想法。
> ☆ 联系方式及参考资料。
> ☆ 网络资料列表及笔记。

尽管穆恩列出了11种我们可以利用日志写作进行学习的方法(1999:31)，但对于论文作者来说，关键问题可能更侧重于他们的产出：

第七章 创建论文结语

◇ 日志对我的写作有何帮助?

◇ 研究日志对于我撰写各个章节有何帮助?

你可以通过撰写日志的方式阐述你的观点,并形成一种风格,使你在写作中表达自身想法时带有适当的权威性。你也可以尝试各种不同的风格。

我能在研究日志里写些什么?

我与导师的会面记录:

☆ 发生了哪些事?

☆ 双方说了些什么?

☆ 会面期间我在想什么?

☆ 我在会面时的感受是什么?

☆ 我现在有什么想法和感受?

这些问题可以帮助你拓宽思路,思考论文写作过程的某个重要方面。用这一方式来描述所发生的事件和你对事件的感受,是从所经历的事件中获益的重要过程(博尔顿,2001)。你可以使用如图7.1所示的拆分式页面布局,将这两类想法分开。

349

图7.1 拆分式页面布局

经常写与你的主题相关的内容有助于你了解自身课题，某些人认为，这一做法将转变你的思维。穆恩（1999）对弗兰（Flynn, 1986）的观点表示赞同，这个观点是这样被表述的：

> 促进学生分阶段进行阅读和写作的教学结构也能促使他们转变对文本的理解，反过来又可以鼓励他们改变对自己所处的世界和自身的看法。
>
> （弗兰，1986：213）

人们期望论文写作能够帮助其实现自我"蜕变"，但在你的日志中"分阶段写作"会产生某种不同的效果。如果你仅仅为了论文而写作，那么你只会写出特定类型的作品，并且很可能只能获得对于

第七章　创建论文结语

你自己的课题和你自身的某种范围的感知。倘若你以研究日志的形式写作,你会更清楚地了解从一个阶段到另一个阶段的转变,例如从探索阶段到巩固阶段。

你可以在不同阶段运用日志的不同功能:

> (我的项目日志)源于学习期刊文献时记录的笔记,它们是我在提交出版提案期间逐步累积而成的笔记。我把笔记写在A5大小的便携活页纸上,不久之后,我将拟定的每一章标题做好分类,从而为杂乱的想法找到一个适当的"归宿"。有时我会聚焦于某个章节,开始一个人的"头脑风暴",通常是在晚上写作结束后进行某种形式的训练时。这就意味着我会将各个章节的笔记不断扩容,章节标题处也成了我撰写计划和列出所需参考的文献的地方。
>
> (穆恩,1999:118)

这一写作顺序将写作过程分解为不同的阶段,以适应作者对其想写内容不断发展的理解,使得写作过程与思考过程相匹配。事实上,日志似乎成了思维拓展与写作产出的引擎。撰写日志的发展性动力,似乎就在于我们可以从"仅关注论文的某个部分"转变为统筹考虑如何将我们的想法归纳到论文的恰当位置。一旦我们的想法在某个章节中找到了栖身之处(尽管我们知道这些想法随后可能还会转移到其他地方),我们就可以放松下来,继续写作。

这一写作顺序涵盖多个相互作用的步骤:

第一步:从提案开始,然后过渡到笔记,再进行整合。

第二步:设定章节边界,在章节中填充想法。

第三步:在一个章节中集中进行头脑风暴,借助基本结构将原有笔记与新的想法结合在一起。

第四步:使用章节文件夹作为规划的"地盘"。

第五步:将其与文献联系起来。

上述步骤和"先掌握文献,再思考我们能做什么"的模式正好相反。这种模式的顺序是,作者先提出自己的见解,然后再查阅文献以获得支持,这与分阶段撰写论文的过程相差无几。

当然,穆恩在逐步制定提案时,已经具备了一定的知识和理解深度,而对于那些尚未具备上述条件的论文作者而言,这一做法可能难度更大,甚至无法做到。但她的描述确实显示了日志模式有助于作者记录下诸多不同的想法,达到不同的思想层次。

所有这些关于研究日志的观点(既有理论层面的,又有实践层面的),都是你和导师探讨的潜在话题。当你为实现穆恩提出的目标而苦苦挣扎时,当你对各个"阶段"感到迷惘时,你或许会想放弃"将其作为写作的理由"这一策略,而倾向于面对面地接触那些能够给予你建议的人。事实上,如果你真的能遇到这样的人,或许你应该寻求在日后写作方向上的指导,而不仅仅是建议。

相反,如果你发现研究日志正不断取得显著的成效,那么这时就是你和导师可以谈论另一个潜在话题的时候。你可以回顾自己在过去几周或几个月的进展,审视某一想法的发展历程,这有助于导

第七章 创建论文结语

师看到你的进步。假如他们认为你偏离了研究范围，这也为导师帮助你校准或调整思维和写作提供了机会。

研究日志可以帮助你展示思考过程，例如，在选择研究方法或路径时，不要低估这些琐碎笔记的重要性。这些笔记解释了你为什么决定用特定的措辞给研究参与者写信，解释了为什么你选择用特定形式发送焦点小组的总结，或者你为什么专注于一个文本而忽略了另一个文本。无论再细微、再琐碎，这些笔记也是体现你研究过程中重要决策的演练与记录。我们应当将某些笔记——甚至是全部笔记——植入自己的论文之中。

因此，你的研究日志中将会有论文的草稿素材。这就是为何我们需要将这些转瞬即逝的想法记录下来，它们将影响整个决策过程。如果你没有保留好某种形式的记录，在后续阶段再去追溯决策的合理性则更加费力。为了给自己节省时间，请把想法写下来。

研究日志还为管理写作所涉及的并行任务提供了方法。在你发展认识与想法的过程中，日志可以将二者紧密联系在一起。日志既是思想的动力，又是决定的记录，还能以片段的形式储存未来的草稿。由于日志本身无法直接生成章节内容，因此也可以作为素材过滤器，帮助你在纷繁的材料中找到自己的方向。

如果你在此刻就动笔撰写研究日志，你会发现它在早期阶段发挥着多种功能。在后续阶段，其功能则慢慢减少，因为你对日志的需求不再那么旺盛，或者它对论文的支持作用已让位于论文本身。到那一刻，你可能想用研究日志记录其他的想法，例如科研投标、公开出版或答辩问题等潜在的话题。

怎样顺利完成论文：论文写作的策略与技巧

作为论文作者，你有责任找到写作的方法，积极主动地开启写作过程，审视自己的实践并做出调整，直到你养成可以依赖的写作习惯。

我们不应忘记（既然此前还没有人说过），以这样的方式撰写研究日志或许是一件有趣的事。研究日志可以把你、你的身份和你为什么要做这项研究联系起来，它还有助于你保持对研究课题及写作的热情。

目前，许多专业发展项目要求或建议出具某种形式的作品集，通常包括日志练习或对研究工作和进展的一些书面描述。你可能还会被要求面向年度审核小组陈述这些材料，你需要核实这一点。通过撰写日志，你将逐步操练可能在后续阶段所要进行的过程。届时，你将会找到许多富有理论意义且具备实际用途的做法。

日志有许多以不同方式呈现的用途，也有许多关于该主题的出版物，比如《个人日志》(*Personal Journaling*)一书以及网站。尽管某些人认为日志与论文写作过程直接相关，但除了作为论文写作过程的一部分，日志还有一些拓展性的用途。有些人将其视为免费的疗愈形式；另一些人则将其视为回顾我们思考和行动的工具。

> 我们的生活充满了对我们有意义的观察和事件，当我们对其加以研究，我们就会发现我们是谁，以及我们真正重视的是什么。我们需要花时间问出关键性问题，以便答案能够以具体细节的形式，畅通无阻地进入我们的脑海……假如记忆是我们

第七章 创建论文结语

生活的组成部分,那么我们应该大胆地对其加以利用,并保持自觉性和创造性……我们通过行动和决策来构建我们的生活,但同样也通过语言描述来构建我们的生活。我们将自己的生活环境塑造成故事,这可能是我们始料未及的。

(蒂贝里奥,2000:44)

这类文章提出了具体的"指向性问题",我们可以拿这些问题问问自己。我们可以轻松地改编这些问题,使其契合论文作者的背景:

◇ 这是我想讲述的关于我如何着手开展这项研究的故事……
◇ 我希望将自己的写作过程描述为……
◇ 我曾受到了……的影响。
◇ 我喜欢或讨厌我的导师说……
◇ 我最喜欢的写作时刻是……

这样的描述和叙述可以帮助我们筛选问题,它们可以产生一种解决问题的方式。学生们或许会发现,在描述写作中所遭遇的问题时,问题出在孤立地看待事物上,而非写作本身。

我们可以通过写作与复杂的问题进行斗争。如果把所有的内容写下来,然后丢弃掉而不是分析它们,也许会有一定的治疗效果。或许这是我们第一次打开心扉,充分地表达我们对于研究或其他任何事物的想法。务必坚持下去,这将是很有价值的写作练习。一旦我们开始写作,任何结果都有可能出现,不管它们是不是我们预期的结果。

5. 写作习惯

> 当我面对无法写出 500 页的孤独时，一种病态的挫败感涌上心头，我知道自己永远也写不出来，这种情况总是在发生。后来渐渐地，我写了一页又一页，一天的工作量是我允许自己思考的全部，我放弃了总想完成的这种念头。
>
> （斯坦贝克，1962：26—27）

> 我总是从结尾开始……作者从开始创作的那一刻，对他们作品的了解就比他们自己认为的要多。如果一个作者无法看到结局，我无法想象他怎么能有足够的目的性去开始创作。
>
> （约翰·欧文，引自雷库拉克，2001：n.p.）

显然，职业作家约翰·斯坦贝克（John Steinbeck）通过无视结局的办法设法克服反复出现的挫败感，这种做法看似有悖常理。我们一定要朝着一个目标努力吗？我们都知道最后期限的魔力，也知道如果没有最后期限，写作会是什么结局（有最后期限的任务往往比没有期限的任务先完成）。但有意思的是，斯坦贝克的观点除了使人对一个在写作上获得如此成就的人竟然在写作过程中会有这样的挫败感感到好奇之外，还提供了一种尽管有挫败感却能够继续下去的方法。他深知这种挫败感每次都会出现，但都无法阻止他继续创作，这种感觉并未使他相信自己将会失败。对他来说，这是写作过程的

第七章 创建论文结语

另一部分,他承认这一点,并学会了与之共存。

约翰·欧文(John Irving)的方式则完全相反:他必须知道最终的目标是什么,写作的"目的地"何在,否则就会迷失方向。他解释道,一旦将一种直观的结构和连续性的感觉固定下来,就会推动我们一直走向终点。这是一个有趣的提示,提醒我们在学习过程中依靠自己的大脑建立合理联系。在写作过程中,我们可以发现(或者是"缔造")无法预测但最终具有合理性的关联。

这两种模式的对比显然值得我们思考:我们对自己喜爱的写作方式存在偏好,我们对自己所认为的写作"应该"如何进行是有概念的。在一篇重要作品(例如论文)的开端,我们可以将其视为一座大山,遍布着一个个小山丘。当我们看不见目标或前景时,我们必须在这样的时刻(持续的时间可能还要更长)找到继续写作的方法。

我们对最佳写作方式的认知和我们实际的写作方式相互影响,我们的写作习惯与我们对写作的设想及写作经验息息相关。在一个全新且漫长的写作项目之初,也许是时候拓宽我们的选择范围了。

> 如果每日写作对你而言有难度,那么制订一个时间表将有所帮助……大多数作者的工作习惯相当有规律。田纳西·威廉姆斯(Tennessee Williams)和欧内斯特·海明威(Ernest Hemingway)在黎明时分就开始创作……詹姆斯·鲍德温(James Baldwin)则在家里所有人都睡觉的时候动笔写作……玛丽·戈登(Mary Gordon)则每天早上从五点半开始写作,一直写到八点,当家里其他人苏醒的时候……大卫·塞达里斯(David

Sedaris）只在晚上写作……

（雷库拉克，2001：n.p.）

尽管上述引文中提及的作家习惯各不相同，但他们在写作方面有某些共同的特点：

◇ 明确何种方法对自己行之有效。
◇ 独处。
◇ 当写作失败时有备用方案。

不管你的偏好是什么，都要做好实施相反方案的准备：假如你是那种在心怀目标时工作效率最高的人，那么在某些时候，你将不得不在漫长且复杂的过程中感到茫然失措，以及对精心安排的计划进行重新安排；相反，假如你是那种讨厌被目标驱使的人，或者仅仅是不了解目标的意义，你将必须在某些时刻屈服于一连串的截止日期，以及在你眼中像是里程碑一般的重要事件：

◇ 定期写作。
◇ 用不同的形式写作。
◇ 使写作与你的思考和研究所处的阶段相适应。
◇ 随着时间的推移，将这种写作上的变化结构化，使之成为一个过程。

第七章 创建论文结语

你可以将写作问题看作是你能够克服的挑战，或者只是某些写作中的常见困难，抑或是写作本身所固有的不适感。

6. 中间点

对于一些学生来说，论文写作中间点的位置可能与博士学位的中间点不太一致。例如，它可能出现在攻读博士学位的第二年年底。此刻，你可能已经写出了各章的草稿，现在你必须对这些草稿进行修改，并将其整合为统一的整体。

论文写作中间点的概念本身就是一种结构。你可能无法感觉到或并不认为自己已经完成了一半任务，但这可能是因为你还没有对后"一半"产生概念。到目前为止，如果你的任务已完成过半，与其惊慌失措或认为你的产出不足，不如重新安排你的工作计划和写作计划。无论如何，你都必须在不远的将来计划好在有限时间内要完成哪些力所能及的事。

如何才能将已完成的作品看作是半成品呢？这本身就是一项写作任务。构想和重构你的研究项目及写作是件好事，但我们都心知肚明，你必须为推进写作而写作（托兰斯等人，1993）。

如何才能自信地继续写下去？你可以从一些自由式写作开始，尝试从多个角度看待自己的作品，并写下你如何精简自身的研究和创作。想一想，在不失影响力和连贯性的前提下，你可以在哪些方面削减主题？

你必须与导师讨论所有这些内容——你的进展和计划。你需要从导师那里得到关于利用论文后半段的进程来完成写作的提示。

现在或者不久之后，你必须强迫自己考虑从试验性章节过渡到草稿部分。一种方法是主动界定你所期望的论文的样子，你可以定义其特征和品质。除非你这么做了，否则你的写作很难推进到下一个阶段。

> 我可以指出六大标准来确定论题的选择……第一，必须记住我所面对的是一个相对紧凑的整体主题……；第二，……我们必须设定研究范围……；第三，它们必须"相互平衡"；第四，内容必须引发读者兴趣，在这一点上，我的意思是，它们必须为现有的理论提供一个新的视角，使得最终的文稿成为该领域研究者的有用资源；第五，它们必须能反映精英阶层的权力问题……；第六，我希望在每一章范围内既展现时间维度（变化层面），又展现空间维度。
>
> （麦克尼尔，1998：246）

请注意，这位作者以论题为出发点，然后列出了正在进行中的论文的六大特征，同时确定了整篇论文及个别章节的形式，他还确定了哪些内容是自己不想要的。无论你是否对自己的论文制定了同样的标准，假如你尚未启动，这就是你现在需要做的思考。你的标准是什么？你想要表达什么？你的论题是什么？你想要规避的写作类型是什么？

注意，上述标准有助于作者对"论题"做出选择。这一阶段至关

第七章　创建论文结语

重要,你需要对过去几个月或几年所收集的所有材料、文章、写作计划找到某些筛选的原则。

从上述列举的问题入手进行写作练习,使用麦克尼尔(McNell)使用的词汇或者你自己的版本,将是你决策过程的起点。只有做到了这一点,你的论文写作才会真正进入"分水岭"。

7. 布朗八问

本小节将介绍一种作者们认为对勾勒作品轮廓有所帮助的工具,有些人认为这一工具有助于撰写论文结语或摘要。这一工具涉及"提前写作",也就是当你对于研究的进展和结果尚不明确时所做的写作。这需要你提前考虑研究的可能性结果或预期结果,同时记录现已完成的工作。诀窍就是将已完成的工作和待完成的工作连贯地结合起来。

对于迄今为止仍感到难以写出丰富内容的人而言,这一方法可以用来"快速启动"论文写作。它能够帮助论文作者将写作任务视为一个整体,并将空白之处也囊括其中。这种写作形式有别于单纯地记录已完成的工作,这不是一种报告形式,而是创造性地探索论文可能发展的途径。

在此刻(或者在更早或更晚的时候,视作者的需求而定),你需要转变思路,从研究中抽身出来,思考你将要讲述的故事,这一点很关键。打个比方,我们知道论文的重要主旨在于"原创性",这是一

怎样顺利完成论文：论文写作的策略与技巧

个必须以某种方式融入论文的常量。

这个阶段的写作就是将你的想法、所获取的信息和直觉塑造成一个连贯的整体。这个塑造过程可以采用罗伯特·布朗（Robert Brown）的八个问题作为开端。罗伯特·布朗（1994/1995）的短文主要聚焦行动学习：

> 所有作者和编辑梦寐以求的就是能够源源不断地收到文章，一经收稿就能够完美地交付印刷。坏消息是，这种想法仅存在于梦境之中；而好消息是，一种所谓的"行动学习"过程可以帮助把这个梦想一点点变成现实。
>
> （布朗，1994/1995：1—8）

在这篇短文中，他提出了归纳某项研究的八大问题。在过去的15年里，我将这一方法推介给了论文作者，作为他们为学术刊物撰写论文结语或摘要的一种手段。依照我的经验来看，作者们认为这些问题对概述他们的工作非常有帮助，即使是在项目的早期阶段。对于处于研究过程的早期阶段或仍不确定研究发展走向的人而言，回答这些问题需要一点想象力、预测能力或推断能力。当然，想象力必须在逻辑和可行的范围之内发挥。对于其他人而言，这些问题是对目前已完结的工作进行总结的一种方法。因此，布朗设计的这些问题适用于此类情况，并可作为勾勒蓝图和概括总结的工具。

虽然这些问题乍一看似乎并不适用于所有学科（我们已多次提

第七章 创建论文结语

及这一点),但这些问题对于聚焦写作大有裨益。例如,人文和社会科学等领域的作者可能认为"结果"一词很陌生,他们通常认为,这个术语只能用于实验研究,是科学和工程领域的研究才使用的语言。然而,看待这一问题的另一种方式是,承认你在论文中得出了某种"结果":我们肯定进行了某种分析,也肯定使用了某种既定的分析方法或手段。

事实上,这些问题难度较高,需要你进行大量的思考。当然,回答问题时至少应该与导师进行一次讨论。值得注意的是,导师可能从未见过这篇文章,很可能在论文写作的"成形"阶段不会使用这种方法。这意味着你可能需要向导师据理力争,因为无论你是否觉得这是一项有益的训练,导师们也几乎一定会提出质疑,这就是导师所扮演的角色——检查你是否有充分的理由来做你的工作。

某些导师会觉得这是一个糟糕的主意,他们可能会认为这是一种促使你去猜测而非从所做的事情中得出结论的方法。同样,你或许需要为自己据理力争;又或者,你也许要在作品目前所处的阶段与你最初想要塑造的论文全貌之间找到关联性。关键的一点在于,你已经使用了布朗的问题(或其他手段)作为塑造论文的起点,尽管目前论文尚未最终成形。和写作过程的其他很多方面一样,这仅仅是诸多迭代步骤中的一步。

根据自己的研究课题、论文或作品来调整这些问题是相对容易的做法,但有益的做法是根据布朗的问题来调整你正在写作的内容。这些问题看上去十分简单:它们极为精练,使用极少的字词,也只需要你做出简短的回答。

怎样顺利完成论文：论文写作的策略与技巧

> **关于你的论文**
>
> ☆ 论文的目标读者是谁？（列举3~5个名字）
>
> ☆ 你做了什么？（50个字）
>
> ☆ 你为什么这样做？（50个字）
>
> ☆ 研究过程中发生了什么？（50个字）
>
> ☆ 这些结果有何理论意义？（50个字）
>
> ☆ 这些结果有何实际价值？（50个字）
>
> ☆ 这篇论文对读者主要有哪些好处？（25字）
>
> ☆ 还有哪些问题尚未解决？（无字数限制）

这种技巧可以多次使用。当你逐渐归纳你的论题（也就是完整的故事）时，你可以重复这一练习，将其作为制造或检验各部分连贯性的一种方式。它可以成为校准复杂故事中不同元素的工具，并成为关键问题的试金石。最后，当你专注于细节时，它还有助于你着眼于"全局"。

在后续的迭代过程中，你可能会发现，写出自身的问题并保持每个问题写50个字的方法极为有效。这一做法的好处就在于简单易行；而困难的部分则在于深思熟虑，并在一次次撰写稿件中坚持这么做。与其他所有成功技巧一样，先在现有的基础上进行尝试，后续再调整变化，或许不失为一个好主意。

布朗八问的好处就在于促使你从"研究"的角度进行思考，也就是说，你可能并未做过实证研究，但不管你所处的学科或课题领域是什么，你都必须运用系统分析的角度思考问题，必须对分析的"结果"加以说明,并对照研究目标来评价这些结果。因此,布朗的问题可以帮助你做出重要的转变——从目前所从事的工作转变为如何将其描述为一项研究。

最后,这些问题可以在后续阶段用于构建论文摘要或结语。事实上,有些作者发现,使用布朗的问题后,他们可以在30分钟内写完一稿摘要。换句话说,这种方法不仅可以用以揭示中心论点,还可以用以挖掘中心论点。

8. 内容整合

以下是学生们认为有利于将所有内容整合在一起的一系列写作活动:

写作活动

☆ 草拟一份包含所有章节的论文大纲。

☆ 拟定论文引言。

☆ 根据这份引言,重新拟定章节大纲。

☆ 重新草拟论文引言。

在这个结构层面上进行修改并不是在浪费时间;事实上,这将

使写作变得更加轻松。

除非你对大纲的满意度已经达到 99.99%，否则不要轻易动笔。起初，你可能会因为如下的建议而感到震惊：你需要花费总体项目 60% 的时间来制定大纲，花费 10% 的时间将其转换成文本，再用 30% 的时间对文本进行修改。假如你用 90% 的时间来制定一份极为精美的大纲，后续的工作量将大大减少！

（赖夫－莱勒，2000）

你的初稿可能会更具针对性，你所要做的结构性修改的数量会更少，规模也将更小。鉴于你已经完成检查和修订大纲的所有工作，随着你对预期撰写的内容越来越清晰、越来越笃定，你的写作风格也将变得越来越鲜明。

在论文写作的早期阶段，你可能会对上述百分比提出质疑；到了这一阶段，它们的意义和作用应该更加清晰。

9. 写作布局

你可以继续拓展这种方式。你已经知道自己所在的系部或高校对于论文最高和最低字数的限制，因而你可以分配各章节的字数，用更高的时间比例（60%~90%）来制定大纲。这样做的连锁反应是，

第七章 创建论文结语

相较于只撰写草稿而不撰写大纲的人,你的写作效率将会更高(托兰斯,等,1994)。你的大纲可以成为对整篇论文的一个非常详细的计划。

这并不意味着一份详细的大纲本身就能生成文本。正如本书前半部分所述,富有成效的写作过程既包含列提纲,又包含文本生成策略,这也是为什么这些策略占据本书的前半部分的篇幅,而非后半部分——后半部分的目的在于凸显文本产出的重要性。假如你经常使用这些策略来生成文本,并且已经有了一份详细的大纲,你或许可以使用写作提示来补充章节标题,那么你将会收获一次富有成效的写作实践。如果你手头只有一个详细的大纲,或只是定期产出文本,你可能会在写作中失去重点。

在下面的大纲中,为了便于解释说明,我们对某些章节的字数限制分配了相同的标准,即1000字。你大概会认为这是不现实的;因为更有可能的是,每个部分长短不一。这是为什么呢?为何某些小节会比其他小节更长或更短?你需要界定这个范围,设置字数限制,并谨记在章或小节的开头做出解释。相比之下,为了便于说明,你可能会注意到,不同的小节被分配了不同的字数限制,这就向我们提出了一个问题:为什么有些部分只有200字,而有些部分却有500字?以上所有的字数分配均有其原因,你可以使用以下这个三级大纲设定过程来为你的论文做出一些选择(见图7.2)。

你可以请求导师帮助你做好各章、各小节、各分节的规划。在任何情况下,你都会希望导师对你的论文布局做出反馈。然后,你还可以设计写作过程,为每一项任务分配时间,并监测你在达到总字数过程中的进展。

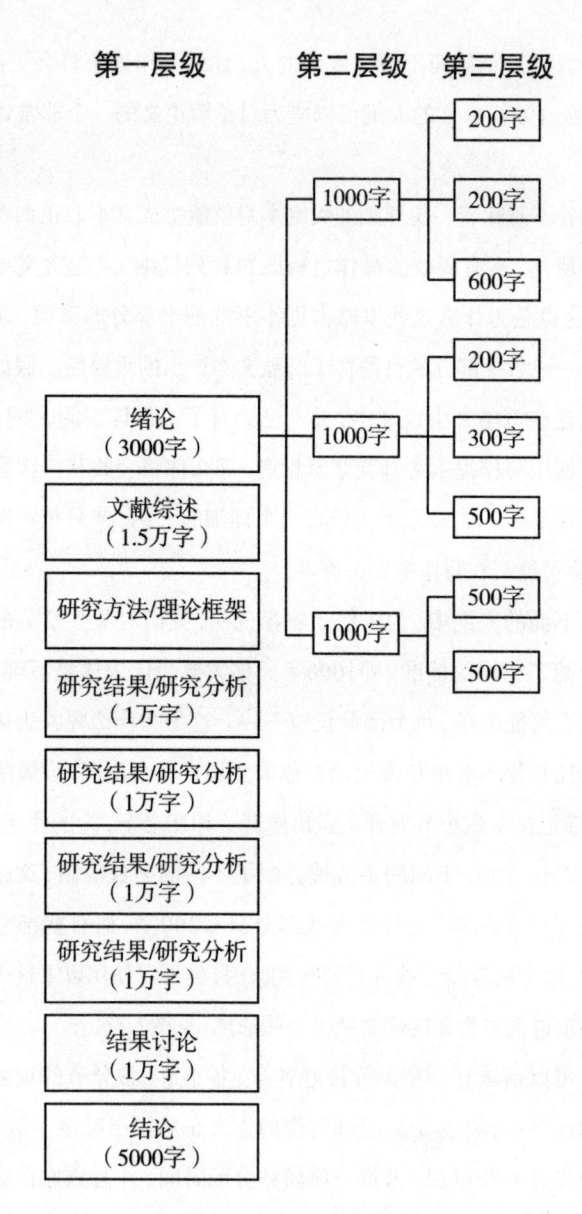

怎样顺利完成论文：论文写作的策略与技巧

```
        第一层级        第二层级    第三层级
                                  ┌─ 200字
                        ┌─ 1000字 ─┼─ 200字
                        │         └─ 600字
   ┌─ 绪论              │
   │  （3000字）        │         ┌─ 200字
   ├─ 文献综述          ├─ 1000字 ─┼─ 300字
   │  （1.5万字）       │         └─ 500字
   ├─ 研究方法/理论框架 │
   │                    └─ 1000字 ─┬─ 500字
   ├─ 研究结果/研究分析           └─ 500字
   │  （1万字）
   ├─ 研究结果/研究分析
   │  （1万字）
   ├─ 研究结果/研究分析
   │  （1万字）
   ├─ 研究结果/研究分析
   │  （1万字）
   ├─ 结果讨论
   │  （1万字）
   └─ 结论
      （5000字）
```

图7.2　三级大纲设置

10. 挫败感

即使你成功地写出了作品的结尾部分，一路走来，也会面临一些令人沮丧的阶段。在这样一个庞大的项目中，有许多原因会导致挫败感：

◇ 反复循环。
◇ 含混不清。
◇ 地位的改变：成为不被认可的"行家"。
◇ 陷入困境。

延迟产出论文的最终文本或许令人沮丧，你也不会是第一个在还有大量工作要做的情况下，判断自己的论文即将完成的论文作者。

对抗挫败感的一大方法就是出席各类学术会议，这是检验你的想法、研究和作品（在某种程度上）的场合。学术会议可以帮助你了解自身的写作进展，因为提交的论文摘要需要接受同行评议。你还可以从参会的同行以及资深专家那里获得相关的写作反馈；当然，这种反馈可能会在你对写作进展的重新构想以及导师的构想之间制造紧张关系，但反馈本身就是师生之间的重要对话，你可以在对话中将自身的挫败感转化为针对写作进展的集中讨论。实际上，关于这一话题，你们或许已经进行了多次讨论，但在某个特定时刻（只有你和导师才能判断是何时），你们的讨论必须聚焦于你目前所处的写作阶段与最终完成的论文之间的差距。当你意识到你对最终完结的清晰看法仍需修改，或许是一连串的修改，且这种修改可能将贯穿项目的整个生命周期时，你的挫败感可能会不断加剧。

　　契合你的论文完结定义或许取决于方法论问题和过程，又或许取决于分析中的某个步骤或研究结果。即便对于设计巧妙的研究，也难以预料其结果。随时准备完善你对结束的定义，可能是一种有益的、富有成效的方法。

11. 讨论部分

　　不管你最后一章的名称是什么——对于某些人而言，这一章是讨论部分；而对于其他人而言，这一章的标题标志着前几章中一系列标题的终结，其主要目的在于整合论文的所有内容。当你解释研究发现时，从所有意义上讲，你都必须掌控你的写作，使其朝着达成（或是修改）研究目标或研究问题的方向发展。

自由式写作：在每个标题下写作 15 分钟

☆ 你已经实现了你所设定的目标，即……

☆ 你认为自身作品的创新之处在于……

☆ 你的研究印证了/挑战了其他的研究，主要体现在……

☆ 你对知识领域的贡献是……

第七章 创建论文结语

这些重要论述（经过修改后）将出现在论文中的什么位置？

你或许会发现，自己所撰写的最后一章并不是论文的最后一章，你可以将绪论和结论放在最后。无论顺序如何，关键是"把所有的点串联起来"，使你的论文成为一个连续的故事，起点与终点的联系必须是明确的。你或许还想再次确认自己是否已在写作过程中"标记"了主旨，例如在各个章节的开头和结尾部分点明主旨。在各个论证单元之间建立联系就是在你的终稿中实现广受欢迎的"流畅性"品质的方法。

12. 撰写结论

在许多学科中，论文的结尾部分是由论文的结论来决定的。在这里，你必须充分证明你的研究对于知识领域的贡献，或在其他意义上有所"贡献"。

当论文作者开始撰写这一重要部分时，他们通常会写出类似文献综述的文章。他们将已发表的研究置于显著的位置，而将自己的研究放在不起眼的位置，而真正要做的却恰恰相反：凸显你自己的研究，将其放在首位；而后把你的研究放在整个研究背景之中，通过提及你的研究与其他已发表作品之间的联系和区别，明确说明你是如何对该领域做出贡献的。你也不必对过往文献进行额外的评价或批判——这一点应在文献综述或论文中的其他部分完成。在你的结论中，只需要简明扼要地论证你的成果与他人成果之间的关系。

> **凸显自身的研究**
>
> ☆ 你在多大程度上实现了你的研究目的？
>
> ☆ 针对每个研究目标设置一个小节的做法是否合理？
>
> ☆ 描述研究结果，引用之前的章节，并使用相同的术语。
>
> ☆ 在每一节的开头，用一个段落来描述一项研究成果。
>
> ☆ 随后，用一段话说明自身研究与过往文献的联系。
>
> ☆ 设定恰当的字数限制：3000字、5000字或8000字？还是其他？
>
> ☆ 撰写引言：说明你将在结论部分做什么，以及这样做的理由。

论文结论部分语言风格特征的另一变化就是使用过去时。尽管你可能在前几章同时使用了过去时和现在时，但在结论部分，你撰写的是过去已经结束的工作。正如某些论文作者在拟定这一部分时所用的时态一样，使用现在时会给人一种工作仍在进行的印象。甚至各种你对于研究分析或结果的解释，都可以用过去时来呈现，因为所有的研究目的、行动和解释本身，都是你最终要在结论中阐释的主题。

你在论文的这一阶段最需要注意的是，请勿逾越你所能论证的范围。在某些学科中，实际上可能存在一个预设的模板，你可以套用模板，从而避免夸大自身的研究成果。在其他学科中，相对容易做到的是，你可以在尚未完全证明你的贡献之前，说出你认为自己的研究有什么意义。例如,论文作者在结论部分的草稿中夸大研究结果或出现过度泛化的问题绝非少数。

对于现在时的过度泛化:

> 每位参与者在系统中均有其独立的特征(Each participant has its own individual characteristic in the system)。

修改后:

> 这一结果表明了每位参与者在系统中均有其独立的特征(This suggested that each participant has its own individual characteristic in the system)。

在修改后的版本中,陈述的解释保持不变,但以"这一结果表明了"开头,说明上述说法不是对所有情况的概括(除非那是你想要表达的),而是源于研究分析的某种解读。另一种选择是在句子开头加上"或许"一词。这将从根本上改变你在随后的句子中所做的论断,譬如:"或许每位参与者在系统中均有其独立的特征"(Perhaps each participant has its own individual characteristic in the system)。

因此,当你撰写或修改研究结论时,你可以用本章提供的任何一种表述方式阐明自身观点,从而避免夸大或过度泛化:

◇ 这一结果表明……

◇ 针对这一点,其中一种解释就是……
◇ 对这个问题的解释是……

请你警惕其他形式的夸大其词。这些术语你必须确定是准确的,如果校外评审人按照字面意思来理解,在最糟糕的情况下,他们会认为你打算按字面意思理解这些概念:

> 这表明,×是理解……的核心……(This suggests that × is central to the understanding of…)

虽然在论文的结论部分,表明你在效应机制的某一因素中所起到的作用极为重要,但你只能在证据充分的前提下提出这一论断:你必须在前面的章节中已经证明,这一因素"一直"或"曾经"在你的研究或实验中对我们理解这一现象真正起到了"核心"作用。

如果这些表达在你看来不够贴切或不够优雅,请对其进行调整,使其符合你的要求,或找到自身独特的方式来进行"最终解释"。实际上,论文的结论部分并不是继续解释研究过程的最佳段落;相反,你应该逐步总结并将你的解读与最初的研究目标及研究背景文献进行对照。当然,结论的争议性将会影响结论部分的篇幅长度、范围广度及复杂程度,但你仍然应该对这一章设定字数限制。假如你的结论存有争议,请直截了当地就"有争议"或"引发争论"的部分加以讨论。

明确指出你没有论证的内容也是有益的:"这并不意味着……"

第七章　创建论文结语

"这并不能作为证明……的证据""这无法表明……"。以上均为另一种表明自身立场的方式。

此处值得重申的是,"贡献"首先应是博士学位论文的主要标准,其次才是硕士学位论文和其他研究项目的标准。在这些项目中,你必须明确说明自己是否填补了现有知识领域的空缺,以及填补的程度和方式如何。这和论文的其他部分一样,都是对你知识掌握程度的一次测试,因为只有在对自身所处领域极为了解时,你才能声称自己做出了贡献。

阐明贡献

☆ 你已做出了某项贡献——用这样的方式来说明。

☆ 假如你使用另外的术语,而不使用"贡献"一词,请谨慎定义该术语。

☆ 你的贡献究竟指什么?

☆ 在哪一层面上,它可以被认定为是做出的贡献?

☆ 在何种程度上及何种背景下,它可以被认定为是做出的贡献?

☆ 有何种合理且充分的理由能够质疑该论断?

☆ 针对质疑,你的回应是什么?

以上各项均可作为结论部分的写作主题。当然,你有责任检查

上述各项与你的论文的适切性及关联度。

我们必须想方设法地列出研究的"意义",但首先需要为做出贡献提供一个强有力的、明确的理据:

◇ 本研究表明/揭示/证实/补充/解释了……
◇ 那又如何？阐述该研究如何构成"贡献"。
◇ 如果你的论文是为了申请博士学位,请使用"贡献"一词。
◇ 预见他人对此的反驳和反对意见:"有些人认为……我们本该……然而……"

一种较好的方法就是让自己采用"这项研究表明……"或其他变体作为段落的开端,从而凸显你的贡献。该部分将强调你的贡献,并让校外评审人更容易找到你关于贡献的论述。

你可以通过说明自身主张的局限性或揭示研究设计的不足,从而加强你对贡献的说明。诸如"事后来看"的表达可以表明你下次将采取不同的行为方式,表明你已经意识到了这些不足(假如真的存在不足,况且研究通常会存在不足),也表明你已经知道今后该如何避免这些不足。这么做并不意味着你的研究毫无贡献,但你不妨还是点出研究的缺陷:在何种情况下所提及的局限性不会贬损你的研究发现或研究分析？基于你的研究,你还能证明什么？

有些学生认为,他们在这一阶段的写作必须是绝对化的,以便提出强有力的主张以显示自己的贡献,但这种做法或许并不正确。事实上,你可以通过在结论部分内化其论辩来进一步强化你的观点:

第七章 创建论文结语

◇ 有些人主张……

◇ 其中的一种解释可能是……

◇ 然而,我们也可以将其理解为……

◇ 此外,这也可能是……所产生的一种效应。

◇ 这并不意味着……

◇ 合理的解释包括……

以这种方式写作表明你的研究仍然可以有不同的解读,而你的解读则是众多解读中的一种,重点在于表明你所理解的研究可以有不同的解读,你要为自己对研究的解读负责。在某些学科中,这似乎需要仔细地分析和解释,但你有义务表明你能够以不同的角度看待自己的研究。这对你所属的学科和你的论文具体意味着什么,要由你自己来确定。

在这个阶段,我们很可能会将事情复杂化。你的研究已经结束,即便它仍在进行,你也大致知道何时何地能实现研究目标,这意味着你的写作主题可以更加明确。更进一步说,你可以(有些人说是应该)将你的"目标"和"主张"相匹配:你在何种程度上实现了自己最初设定的目标?

◇ 在你的结论中为每个目标安排一个部分。

◇ 为每一项设定字数限制:全部相同还是不同?

◇ 在结论部分的次级标题中,使用同样的词汇来表示目的。

◇ 是否有任何目标被舍弃、修改或替换?是否使用了新的术语?

当你最终拟定了结论部分，并收到了导师的反馈，你可能还需要完成新的修订任务：

◇ 起草结论章节。
◇ 进入"反馈–修订"的循环。
◇ 修改所有章节导语，使其与结论匹配。

13. 750字论文概要

论文概要显示了整个论文的整体性，展示了所有东西是如何结合在一起的，并证明了论文所有内容的适切性。撰写一篇750字的论文概要的目的就在于开启把所有内容整合在一起的过程。因此，这是另外一种通过写作来构建结尾的手段，因为它将促使你在各个章节之间、论文的开头与结尾部分之间、论文目标与论点之间建立联系。对于论文评审人而言，这份概要极为实用，因为它将向评审人展示全部内容的所在位置。它还有一项额外的好处，那就是这份概要会让评审人更容易地看到论文的连贯性，即使他们是第一次阅读你的论文。

论文摘要肯定能做到这一切吗？不完全是。论文摘要是一种对研究的叙述：目前存在某个研究问题，而本论文对此提出了解决方案；相比之下，论文概要与各个章节有关。论文摘要的主要内容是研究；论文概要的主要内容是论文。我可以理解为何论文作者会看

第七章 创建论文结语

到二者之间潜在的相似性，但二者的目的与内容全然不同。

那么问题来了，何时应该撰写论文概要？你或许会预料到，我会让你在感觉自己完全准备好之前就动笔写作：在你已拟定了大部分的章节，但可能尚不确定将哪些内容放入论文的讨论部分或结论部分时，就应该着手写作——这是你动手拟定论文概要的好时机，因为它将迫使你做出决定。

你应该针对每一章的内容各写一段文字，每个段落的字数将取决于你想写多少章，以及提供每章内容中的多少细节。例如，假如你的论文共有十章，那么你可以每个段落撰写75个字，但极有可能有的段落短一些，而有的段落长一些。你也可以开始思考某些段落应该稍长或稍短的理由。打个比方，关于过往文献和研究方法的段落可能会比其他段落更长，又或者你可能希望关于研究发现的段落更长一些。

你可使用以下句式开启你的论文概要：

第一章（动词）……

第二章（动词）……

第三章（动词）……

所有篇章以此类推。如果你觉得这种语言风格既沉闷又重复（许多人与你观点一致），请思考一下这种写作的目的。它的目的不是为了展示语言风格的变化形式，而是为了明确各章的内容，展现各章之间的关联性：

第五章在第四章的基础上扩展了……

第六章进一步分析/举例说明了……

第七章解答了研究问题四……

最后一个范例展示了你如何做到不仅可以将各章互相连接,而且还可以将各章与你的论点联系起来——将早期篇章(重在目标)和后期篇章(重在论点)连接起来。

你可以使用本章提及的主题。例如,当你撰写有关论文结论的段落时,你可以写出研究问题的答案。通过这种方式,你可以让论文的连贯性变得鲜明:在第二段列出研究问题,在第十段列出你对这些问题的解答。如果你设有研究目的或目标(而非研究问题),那么你可以在此前的段落中说明目标是什么,然后在后续的段落中说明你的研究将如何实现这些目标。你可以逐步在研究目的与自身论点之间建立一种联系。

你要检查论文概要和各章介绍之间的匹配度:尽管各章介绍的篇幅可能比论文概要中的段落稍长,但是主要内容应当一致。

论文概要只有750个字,三页的篇幅,并采用双倍行距。你的导师可能会用一分钟或甚至更少的时间来浏览概要。他们也可能多花几分钟认真阅读,然后再花一两分钟发送反馈邮件。采用这种简短的文本,你们就可以在"反馈-修改-反馈"的循环中快速循环。如果你的导师同意,请给他们发送论文概要的多个修订版本,并根据他们的反馈请求进一步的反馈,直至双方对逐步成形的论文都比较满意为止。

第七章　创建论文结语

撰写论文概要的方法不一而足，此处仅仅是一个开端。如果你的导师尚未要求你撰写论文概要——你还等什么？现在就行动起来。对你而言，与导师讨论概要的目的是为了创建结尾；对于论文而言，则是为了展示连贯性。概要放在论文的什么位置最合适？答案是，放在绪论的末尾最为合适。如果你想知道750字的文章是什么样子，它和这个部分的长度完全一致。

本章为你提供了论文整合所需的策略。无论结尾部分是否具有"临时性"，你的确已经取得了进展。一旦你完成了一份750字的概要，并且你决定好论文将在何处结束（即你声称做出了何种类型的贡献），你就可以"重新修改"各个章节，从而达到相得益彰的效果。

这一阶段产生的挫败感可能会随着你进入论文写作过程中的不断修改阶段而变得更加强烈。下一章旨在督促你重视必须完成的文本润色工作，使其达到不尽完美但可以被接受的程度。

自我检查清单

○ 开始撰写研究日志。

○ 详述中心思想。

○ 回顾研究日志，寻找核心论点。

○ 使用布朗八问，揭示或挖掘你的核心论点。

○ 请求导师帮助你做好论文的编辑和删减工作，找到论文的完结点。

○ 如果你尚未报名参加学术会议，请立即行动。

本章学习成果

- 设定好与自身研究相关的结尾。
- 撰写研究日志。
- 拟定论文摘要。

第八章

恐惧与厌恶：论文修订

> **内容提要**
>
> 本章着重介绍论文的修订过程，阐释所涉及的相关技巧并举例说明。同时，本章还讨论了论文质量问题：论文的论证如何在句子和段落层面得到加强？绪论与结论是否有效地发挥了自身的"信息传递"功能？本章的关键点是，在论文写作的第二阶段结束前，我们需要达到特定的写作标准。正如第七章所指出的，其中一条标准便是设定完结点。本章介绍的策略包括预告、信号传递与信息标记。

任何对写作的严谨性有一定了解的人都对写作之事心知肚明：作家的作品出炉之际，初见甚好；再读，粗陋不堪；涂改之后，又撕得粉碎；又是删减，又是增添；时而狂喜，时而绝望；夜幕降临时一切还是那般美好，次日清晨却已万念俱灰；灵感稍纵即逝……一会儿哭，一会儿笑；在不同风格之间摇摆不定；……无法确定自己究竟是天底下最神机妙算的天才，还是最愚笨不堪的蠢材。

[伍尔芙，(1928)1993：57—58]

论文修订的一个重要目的在于展现完结点。或许通过不断的修订，你能够发现早前被掩盖的完结点。无论你在此阶段的研究是刚刚开始取得某些成果，还是已经完成了大部分研究，诀窍就在于同时保持定期写作和修订的习惯。

1. 为何"恐惧与厌恶"

曾经有位博士生建议我用这个标题作为书名，尽管我觉得这个标题太过消极，但还是将其用在此处，因为它捕捉到了许多论文作者在研究项目后期所经历的感受。

你可能觉得这是论文写作中最徒劳无益和最令人沮丧的阶段，你可能觉得这些修改过于细微，添加的内容又过分重复，以至于最新一稿与先前的稿件相比并无太多改进空间。你甚至可能逐渐讨厌自己的文章——或许也讨厌自己的研究，因为你已对它耳熟能详。我们可以将这种情况视为"放手"过程的一部分。你很快就会想要摆脱自己的论文。诀窍就是坚持修改（以及按照导师的建议修改），直至论文完善的那一刻。你可能会发现，这种"厌恶感"会转移至导师或你自己身上，请警惕这一点。看待论文修订的最佳方式是将其

第八章　恐惧与厌恶：论文修订

视为与编辑和出版商打交道的良好实践或训练。

论文修订的技巧很多,本章涉及的是重复、预告、信号传递和信息标记。这些技巧将展示与论文主线的联系,提醒你进一步明确论文框架与章节结构。

重复是尤为实用的技巧。关键词的反复出现,可以让读者看到他们阅读的文字部分与你的主要论点之间的联系。预告可以向读者提供一份新品"菜单",信号传递旨在明确关联性,信息标记则是让读者知晓他们身处你的论文中的哪个要点或关键点。

修订是作者们最不喜欢做的事情之一,本章旨在确定关键的修订任务。如果你在列提纲阶段做得很好,也已经为各章撰写了导语,那么你的第一份完整稿件在任何情况下都会更具有针对性。本章概述的修订技巧将帮助你展示在写作中已设好布局却尚未在文稿中清晰表达的框架结构。

2. 重复

重复根植于学术写作之中,意为一遍又一遍地重复相同的内容。作者必须反复推敲文本,使意义和重点不会出现潜在的歧义。

重复在书面论证中也有一席之地,其目的在于强调,从不同的角度讨论某一主题,用于澄清或作为一种连接手段。重复也是强有力的修辞手法,引领读者一步步理解某个复杂或存有争议的问题,甚至让有争议的问题变得耳熟能详。重复并不需要逐字逐句地重复,但在你逐点立论的过程中,可以通过同义词、转述、总结、代词及其他形式来进行重申。

在后续阶段,你会发现写作劳心费力,似乎太过千篇一律。你会觉得有些内容需要删减,但试图去预测那一刻的到来则是对时间和精力的极大浪费。随着你对主题的了解不断加深,以及在每一章中对论文重点的不断扩展,它将适时地出现。你甚至无法预测在后续阶段将如何看待自己的写作。重复是学术写作过程的一部分。

重复有一个目的,就是作为一种连接手段。它向读者表明,你仍然在谈论同一个主题。正如你所希望的那样,重复有助于读者在你的论文的各个章节、段落或句子间建立联系。在绪论部分概述每一章你想讲述的内容时,会出现一定程度的重复。随后,你将更为详细地阐述自身的观点。

重复也是研究方法的一部分:如果要判定一项研究结果或成果的可信度,那么它必须具备可重复性。你或许需要重复观察、分析或思考,这些重复都是为了证明你的观点。作为论文的一部分,你可以将这种重复纳入其中,以加强自身论点。这一做法适用于广泛的研究,而不仅仅是实验研究或"科学"研究。

在学术写作的某些地方,重申要点似乎就是关键所在。对于许多作者而言,这与他们的想法背道而驰。"原创"作品就必定不可以用重复性的文字来描述吗?然而,你必须谨慎的是,在你试图找出以不同方式"表达同样想法"的过程中,请不要因此破坏想要表达的观点,或是你在研究中已经证明其合理性的观点。

请注意如何使用重复来精心安排某个复杂论证结构:

第八章　恐惧与厌恶：论文修订

> 然而，不幸的是，博索拉（Bosola）还有另外一面，那就是不能动摇他所属的时代对继承地位这一概念的拥护。博索拉的这一面是对红衣主教和费迪南德的效忠……
>
> （塞尔泽，1981：75）

使用"一面"这个词语是为了表明：(1)后面还有进一步的释义；(2)第二句仍然在处理相同的论点。重复能营造文本的统一性，并强化结论。重复本身并不是一件"坏事"。

3. 预告

以下是一篇好文章的品质：让读者预先知道你打算在接下来的文本中做什么、为什么这么做，以及有时候你不打算做什么和为什么不做。

这就好比在别人用餐前为他们提供一份菜单，通常这是为了让他们自行选择。但对于一篇论文来说，菜单为读者提供了概览及研究的基本原理，譬如让他们将整个章节视为一个整体。他们也许会选择不赞成你的观点，但却可以看到你对论点的论证过程，同时可以提前了解你打算怎么做。这将为读者绘制出章节的路线图，使得他们了解你正在试图做什么，而不是让他们在阅读时试图将所有内容拼凑在一起。读者没有读心术；假如在你的文字中迷失方向，他们很可能会认定问题出在你的身上，而不是他们身上。

怎样顺利完成论文：论文写作的策略与技巧

有些人认为，这对身为作者的他们而言是一种桎梏，是对读者的卑躬屈膝。他们宁愿循序渐进、合乎逻辑地得出结论。他们认为，这才是结论存在的意义。此外，专家级的读者不需要以这种方式被牵着鼻子走。他们可以在庞杂的材料中找到自己的路线。事实上，如果文章看起来复杂或难懂，便会给人留下更深刻的印象。

然而，我并不完全赞同前一段所预设的立场，这样做的风险太高。专家级的读者会把他们在你的文章中迷失的原因归结为他们对这篇优秀作品的理解逐步加深，还是将其归结为你缺乏写作能力？我认为后一种的可能性更大，但你必须自己做出判断。这是你与导师进行以写作为导向的讨论的另一话题。

预告可以采用要点清单的形式，就像每一章的微型目录一样，也可以写成一句话：

> 然而，我相信，对这部戏剧采用新的处理方式——调查功名与学位之间冲突的方式——能有助于解决这些问题。事实上，评估韦伯斯特（Webster）处理功名和学位之间紧张局面的方法不仅有助于证明公爵夫人行为的正当性，解释费迪南德和博索拉的行为，证明该剧的最后一幕是合理的，而且还为韦伯斯特的戏剧确立了一个绝对化的主张，即个人价值高于世袭地位。
>
> （塞尔泽，1981：70）

请注意这些动词，它们不仅预告了论点主线——"调查"，而且也

第八章　恐惧与厌恶：论文修订

预告了每个部分的论点所处的阶段——"证明……解释……证明……确立了"。上述预告准确地告诉了我们论证的走向及主要观点。

4. 信号传递

在此语境下，信号传递意为揭示计划、展示联系，通过你使用的词语引导读者的注意力和思维。仅仅为写作建立一个精细的逻辑规划远远不够，还要将规划呈现在读者面前。你需要清楚地标记出他们正在阅读的文本与整篇论文正在上演的"故事"之间有何关联。这里的信号是为了提醒读者即将建立一个联系，告诉他们一个复杂的部分即将开启，或是他们理解的信息类型即将出现变化。

信号传递可以通过一个句子来实现，例如借助过渡句，以显示从一个要点到另一个要点的转换：

> 关于公爵夫人嫁给安东尼奥是否有罪的问题，各方争论已久。一方面，克利福德·利奇指责公爵夫人……缪里尔·C. 布拉德布鲁克则表示赞同……詹姆斯·L. 考尔德伍德因为……而谴责她的婚姻。另一方面，公爵夫人也没有失去她的支持者。
>
> （塞尔泽，1981：70）

请注意"争论"一词是如何显示后续的段落结构的，而采用"一方面……"的句式开头，可以呈现出从争论的一方到另一方的转向。

可以说,这个句子没有其他功能,完全是一个过渡句。作者简明扼要地表明了这些学者在这场争论中的立场。

5. 信息标记

> 评审人欣赏的是逻辑清晰、重点突出、简洁明了、归纳性强的作品,以及在文章中使用信息标记来帮助读者在作品之中理解作者的探索路径。
>
> (约翰斯顿,1997:345)

此处对"信息标记"的明确引用着重指出这些技巧之所以如此重要的原因:它们使得你的文章更适合读者阅读。信息标记的目的与信息传递类似,向读者指明他们身处论文中的位置,其目的在于让读者放心,他们仍走在正确的道路上,你和他们都没有偏离既定路线。

标题、副标题和主题句的开头词都是有用的信息标记。例如,本章的标题旨在引导读者越过情感障碍,找到他们可以使用的具体策略:"恐惧与厌恶……重复……预告……信号传递……信息标记"。主题句向读者指明了将要出现的信息类型,如在下一段中,借助"上述所有手段……"作为开头,提示本部分将进行总结。

上述所有手段都有一个作用,那就是让读者放心,他们不仅抓住了你的论证要点,而且也了解了你有能力构建连贯的论点。这就

第八章 恐惧与厌恶：论文修订

恰如将故事的骨架裸露在外，但只要论文剖析合理，那么就应该对其进行展示，而不是仅仅希望读者在阅读过程中自己发现其合理性。

尽管你可能认为自己的写作（正如目前所呈现的那样）已经足够清晰，但在修订中使用上述技巧并无坏处。校外评审人会将你的文章读几遍？他们需要花费多长时间才能搞明白所有内容是怎样结合在一起的？你想让他们花费多大力气找到其中的联系和你的核心论点？

6. 概念建构与概念重构

> 当你创作一个故事时，你是在给自己讲述这个故事……当你重写这个故事时，你的主要任务是去掉与这个故事无关的内容。
>
> （斯蒂芬·金，2000：56）

在进行修订时，你实际上是寻求在作品中营造一种新的统一性。这就意味着你也是第一次见识它的样貌；或许还意味着你必须为了展示主要观点而做出删减。

例如，看似为了澄清观点而进行的修订，实际上可能迫使你重构概念。你可以对图8.1中的段落做进一步修改，以提高文本的清晰度。导师的评语指出了作者可以进一步澄清的地方：

◇ 应在第一句中说明主要观点是什么。就目前来看，文中可能

391

有两个主要观点。

◇ 对一两个要点展开叙述,例如服务的复杂性。

◇ 使用实例使观点更清晰,而不是将具体内容"隐藏"在括号里。

◇ 重复使用关键词——商品与服务,来显示语句之间的联系和观点的发展。

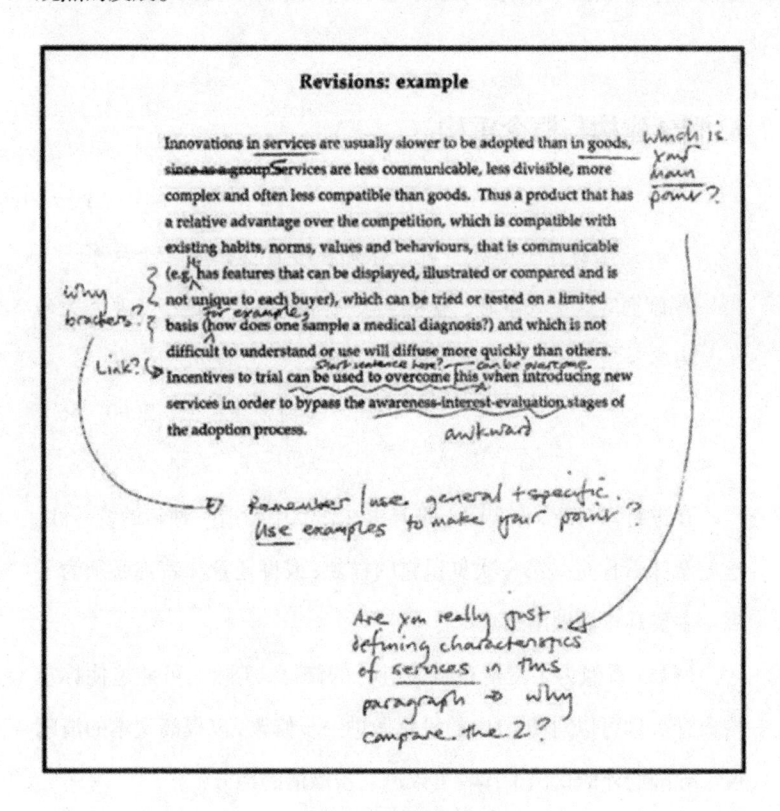

图8.1 修订范例

第八章 恐惧与厌恶：论文修订

通过修订，这个段落将更为明确：

服务领域的创新往往比商品领域的创新采用得更慢。服务领域的可传递性、可分割性较差，复杂程度更高，兼容性更小。因此，与竞品相比具有相对优势的商品，顺应现有的习惯、规范、价值取向与方便流通的行为方式，将得到更快速的传播。例如，商品具有可供展示、说明或比较的功能，对每个购买者来说不是独一无二的，可以在有限的基础上试用或测评。服务的性质则更加复杂。例如，人们如何对医疗诊断进行抽样？然而，接纳服务的障碍可以通过鼓励试用来克服。

第三次修订可以专注于服务领域，开始探讨其复杂性：

服务领域的创新被大众所接纳的时间往往比较漫长。然而，如果它们能够顺应现有的习惯、规范、价值取向与方便流通的行为方式，就能更为快速地传播。或许应当注重那些可以展示、说明或比较的功能，注重那些每一位买家非特有的、可以在有限的基础上试用或测评的功能。如果服务可以借助这种形式来呈现，那么接纳服务的障碍将得以克服，其中一种方法就是鼓励人们试用服务。

说实话，我不知道这一版修订是否经得起学术推敲。我要表达的是，我们可以通过特定的方式提升写作质量。事实上，这段文字还可以进一步改进，例如，将上述段落一分为二，一段论述商品，另一段论述服务。如果二者之间的对比相当重要，还可以加入更多细节性内容。我们可以增加第三段，指出服务领域和商品领域创新的主要区别，或这些区别所带来的启示，或提出其他一些在这个阶段对论文论点很重要的观点。考虑到本章的目的，展示出所有可行的修订方式就会把问题扯得太远。然而，重要的是应该认识到，上述文本还可以经过数十次修改，直至作者和读者均感到满意为止。最终的修订包括对本阶段论点的概念重构，以及论文该部分背后的思想重构。

7. 编辑管理

本节旨在将导师与你的写作过程联系起来，导师在本阶段的作用至关重要。

我们不应将本节的标题理解为导师的作用是"编辑"学生的作品。这是你的预期吗？这是导师们认为他们应该做的事吗？有些导师（在私下或公开场合）将确保书面文字的质量视为己任；有些导师则认为这是学生的责任。大多数学生认为，导师应该针对写作给予更多反馈，而不是专注编辑方面。大多数学生希望得到针对写作内容的反馈。

接受反馈或许是论文作者必须学习的一项新技能：

第八章 恐惧与厌恶：论文修订

> 研究者通过焦点小组访谈、观察、书面及口头反思等方式，从45名博士生那里收集了数据，以确定他们对某一特定教学过程的看法……这项研究旨在帮助这些学生学习学术写作方法。研究发现，准备和接受来自教授和同行的批评，是帮助他们理解学术写作过程和产出高质量书面文本的最强影响因素。更确切地说，这些学生认为，有两大不可分割的因素有利于他们树立起作为学术作者的自信：个性化的面对面反馈，以及他们所收到批评的迭代性与持续性。

（卡法雷拉和巴尼特，2000：39）

博士生是该研究的数据来源。"学习学术写作方法"等文字表明他们需要学会接受反馈。无论是给予的还是收到的，评价都是学习过程的重要组成部分。分析你定期或间歇收到的评价类型，可以帮助你理解在这个不断迭代的历程中，作品质量是如何在一次次稿件中得以提升的。随着你对优秀学术作品质量的理解不断加深，你还可以借此树立自信。

编辑管理也包括自我管理：

> 此外，这些学生强调，尽管评价的过程一针见血且具有实用性，但它也是高度情绪化的，有时甚至令人沮丧。研究结果表明……导师应该十分清楚有力且持续性的评价过程的目的及好处，并帮助学生学会如何有效地接受和给予反馈。

（卡法雷拉和巴尼特，2000：39）

如果你对导师或同伴的反馈有情绪化的反应，不要感到惊讶。为了处理好这个问题，你必须承认它随时可能发生；否则，它可能会干扰你接受反馈的能力，以及导师或同伴向你提供反馈的能力。只要你制定了基本准则，有些问题或许可以避免。

每当你给他们一篇文章时，"编辑管理"的关键就在于提醒他们阅读的是何内容。以适当的修辞方式来开篇是极好的做法。对导师而言，这有助于他们将关注点放在：(1)你做了什么，而不是你没有做什么；(2)你希望在这一稿中得到什么反馈。这应该已经成为你实践的一部分。你和导师很可能已经对彼此非常了解，以至于你觉得并不需要"基本准则"，但这个更加紧张的多次修订阶段有可能与先前的阶段不同。本阶段与先前阶段的三大关键性区别是：(1)由于你设定的目标是完成写作，因此风险更高；(2)论文的最后期限逐渐逼近；(3)你所接收到的反馈很可能比过去任何时候都多。

你可以在这一阶段明确自己需要什么类型的评价。你可以在上交稿件的封面上注明这一点：

提交给导师的封面页

☆ 日期、稿件版本号、字数。

☆ 写作的目的。

☆ 你是如何针对他们之前的反馈意见来修订的。

第八章　恐惧与厌恶：论文修订

倘若提前与导师讨论过这个问题,你就更有可能得到自己所需的评价,只要导师认为提供这类评价是合适的。

编辑管理或许和自我管理有关——如果需要这样做,那么这将是你的任务之一。或者,编辑管理仅仅是一种良好的沟通,帮助导师在坐下来阅读你的文字时做到聚精会神。此外,假如你的导师并不是你所在领域的专家,你可能需要更加努力地工作,让他们参与其中、了解情况,或许还有获取动力。

任何一个学生在经历了数月或数年的指导之后,都可以对导师的意见进行分类。下面是一些例子,这些例子有可能(或不可能)帮助论文作者解读他们从导师以及任何读者那里得到的反馈:

表8.1　论文写作的评价类型

论点	例:"我认为这一点被夸大了。"
	例:"你必须对该引文/表格/图表做出评价。"
澄清	例:"提出的问题是,对某些人来说……"
	评语:"这个问题是为谁提出的?"
	例:"最后一部分……着重强调了……的需求。"
	评语:"是哪个部分?"
扩展	鼓励你进一步阐述自身观点,并说得更多一点。
讨论	例:"当我们见面时,你能否告诉我有关……的问题?"
区分	例如观察、分析、评价和总结。这些部分经常在文稿中出现重合,务必更加明确地显示此处属于哪一种类型,并标记不同类型的切换。
扩充	扩充要点。

续表

写作技巧	注意标点符号、语法、拼写、正确的格式。
赞扬	对于格式、内容、论述、段落结构的赞扬。
试探	"你能肯定……吗?"
	"关于这一点,你是不是离题了?"
	"你不觉得应该……吗?"
	"你有证据证明这一点吗?"
提示	例:"你认为这意味着什么?"
	例:"这一点与X的著作有何关联?"
角色转换	例:"我不太确定……""如果……你能否提醒我……"
	交出接力棒——让学生成为专家。
语言风格	例:"这个词对吗?""你是这个意思吗?"

如果你(或你的导师)发现上述类型与你们毫不相关或在一定程度上不相关,那么是否意味着你们正在使用一套别的评价体系?你和/或导师是否有另外一套新型评价类型?这套评价类型是显性还是隐性的?任何评价的基础,都与写作交流中作者和导师所扮演角色的依据有关,在讨论中探讨这一依据是一件很有意思的事。事实上,如果你们尚未明确讨论过导师评价的基本依据,那么你怎么会知道依据是什么?你怎么会知道依据会在何时改变?你能够随着导师评价的不断变化,"读懂"他的想法吗?或者,这种依据是否将更加恒定?

这些问题的答案就在你和导师的讨论之中。评价的类型可以作为讨论的起点。你和导师可以将你的评价类型与他们的进行比较:

第八章 恐惧与厌恶：论文修订

二者的不同之处是什么？哪些地方有所重合？原因是什么？

8. 第二阶段的结束

这是一个现实的标记，或许设置在全职攻读博士学位的第二年末尾。但针对论文而言，这是一个由论文作者设定的结构，一个你必须为自己构建的时间点。一方面，时光荏苒，稍纵即逝；另一方面，你必须设定完结的时刻，营造达成特定写作目标的成就感，以及你在展望自身研究与写作的最后阶段时的方向感。

此时是将论文摘要提交学术会议的好时机，会议将在你的答辩后举办（假定你已经确定了提交的既定日期）。原因何在？因为这次会议将为你提供与其他研究者的有效联系，并能为你提供反馈，这也是你拓展人脉的好机会。

倘若你尚未准备得如此充分，此刻也是你考虑谁会是你的校外评审人的好时机。务必提前请他们报名，并得到学校管理部门的批准与确认。当你进入论文写作的第三个阶段，也就是最后一个阶段时，这将是你应该和导师讨论的话题。

9. 回顾论文提案

关于论文修改阶段令人沮丧的事情就是，你可能已经完成了完整的初稿，却感觉一切都要从头来过。这就像蛇和梯子的游戏[1]一样：你在梯子上爬得那么高，结果却又滑下来落到蛇尾处。有些论文作者甚至必须原路返回至论文提案，重新寻找起点，其他人则必须从零开始重写文献综述。

所有这一切都不应被视为灾难，因为你一直用写作来学习并拓展你的思维。你并没有迷失方向，你也并不是在重新开始，这一过程也不是在浪费时间。

你还从导师（或是许多其他专家）那里收集了大量的反馈，这就是为何专注于自身目标在此阶段显得极为重要。你应该开始考虑自己还有多少工作需要完成。下一章将向你展示一条通往终点的快速路线。如果你已经完成相当数量的写作，那么你可以挑选最适合你的元素。如果你已经完成的写作数量极少，而且迫切需要加快速度，那么不妨一步步地学习第九章。

自我检查清单

论文修订

○ 预告论文内容：检查你是否已在论文的绪论中提及所有章节。

○ 预告章节内容：检查你是否已在章节导语部分提及所有小节及整体结构。

---

[1] 蛇和梯子游戏：参与游戏者轮流掷骰子，得到多少点数就走几步，如果遇到梯子（梯底）可以往上爬到梯子上，一下子前进数步；但是如果遇到蛇头，则须回到蛇尾那格。——译者注

第八章 恐惧与厌恶：论文修订

○ 信号传递：为拓展论点而添加明确的信号。

○ 信息标记：确保你的读者不会在阅读你的文本时迷失方向。

> **本章学习成果**
>
> ➢ 定义、运用并讨论预告、信号传递与信息标记等写作技巧。
>
> ➢ 确定每一次修订的重心。
>
> ➢ 和导师针对多次修订展开讨论。

第九章

开始永不言迟

> **内容提要**
>
> 本章旨在为论文作者提供一种快速的论文写作模式,以便帮助那些研究即将进入最后阶段但论文却没写出多少甚至尚未动笔的作者。由于这一阶段对作者和导师而言都是高度紧张的,这种方法并不适用于所有人。非全日制学生也许会发现,自己不可能花费全天的时间用于论文写作,但你可以调整这些步骤、时间安排和计划。尽管将所有策略全部压缩到一段有限的时间内也是创新的做法,但本章将不再介绍新的写作策略。

这一章是对论文写作过程的精准复现。我强烈建议导师和学生先读读这一章,然后再涉足其他章节。

(一名已毕业的博士生,现为大学讲师)

> **快速撰写论文的 10 个步骤**
>
> 第一步：评估现状。
>
> 第二步：开始写作。
>
> 第三步：列出论文大纲。
>
> 第四步：制订写作计划。
>
> 第五步：和导师沟通。
>
> 第六步：列出章节提纲。
>
> 第七步：定期写作。
>
> 第八步：论文修订。
>
> 第九步：内容整合。
>
> 第十步：完成收尾工作。

本章将完美契合某些作者的需求。有人说这种指向性更强、内容更紧凑的章节是他们的首选。有人甚至觉得这种模式令人振奋，因为他们可以看到写作的页数不断增加，这增强了他们的写作动力，并使他们发现了作品中连贯的故事性元素。这不一定是一种疯狂的冲刺。逐步逼近的最后期限或许令人恐慌，但也可能激发巨大的能量。在这个阶段，你有一个明确的目标——完成论文的完整稿。冗长且时而令人感到压抑的论文写作过程会突然聚焦在某个截止日期上。这种论文写作模式是基于全日制学生一年（相当于非全日制两年时间）内完成论文的经验：一次全稿撰写和一次全面修改。这一模式现在已经固定了下来。

第九章　开始永不言迟

这种模式并不适用于所有导师。我要在本章开篇说明的是，你必须要让你的导师参与进来：他们必须做好准备并愿意帮助你在剩下的时间内计划好写作进程，阅读你的大量草稿，并给予你定期和及时的反馈，否则这一模式可能无法奏效。他们必须愿意监督你的写作产出，在你未在截止日期前提供完整文本时找你谈话，在你对论文写作过程感到厌烦时给你鼓励。倘若你认为自己无法从导师那里得到上述所有支持，请另寻他人作为你的写作导师。找一位学科以外的人的好处在于他可以专注于你的文章，这么做也有助于你专注于自身的写作。

你的目标就是在剩下的时间里竭尽全力。我们所能做的就是在仅剩的时间内写出最好的文章，或许富有成效的作者就是那些能够向接受理想的写作过程（几乎不可能真正实现）做出"妥协"的人。然而，你可能会发现，自己必须与导师协商，让他们从这一角度来看待这种快速写作模式。无论如何，一旦你开始有所进展（而且一旦你完成写作），他们都将感到欣慰。你可能想在后续的阶段重新审视这些要点。

科学领域一直沿用这一模式：一旦研究结束或即将结束，就会有一段密集的"写作期"。在人文和社会科学领域，这种方式较为少见。事实上，有些人可能认为这种模式完全不适合这些学科。但是，对于只有一年时间来撰写论文的学生而言，"这不是我们的行事方式"的想法可能远不如"这一模式已被证明行之有效"来得重要。

无论你采用何种写作方式，倘若你遇到阻力，或许你必须在本书给出的建议与导师给出的建议之间做出妥协或寻找共通之处。同样值得注意和讨论的是，学者们有时候不得不用这种紧张的方式写

怎样顺利完成论文：论文写作的策略与技巧

作,在繁忙的日程安排中强行挤出时间写作,加速写作进程。你可以将这一写作模式视为一项技能,至少,你要知道自己在必要时能写出一篇完整的文章是件好事。

正如笔者在本章开头部分引用的评价那样,你或许会发现,这种方式对你来说行之有效,可以作为对整个论文写作过程的总结。或许你还会发现,它为你提供了一种在比你所希望的更短的时间内完成论文全稿的方法。然而,如果单独阅读本章,你就无法找到对相关方法的具体阐释,无法确信为何提议的写作活动会富有成效,甚至不相信它能够发挥作用。对于这些方法的阐释和论证,请参见前面的章节。

◇ 与其他章节相比,本章更像是关于"如何做"的。

◇ 本章运用了论文写作的"快速通道"模式。

◇ 本章概述了全日制学生在为期8~12个月内(非全日制学生则需要更长时间)专职撰写和修订论文的10个步骤。

◇ 如果你在写作过程中遇到障碍,请回到第六章。

时间是最关键的因素。本章没有解释和图示说明,只列出了要点,并进行文字说明。本章的风格更为明确具体,不拐弯抹角,没有太多参考文献,所提供的选择和解释也比较有限(你可以在其他章节中找到这些内容)。

只有通过定期写作,这一快速通道模式才能奏效。本章提出的写作任务是明确具体的,它们可能是简单而直接的陈述,但这并不

第九章 开始永不言迟

意味着你不需要努力思考。

在数据收集与分析过程中,你可能必须走个捷径。你可能不得不减少数据的总量,缩减数据集/文本/示例,从而缩短论文中原定的章节篇幅。鉴于新材料与论文论点的相关度更高,你可能必须删减一些材料。

这一做法合理性就在于,如果你限定了分析的数量,你将更加有针对性,做出更为具体的分析,这在某种程度上或许能够提高研究的"质量"。这一过程不仅仅是限定字数和减少写作任务那么简单,而且会突出重点,削减那些不重要的内容。在某些情况下,如果你的分析十分精彩,就可以缩短论文篇幅。

解决这一问题的最佳方法就是找到一位"写作管理人"。写作管理人的职责何在?他将为你设定(或帮助你设定)艰巨的写作目标,成为写作的见证者。

应该由谁来担任你的写作管理人?这个人不一定是你的导师。这取决于他们是否愿意承担这一角色,可能还取决于你是否希望他们这么做。他们的职责就是监控你的写作进程:帮助你确定目标、评估你的写作成果,并保证写作过程不断前进。

假如你找不到写作管理人,你能做什么?毕竟,支持写作需要耗费大量的心血。当然,你的导师也可以承担或部分承担这一角色。在你所在的院校提供研究技能支持的人或许有能力并且愿意扮演这个角色。你还可以问问身边的同伴或朋友。如果找不到这样的人,那么请使用本书帮助你管理写作过程。

从更现实的角度来看,为了不让上述介绍所呈现的快速通道模

怎样顺利完成论文：论文写作的策略与技巧

式成为黔驴技穷的最后手段。应当指出的是，本章借鉴了在一年之内完成论文的学生的经验：他们在6个月内完成所有章节的草稿，并在后续的6个月内进行全面修订。或许你在研究中已经走了很远，但解释研究的文字却少得可怜。你不会是第一个，也不会是最后一个在研究中已经走到这一步却没有什么写作成果可言的人。

论文快速写作：初始任务

☆ 寻找"写作管理人"，并安排一次会面，讨论这个角色的职责。

☆ 安排与导师的一系列会面。

☆ 和写作管理人、导师一同对写作成果进行定期、诚实的评估。

☆ 用加速模式集中你的思想。

☆ 接受自己无法把"所有内容"都写进论文这个现实。

☆ 思考战略性删减：哪些内容可以从研究和论文中删去？是删减某一章，还是在总字数上做删减？你有多接近最高限度？最低限度是多少？你需要完成多少字？如果你可以只写8万字，为什么要写10万字？

☆ 从"待办事项"清单中删除某些任务，仅留下必须完成的任务。

☆ 继续向前推进。

第九章 开始永不言迟

☆ 忽略离题的切入点。

☆ 围绕写作做好生活规划。

☆ 如果可能,完成你所有的研究并结束研究,删除任何不重要的研究。

☆ 如果写作是你研究的组成部分,阐释哪些是你必须通过写作才能开展的分析。

☆ 不要过于期待"完成"的感觉;你总是希望能有更多的时间去做更多的事。

☆ 别再试图跟上文献的步伐(提升自我可以留待以后)。

☆ 确定论文内容,选择好大致的"故事线"。

☆ 加入/建立写作小组,参加写作静修。

☆ 告诉你的朋友、家人、伴侣等,让他们知道你正朝着这个方向努力,需要他们的支持才能完成。

☆ 将论文提交的截止日期告诉身边的每一个人。

请列出写作中真正的障碍:过去是什么阻碍了你的写作?

◇ 缺少框架?

◇ 压力大?

◇ 精力涣散?

◇ 望而生畏的读者?

◇ 因为没有完成更多任务所产生的愧疚感?

◇ 缺少和导师之间的交流？
◇ 自己、朋友、家人、伴侣或宠物的疾病？
◇ 承受了某种损失或丧亲之痛？

你要把这些问题开诚布公地说出来，并和导师或写作管理人谈一谈为了克服障碍，你会做出哪些改变。

1. 第一步：评估现状

针对快速通道模式十大步骤中的每一步，你都应该与导师或写作管理人讨论。你需要他们的建议：重要的是要了解导师眼中你已完成的工作量是多是少，并讨论他们认为你还需要完成多少写作与修改。这种讨论应该从战略的角度看待你的整个研究项目。他们对于你的论文应该呈现何种样貌可能有着十分清晰的印象。你要问问他们是如何看待你的论文形成过程的，谈谈可能采纳的章节内容，并了解在他们眼中，组织什么内容对你的论文而言是"允足"的。

◇ 退后一步，看看你处于论文写作过程的什么位置。
◇ 量化你需要完成的写作内容。
◇ 花一小时时间和别人讨论你的总结。
◇ 不要对自己说你还有多少事必须要做，否则你会更容易惊慌失措，从而更不可能改变自己的做法。

第九章 开始永不言迟

◇ 完成下列任务。

任 务

☆ 列出你已为论文而完成的写作内容，例如，你是怎样在不同阶段起草、修改和完成章节内容的。

☆ 计算已完成的总字数或总页数：包括已完成和待完成的总字数。

☆ 列出你已经部分完成或完整写完的章节。

☆ 列出你在写作中遇到的障碍；定期预测写作障碍。

☆ 总结导师对于写作的反馈。

☆ 寻找写作管理人。

　◎ 理由：为了集中精力写作。

　◎ 职责：设定目标、讨论写作方式及写作内容。

　◎ 人选：导师或是其他人。

　◎ 时间：每两周花一小时举行会谈。

☆ 做好组织规划。

☆ 不要恐慌，让自己在写作方面变得更有规律。

☆ 改变工作模式，将自己的模式提高一个档次，改变自身的习惯。

☆ 在这一年必须写出大量文字。

☆ 你将感受到无法消除但可以调节的压力。

> **使用动词**
>
> 本章的指令是以动词的形式表达的,即命令形式的动词,例如"列出"和"寻找"。
>
> ☆ 用这种形式的表达来说明任务。
>
> ☆ 选择能够确切定义你要做什么的动词。
>
> ☆ 排除诸如"想一想""看一看"之类的模糊表达。
>
> ☆ 选择准确的表达,例如"描述"或"列出"。
>
> ☆ 上述表达能让你准确地界定有待完成或撰写的内容。

> **"全新的你"**
>
> ☆ 建构全新的自我形象:一个作为定期写作作者的你。
>
> ☆ 专注于你的写作。
>
> ☆ 想象自己每天都在写作。
>
> ☆ 自私一点:不让任何事成为你与写作目标之间的阻碍。
>
> ☆ 运用写作活动以保持和重获专注力。
>
> ☆ 想象自己在完成作品时的美好心情。

2. 第二步:开始写作

不要等到别人说了才动手,请立刻开始。和导师谈谈你想要提交的写作类型。提交自由式写作的作品没有太大意义,这是一个让你在远离专家审查的情况下,发展自身想法和写作流畅性的机制。

第九章 开始永不言迟

然而,你可能想和导师协商关于让他们阅读你的早期草稿的问题。他们是否已准备好给予你反馈,帮助你完成第二稿、第三稿?他们是否愿意给你反馈,使你不至于无休止地修改,从而让你在有限的修改中写出足够好的稿件?他们是否会在你尚未完成上一章节修订之时,就要求你进入下一个章节的写作?

◇ 针对你的论文题目,进行10分钟的自由式写作。

◇ 强迫自己写满10分钟,中途不能停下。

◇ 忽略你内心的编辑过程。

◇ 不要中途停下来查阅资料。

◇ 读一遍你写的东西,然后再写10分钟。你可以填补空缺、拓展想法或就你所写的内容继续下去,暂时不要修改。

撰写一篇"一分钟论文"(哈伍德,1996)

☆ 按照字面意思来理解。

☆ 只写一分钟。

☆ 写下写作的主要话题。

☆ 写下你在这次写作中试图回答的一个问题。

☆ 例如:写下论文的主要观点或贡献,或是写下某个章节的主要观点,然后写下你需要回答的问题。

☆ 在开始每一章的写作之前,重复这项练习。

完成一项"有计划的暴食式写作"

☆ 从今往后，你将在或长或短的时间段内持续写作。

☆ 计划好大块的写作时段。

☆ 确定好每小时的写作任务（如写完1000字）。

学会与不完美共处

☆ 之所以称为"粗略的草稿"是有原因的；暂时不要对文章进行润色。

☆ 慢慢习惯于提交那些自己明知仍需改进的草稿。

☆ 可以向导师提交初稿。

☆ 将导师的反馈作为修订议程：首先完成他们要求完成的部分，不要修改其他内容。

☆ 清晰地做好稿件标记，以便导师清楚究竟是哪个版本。

采用不同的方式写作

☆ 继续采用自由式写作。

☆ 采用有计划的暴食式创作，完成更多的结构化写作。

☆ 为每一章创建一个文件夹。

☆ 修改导师所指出的需要修改的地方。

☆ 针对你认为必须涉及的主题进行生成式写作。

第九章 开始永不言迟

> ☆ 提交各个章节或部分章节的草稿。
>
> ☆ 和导师讨论写作目标。
>
> ☆ 在和写作管理人会面时写作——而不只是谈论写作。

3. 第三步：列出论文大纲

当你对自己的论题形成大致的概念后，不管标题是否过于笼统，都要将这种"概念"继续向前推进，直至它看似具备了大纲的样貌。在你采取下一步行动之前，请和导师讨论这个新出现的论题。

上述所有小节中的任务都是为了促进写作，它们促使你在这个快速通道时期采用不同的方式写作。然而，虽然这些指令都是为你必须完成的写作任务而服务，但你务必要和导师讨论它们——以及你的产出。

有些活动将有助于拓展你对论文的思考。这些活动或许无法产出你想和导师分享的文本，但是你们必须尽快商定各章大致的大纲。只有在定下大纲后，你才能快速地撰写各个章节。

你可以按照任何适合自己的顺序使用本节中的各类活动、模板和问题。你可能想逐一进行，或者直接列出研究大纲，然后再确定论文大纲。

◇ 用句子的形式概述你的整个研究。

◇ 采用图表形式勾勒整个论文的内容。

◇ 对自己的研究概述抱有信心；持续写作。

415

◇ 忽略不足、错误和不连续性；预估到它们的存在。

◇ 继续写作；推迟修订；用句子的形式写。

◇ 不要担心格式问题；继续向前推进。

关于你的研究

请基于以下7项提示，针对自身的研究，以句子为单位，完成30分钟的写作。

☆ 用一句话陈述论文主题。

☆ 列出研究/分析的目的。

☆ 描述你为实现目标而完成了哪些工作。

☆ 描述你在分析过程中的研究发现。

☆ 解读研究发现。

☆ 阐明研究发现的原创性。

☆ 列出三个有待解决的话题。

☆ 计算字数：你写了多少字？

将更多写作提示放入列表

基于以下提示，完成30分钟的写作：

☆ 用一句话陈述论文主题。

　◎ 用一句话陈述研究假设。

☆ 列出研究/分析的目的。

第九章 开始永不言迟

◎ 列出研究问题。

◎ 给出研究主题之所以重要的两个理由。

◎ 列举其他三个认为它重要的人。

◎ 各用一句话说明每个人对于该主题的看法。

☆ 描述你为实现目标而完成了哪些工作。

◎ 罗列这么做的理由。

◎ 解释你的理由。

◎ 解释你为何排除了其他选项。

☆ 描述你在分析过程中的研究发现。

◎ 你发现了什么?

☆ 解读研究发现。

☆ 阐明研究发现的原创性。

☆ 列出三个有待解决的问题。

◇ 统计字数。

◇ 将这些文字放入"绪论"文件夹中。

◇ 分别复制每个句子,并将其粘贴到一个文件中。这就是某个章节文件夹的开端。例如,你可以把"你发现了什么"粘贴到"研究结果"一章的文件夹或数个研究分析章节中。

◇ 如果这些提示不适合你的研究,可以写出其他适合你的提示及其内容。

◇ 所有写作提示均以动词开头,这些提示将确定你需要完成的写作任务和写作类型。

417

在 30 分钟内概述论文结构

研究背景/文献综述/引言

☆ 该研究课题的重要意义在于……

☆ 致力于研究该课题的学者包括……

☆ 该领域目前尚未完成的是……

☆ 本项目旨在……

研究理论/方法/手段/材料/对象

☆ 本研究是基于……的方法进行的。

☆ 选择这一方法的理由是……

☆ 借助……手段,有望实现项目目标。

☆ 其他学者也采用这一方法以……

研究结果/分析

☆ 研究步骤涉及……

☆ 分析是通过……进行的。

☆ 本研究收集的数据/信息/观察结果可以作为……

☆ 这些数据被整理成……

讨论/解释

☆ 研究分析表明……

☆ 该解释基于……

☆ 综合来看,这些分析表明……

☆ 研究目标在……程度上得以实现。

研究建议/启示/结论

☆ 后续还需要进一步研究,以便……

第九章　开始永不言迟

☆ 需要更多关于……的信息。

☆ 可以通过……方式改进实践。

☆ 假如……，本研究建议的改变措施将更为可行。

调整通用框架，或为你的论文制定一个不同的框架

☆ 列出标题并加以修改。

◎ 调整顺序。

◎ 填补空白。

◎ 如有必要，则重写标题。

◎ 试着将标题合成一个连续的故事。

☆ 首先写出描述性的长标题，这样你就知道每一章要写什么；然后修改标题，使其更为凝练。

☆ 采用相同的方法撰写次级标题。

◎ 专注于目前所写的章节或是后续要写的章节；为更多细节添加注释。

☆ 基于每个标题，以句子为单位进行写作。

◎ 基于每一个次级标题，写出句子。

◎ 为各章撰写导入段。

☆ 考虑每一章在整个论证中的作用。

◎ 各章的重要性如何？

◎ 这种"重要性"对各章的篇幅有何影响？

☆ 分配各章字数/页数，例如：

◎ 引言(绪论)：5000字。

◎ 第一章：1万字。

◎ 第二章：1.5万字。

◎ 第三章：5000字。

◎ 第四章：8000字。

◎ 第五章：1.5万字。

◎ 第六章：1.5万字。

◎ 第七章：4000字。

◎ 结论：3000字。

◎ 总字数：8万字。

在这一计划中，第二、五、六章是关键。由于这些章节呈现出更为翔实、复杂或存有争议的材料，且由于这些章节是博士研究生的研究重点，故篇幅更长一些。

4. 第四步：制订写作计划

你没有太多的时间用于思考。你需要明确写作目标，并在你能掌控的每个或长或短的时间段内写作。

在你完成下列步骤和任务前，请和你的导师进行讨论。

◇ 明确写作目标，并做好在每个或长或短的时间段内写作的准备。

◇ 拟订两个方案：一个是针对全年(或其他你所剩的时间)的长

第九章 开始永不言迟

期计划；一个是针对后续两三周的短期计划。

◇ 在第四步中，你已经确定了必须完成的写作任务，现在就把它们分配到写作计划的各个写作时间段里。

◇ 为你和导师在后续8~12个月内的10~12次会面设定日期；明确上述日期的目标，并将其作为最后期限。

此处包含一项写作计划的范例，意在展示各项写作任务是如何分配的、写作和修改是如何重叠进行的，以及最重要的——导师的反馈是如何推动修订的。

会面的大致结构保持不变：

◇ 继上次会面以来，你都写了什么？
◇ 你接下来要写什么？
◇ 你如何更详细地阐释下一项写作任务？

表9.1 写作计划 第一部分

	第1~5次会面（共计8周）
第一次会面	2月1日
已写	4000字（12页）
待写	第二章（文献综述），第三、四、五、六章（每章30页）
	附加15页研究方法演变
	附加15页预试验
第二次会面	2月15日
已写	第二章（1万字）已上交导师（将在1~2周后给予反馈）

续表

第1~5次会面(共计8周)	
已完成	编码与分析,研究结果表格
待写	第三章至第六章必须结构相同
	第三章(截至3月底,完成30页)
	第四章(截至4月16日,完成30页)
	第五章(截至5月14日,完成30页)
	第六章(截至6月13日,完成30页)
	附加和导师共同进行的测井通信自由式写作
	所有写作任务均在日志中实时分配时间段
修订	7月、8月、9月这三个月
第三次会面	3月15日
已写	给导师的写作时间备忘录
	15组分析(按3组/天的速度计算)
已修改	编码方案
待写	截至3月底的第三章:导入,"本章主要介绍……"
	章节计划:按照不同主题分配页数
待修改	第一章和第二章的关联性有待进一步明确
第四次会面	3月29日
已写	给导师的回信,逐点做出回应
待写	截至3月底,完成第三章
第五次会面	4月15日
已写	第三章
	第四章(25页,4900字)
待写	截至5月14日,完成第五章

第九章　开始永不言迟

表9.2　写作计划　第二部分

第6~10次会面（共20周）	
第六次会面	**5月8日**
反馈	收到导师的35条反馈
已写	论文表格、数据的半成品
	基于导师反馈的自由式写作
	发给导师的书面反馈
待写	截至5月14日，完成第五章（30页）
第七次会面	**5月17日**
已写	第五章（仅推迟两天完成）
	发给导师的感谢信
待写	应邀期刊供稿
	发给导师的书面反馈
	截至6月中旬，完成第六章
	坚持每天5小时，每周5~6天的写作时长
	重新整理第三章数据
	附录与参考文献
第八次会面	**6月8日**
已写	本周完成5000字写作任务
待写	第六章中关于文本分析的8页内容
	2~3页的分析结果
	8页的一般性结果讨论
	10页的研究结论/研究启示等
需修改	第一章（根据导师反馈）

续表

第6~10次会面(共20周)	
新的计划	完整稿最后期限(8月15日)
	第一章修改时间(6月25日)
	第二章修改时间(7月9日)
	第三章修改时间(7月16日)
	第四章修改时间(7月23日)
	第五章修改时间(7月30日)
	第六章修改时间(8月6日)
第九次会面	8月12日
写作日常	上午9—12点,下午2—5点,晚上7—9点
已写	第一章至第六章
待修改	第一章至第六章
第十次会面	10月10日
已写	第六章,各章节导语,针对读者舒适度的修改,删减分析部分
待写	修改第五章、第六章、扉页、目录等

5. 第五步:和导师沟通

你即将开始定期向导师提交大量写作内容。请确认他们已经做好准备,且有时间阅读你的稿件,并迅速予以反馈。你可能需要说服他们这么做。请和他们一同计划这个过程,确保你们就这种运作方式达成一致。

第九章　开始永不言迟

你不能等到有了完整的草稿之后,才把这些文本提交给你的导师。一旦你完成了各章的草稿或部分内容,你就应该提交。如此一来,在你继续撰写下一章的同时,就可以根据导师的反馈意见进行修改。你和你的导师将多次交换草稿和修改意见,你需要把工作持续向前推进。

和导师讨论的提示

☆ 我已经设定了提交论文各章节的最后期限。您怎么看?

☆ 我的论文章节提交截止日期是否符合您的时间安排?

☆ 在此期间,您会离开很长一段时间吗?

☆ 我们将如何组织草稿和进行书面反馈交流?

☆ 您打算浏览我的初稿并给予反馈吗?

☆ 您能否在2~3周内给予我反馈?

☆ 您会给予我什么样的反馈?

如果导师提出了关于书面稿件和写作实践的尖锐问题,请不要担心;如果他们没有这样做,你反倒该担心了。尖锐的问题可以强化论点,而简单的问题则无法做到。

你或许会发现自己正在转变为一个新的角色,或许会觉得自己正在管理导师对你写作的阅读过程。在某种程度上,事实的确如此:你必须催促导师对写作给出反馈,明确地向他们指出你正在如何以及在何处采取行动。

请仔细阅读导师的反馈意见：

◇ 它是否表明你的作品已经"足够好"？

◇ 反馈是否明确告知你要做什么来加强你的作品？

◇ 你是否需要重构论文大纲？

◇ 你的论文大纲中是否有任何可以删除的内容？

将导师的意见转化为写作和修改任务

如果你对导师的意见不太确定，请确认你对导师反馈的理解。你可以向他们提出下列问题：

☆ 感谢您对XX章节的反馈。

☆ 以下是我对您的反馈的解读：……（以要点的形式列举）。

☆ 我对您的评语理解正确吗？

☆ 我不是很确定您说的……是什么意思。您是指……还是……？

☆ 作为回应，我计划做出如下修改：……（列举）。

☆ 请告诉我您对这项计划的看法。

---

6. 第六步：列出章节提纲

你可能觉得自己距离"准备好"撰写完整的章节还差十万八千

第九章　开始永不言迟

里,本小节将帮助你在自认为还未做好准备之时逼迫自己写作。如果你想等到准备好了再动笔,可能会等很长的时间。

这个步骤(即设计章节布局)建立在你和导师讨论后的论文大纲草稿基础之上。一旦他们同意了总纲,看看你是否能让他们也认可你的章节纲要。

你可以在讨论中呈现这些提纲,看看你的导师是如何反应的。请写出会面时所谈论过的任何关于章节、潜在的标题或小标题的具体建议。请随身携带或借一台笔记本电脑,这样你就不需要再浪费时间抄写内容了。

◇ 取出第三步提及的论文大纲,扩展每一个标题。
◇ 在单独的页面上列出每一章的标题和副标题。
◇ 当你有想法的时候,针对每一章标题添加注释。
◇ 不要强迫自己按照顺序一个一个地看。
◇ 先完成那些你有东西可写的部分。
◇ 随后回过头去,逼着自己为剩下的章节添加一两个标题。
◇ 检查你是否对核心论点依旧了然于心。
◇ 检查是否所有标题都能扩展你的核心论点。

7. 第七步：定期写作

◇ 无论时间长短,坚持每日写作。

◇ 将自由式写作视为一种热身运动。
◇ 直接在文字处理器上写,而不要手写。
◇ 统计每个部分的写作字数。
◇ 计算写作速度:每小时能写多少字?
◇ 在章节草稿首页的右上角标注草稿编号、日期及字数。
◇ 丢弃旧的草稿。如果你不忍心丢弃它们,那就将其放在看不见、摸不着的地方。否则,你会把导师针对不同文稿的评语混在一起,并中断对你已经完成和尚未完成的工作的跟踪,从而停下前进的脚步。

在快速通道模式中,你要做的就是解决或忽略"质量问题""创造力问题""生产力问题"之间的紧张关系。不要因为以下问题而放慢写作速度:

◇ 质量问题:如果我只是写下"这就是我所知道的关于×的一切",这就不是好的写作方式。写作质量难道不比字数重要吗?
◇ 创造力问题:我将如何处理新的想法?我该如何将它们纳入写作计划?如果大家都是这样计划的,我有什么好的主意吗?写作过程必须为创造力留有空间。
◇ 生产力问题:我怎样才能在6个月内写出8万字?

上述问题看似都可以成为写作中优先考虑的部分,但它们可能会把你引向不同的方向。请将处理这些紧张关系视为奢侈行为,你没有时间可供浪费、去揣摩这么做是否可行、去质疑自己的工作规

第九章 开始永不言迟

划,或是去担心这样做是否"足够好"。你无法在所有这些焦虑中,富有成效地写作。有人能够经常性地提醒你将这些焦虑抛诸脑后会是一种有效的方法。另外,你要仔细阅读导师对你的反馈意见,它将为你指明前进的方向。

建立写作动力

自由式写作:学生们提及,他们发现自由式写作在论文写作的不同阶段都具有很大的价值。

☆ 它有助于你倾听自己的声音。

☆ 它能让你专注于自己想要表达的内容。

☆ 它为你提供了一种表达自己真实想法的方式,然后你可以将其转化为更正式的文本。

☆ 它可以帮助你阐述在写作中难以解释的部分论点。

---

8. 第八步:论文修订

请将导师的意见转化为行动。例如,你的导师会说:

你在这里似乎没有真正建立起联系。这一联系隐含其中,但我认为你需要将自身的观点拆解开来,并做出详细说明;否则,它可能比实际更有争议。这种联系是存在的,但我认为你必须更加谨慎地进行论证。

我们需要做出什么类型的修改？

◇ 扩展关联性。
◇ 添加一段话来解释说明。
◇ 添加两三个解释其意义的句子。

即使是较长的评语(尤其是特别长的评语)，我们也需要仔细检查：真正要求你完成的是什么？有时候，评语只是导师的个人简介；有时候，只是你的作品触发了他们的思考，所以你可能决定不做任何修改。然而，导师的大多数评语(尤其是在这一阶段的评语)都将指导你提升论文的论证能力。你或许有必要仔细研读他们所写的内容，以确定自己在下一次修改中要做什么。

◇ 增强连贯性。
◇ 明确关联性。
◇ 使用预告和信号传递来展示你的计划(详见第八章)。

9. 第九步：内容整合

写出能够增强论文连贯性的句子或简短的段落。

第九章　开始永不言迟

◇ 在每一章的结尾和下一章的开头部分建立明确的关联。

◇ 在某些/所有章节的导语部分回溯研究问题/目标。

◇ 明确研究目标与研究结论之间的关联性。

◇ 将有关"研究贡献"的最后表述与早先论文综述中所界定的"研究空白"联系起来。

◇ 为最后一章撰写一份摘要,以说明你在所有章节中的论证进展情况。

◇ 为你的绪论和摘要撰写一份上述总结的精简版。

10. 第十步:完成收尾工作

查阅你所在高校对以下事项的规定,严格按照规定执行。

◇ 正文前的排版内容

◎ 标题页。

◎ 致谢。

◎ 目录页。

◎ 论文摘要。

◎ 图表/表格/插图。

◎ 定义。

你所在的高校有哪些要求?依照何种顺序?

◇ 附录。

◇ 参考书目。

◇ 页面设置：页边距、页眉、页脚。

◇ 所有章节的连续页面。

◇ 向导师提交完整版终稿。

◇ 所提交终稿的拷贝份数。

◇ 还有哪些需要提交的材料？需要提交某些表格吗？

此刻你需要做什么？

◇ 你是否需要"论文暂停令"(Thesis Moratorium)，从而延缓公众对论文的访问？

◇ 养精蓄锐。即使你进行过有规律的休息，可能也早已筋疲力尽。

11. 快速通道模式是否有效

学生们已经在自身的写作背景下质疑过这种加速模式的可行性（这种质疑是非常合理的）。他们指出，我对连续写作、依照日程计划写作、强迫写作等方式早已司空见惯，因为我早已熟悉自身领域，所以这种方式在我身上是奏效的。我正在撰写的主题是我多年来持续阅读、思考和写作的成果。相比之下，学生们仍然处于对这一领域的认识阶段。他们正在处理新的材料，因此无法"确定"（引用学生

第九章 开始永不言迟

的话来说）其写作的主题。他们认为我比他们在写作上走得更远。他们认为，我的策略对于那些处于写作后期、"确定"自己想要表达什么的人的确能够发挥极大的效用，或者起到一定作用。当然，这个观点有一定的道理。

然而，我曾经"确定"过吗？我并不总是百分之百"确定"自己所写的东西是一种有效的方式，也不确定它是一件有趣或有价值的事。尽管我已经决定了要说什么，并为此感到满意，但读者的反应仍然是一个巨大的未知数。如果我不断地等待，以及不断地阅读、计划和思考我的选择，直到我完全确定为止，我很可能写不出太多东西，因为那一天永远不会到来。

总有一些这样的质疑：这么写会不会过于直白？这是不是在侮辱读者的智商？我需不需要再多做一些解释？他们会费心地完成这项写作活动吗？诸如此类。为了完成这本书，我不得不忽略这些疑虑——事实上，现在我认为它们都是有趣的问题，我会记录下其中的一些，并随后在其他地方提及。我选择忽略其他的问题，以便继续进行写作。在某些时候，为了更好地写作，你必须具备隔绝质疑的能力。我承认，我所描述定期写作的方式并不是每个人都能马上做到的，找到自身的节奏并设定自身的目标的确需要时间，我们都必须开辟属于自己的定期写作路线。

我认为，关键在于我们必须让自己进入学生们之前提及的写作过程的后期阶段：我们必须在知识加工过程中重新定位自己。我们不应守株待兔，而应促成其发生。我们必须构建某种"确定性"，这是一个从无到有的过程。如果我们没有创造出那个时刻，它就不一定会自然而然地发生。偶尔——甚至更多的时候——我们不得不强迫自己，即便我们觉得"确定性"是遥不可及的愿景。论文作者必须让自己走到那一步，之后就可以实现从不确定就不下笔到不确定却仍持续写作的过渡。你需要让内心的编辑保持静默，我们都必须这么做。

你可以通过定期的进度反馈来检验快速通道模式是否有效，而我一直强调的就是，请和导师共同检查你的计划与大纲。

本章学习成果

➢ 制订一项每日写作与修改计划。

➢ 详细勾勒出整篇论文以及每个章节的轮廓。

➢ 和导师讨论这项写作计划。

第十章

最后的 385 码

内容提要

本章重点介绍论文提交前的最后阶段。你的论文提交日期可能已经确定或即将确定,至少你已经知道大概的提交日期。但是,与任何截止日期一样,如果它不是一个准确的日期,可能就无法起到最后期限的作用,你很可能会超过任何模糊的期限。这是论文的最后阶段,不应再做任何过大的改动。

本章将简要介绍论文修订,这是一项比论文作者预想的更加耗时的任务,是看似无穷无尽、吹毛求疵的最后修改。但愿导师在这一阶段建议或要求完成的修订会变得越来越详细。有些学生认为这一阶段的修订尤为琐碎,但这就是通常情况下要产出一份经过润色的论文终稿所需的一切。

撰写最后一章可能是这一阶段的关键任务,但诸如创建表格、改变页边距等为了配合最后修订的机械性工作,或许也同样耗费时间。

与论文标准或质量的不确定性共处仍然是本阶段论文写作生涯

的现实写照,甚至将在这一阶段变得更难处理。而另一方面,如果你在项目全程一直不停地写作,大部分的创作即将完成,那么留给你的任务就是写出一个能将所有内容拼接在一起的章节。

摆脱"永远可以改进"的束缚,而转变为"完成就是一切",是放手/收尾阶段非常重要的组成部分。

让导师相信你的论点是明确的,以及你的论文是具有一定贡献的,可能也是本阶段工作的一个部分。真正的任务或许是强化你认为已经足够有力的观点,或是使你认为已经十分明确的内容更加明确。

在这个阶段,你可能无法赞同所有的修改建议。你将如何回应自己认为毫无帮助的反馈?这是一项有趣的终极测试。感知一篇论文何时能够"完成"是一个具有普遍争议的问题,可能会引发你与导师之间的诸多讨论。

1. 马拉松:26 英里 385 码

本章的标题源于多数读者熟悉的马拉松,这是一种长跑比赛项目。但许多人不知道的是,这项运动不仅需要参赛者跑完26英里,还需要其跑完最后的385码[1]。

有过这种长跑经历的人经常提到,最后的几百码是人体忍耐的极限。在跑完那么长的距离之后,最后的一小段距离似乎已超出极限。与此相同,写完那么多字后却需要再次修改,似乎也已超出论

---

[1] 1码≈0.91米。——编者注

第十章 最后的385码

文作者的极限。

诀窍就是不要对这个时刻感到惊讶。这可能是一种几乎能够触及终极目标的心理效应；可能是疲劳感在作祟，特别是如果你已全力以赴地工作了一段时间，或是以一种合理的高速度跑了几个月或几年；可能是由于你对自身作品极为熟悉，以至于觉得自己的观点读起来显得陈旧、缺乏新意且松散；还可能是你已经牺牲了太多的生活用于写作，以至于在接近尾声时，你想此刻就结束这一切，找回自己的生活。又或者你是上述所有内容的结合，而且别人也是如此。

好消息是，由于你已完成了这么多的写作与修订，从某种意义上说，你一直在为这一刻进行操练。现在你已经知道，这不是你自己独有的经历。在这最后的一小段距离中，你可以遵循导师的指引。你可能会感到你们之间的关系发生了转变，但或许应该由导师在这一阶段扮演"编辑"的角色。

最重要的就是牢记自己只需要再跑385码的路程。最艰难的时刻已经过去，坚持下去，你一定会完成。

2. "完成就是一切"

> 人必须忍受死亡，
>
> 正如他们出生时一样。
>
> 成熟就是一切。
>
> ［莎士比亚，《李尔王》，（1607）1974：9—11］

引自莎士比亚(Shakespeare)悲剧中的这句话旨在促成人们下定赴死的决心。戏剧中的这几句台词表明，面对死亡，最重要的是当它降临的那一刻，我们早已做好了准备：我们可以"成熟"地赴死。论文作者应该准备好面对论文尾声的最终到来；他们应该成熟起来的含义或许是他们已经增加了对所在学科足够的知识储备，对自己的作品有着足够的信心，可以提交作品以接受评审。

然而，本节的标题并不是"成熟就是一切"，而是"完成就是一切"，这一表述旨在说明你的目标应该是完成，而不是"成熟"。感觉自己的论文已经足够"成熟"，并准备好接受审查可能是无法实现的。在这个阶段，你的目标是结束现有研究，暂缓新的研究，并且在必要的时候呈现新的想法。鉴于技术的无限性和即时性，做到这一点尤为困难——技术不断地更新我们的认知，提醒我们这项研究可能很快就会过时。我们对于论文评审所需的高标准的理解，也有助于防止我们在最后阶段偷工减料或以任何方式做出妥协。

但是，"完成就是一切"则为我们践行"结束的艺术"提供了更好的指示，更好地提醒我们停止扩充论文，并激励论文作者成为论文完结者。

3. 专注写作阶段

第九章主要介绍如何在一年内完成整篇论文，而本章主要讲述如何应对最后的写作阶段和最后的章节。第九章所讲述的某些做法可能

第十章 最后的 385 码

会在这一章中发挥作用,但过程中的各个方面却有着天壤之别:本章会帮你找到除了写作和修改之外什么都不做的方法,直到你完成论文。

此时你会需要更多的专注力。你会希望朋友和家人能够介入你的生活,帮忙做饭、洗衣服并完成其他任何让你脱离写作的事务。一些写作新手谈到了"自私"的必要性,以便把写作置于其他耗费时间的需求之上。他们观察了那些定期为学术刊物写作的人,并认为这些人更加以自我为中心,或更加以自我为导向。这可能是一个值得思考的问题,你可以与周围的人进行讨论。为了帮助你"完成"你的论文,他们是否必须做出某些牺牲?

在这一阶段,你的日常写作可能涉及一系列的写作策略:

专注写作

☆ 列出你想要撰写的每个部分的提纲。

☆ 自由式写作:5分钟热身,从不写作过渡到写作,不做其他任何活动。

☆ 通过自由式写作找到你想要叙述的内容。

☆ 调整日常写作速度:你能够在一小时内写完/修改好1000字吗?

☆ 根据导师的反馈进行修改。

☆ 制订计划:在日志/日程表中列出写作任务和时间。

☆ 配套设施:储存好纸张及打印机墨盒。

这个阶段需要你每天进行大量的结构化写作。当你感到疲劳时，可以做一些"收尾"工作——检查参考文献、更新书目资料、设置表格/图表以及编排页码等。你要备份好所有内容，而不要只在疲劳的时候才做备份，并把所有的草稿都清楚地做上标记。

4. 幸福感

在上一节中，我们已经谈及了关于专注、牺牲和自私的话题，重要的是保持一定的平衡。

"幸福感"通常并不是你在博士教学大纲中能够找到的科目。在漫长的研究项目期间，调节幸福感可能并不属于你正在努力提升的"技能组合"的一部分。它甚至并不在你和导师交流的议程上，但显然它应该出现在你的议程上，因为你应该在这个漫长的过程中积极管理你的幸福感。

什么是幸福？不同的人对幸福有不同的解读，但对于论文作者而言，幸福就是能够确信不可避免的压力源不会妨碍自身写作，就是确保维持良好的状态，在出现压力的迹象时采取行动，并在必要的时候得到支持与帮助。

如果你想拥有足够的精力去完成最后的385码，那么就需要好好地照顾自己。针对以下各个方面（即使不是全部），你知道应该如何照顾自己。以下事项是对你的提醒：

第十章 最后的 385 码

健康写作

☆ 饮食

　◎ 均衡饮食，补充水分。

☆ 放松

　◎ 你知道阿尔法波吗？

☆ 积极分散注意力

☆ 锻炼、运动、健身、呼吸新鲜空气

　◎ 这些并不是所有人的选择，但却是解决你在电脑前一坐就是好几个小时的有效方法，至少要出去散散步。

☆ 朋友和家人

☆ 精神/灵魂/宗教

　◎ 现在是时候偶尔投入任何能够让你继续前进、赋予你意义和目标感的活动了。

☆ 戏剧/音乐/美术

☆ 睡眠/暂停/休息

☆ 设置固定的休息时间；在这个时间段工作会使你产生负罪感。

可能也有一些双重性任务，比如一边吃着健康的三明治外卖，一边修改论文；一边思考下一项写作或修订任务，一边散步、慢跑或进入梦乡；一边在脑海中构思一两个段落，一边听音乐会、讲座或与导师会面；或者在放松和无所事事的时候想到完成一个章节的路径。

怎样顺利完成论文：论文写作的策略与技巧

请准备好纸、笔或是键盘。

这些建议看似互相矛盾：你必须时而竭尽全力，时而抑制狂热（默里和穆尔，2006）；有时你可以围绕写作目标来开展大量的结构化写作，但你同样需要拥有打破结构与计划的自由权。

除了认知策略，你还可以在其他方面照顾自己。在某些阶段，幸福感可能与身体和社会因素有关。有时你不得不长时间独自工作，或许会出现与世隔绝的情况。

当你不关注自己的幸福感时，会发生什么？那是一种什么感觉？当我们似乎忘记了结构和目标、感到过分疲惫或是对项目过度投入时，我们都需要得到不时的提醒——但有时候也是不得已而为之。以上都是一些笼统的定义，但幸福感对你而言意味着什么？有哪些迹象表明你需要他人提醒你照顾自己？

压力源很可能来自评估、年度审查、同行评议、与导师会面、最终考核、研究小组汇报以及会议发言等。虽然有时候你觉得自己已经取得了很大的进步，但导师却发现了更多有待改进的地方。你给自己设定的最后期限已经临近，但觉得自己离完成任务仍有很大的差距。此时已经是你开始攻读博士的第二年，你会意识到下一年就是最后一年，并担心自己在第一年没有取得足够多的进展。

关照自身的幸福感或许包括监控你实现目标的程度。这一点在前一章中已经提及，但与本章有所关联，因为某些学生报告说，他们觉得整个目标设定和监控的过程有点重复，或者它过度简化了攻读博士学位的过程。有些人觉得将他们脑海里已知的、无论如何都要做的事情写下来纯粹是浪费时间，但监控你的表现是一种正确对待

第十章 最后的385码

压力的方式。此外,它避免了扮演被动角色的风险,这一点与压力相关。幸福感与对自身状况的控制力有关;假如你在攻读博士学位期间扮演了被动的角色,你也许会感受到更多的压力。因此,对于论文作者来说,幸福感包括在构成论文的众多任务中明确自己的期望,并监督自己在具体任务中的表现(正如你所定义的那样,并且与你的导师达成一致)。

你能做些什么来保持良好的状态?有三个步骤可以构建你的工作模式——停止、休息和获得滋养。停止并不意味着放弃,它包括在写作中调整自身节奏,培养积极应对写作过程的自律性,而不仅仅是不停地写到瘫倒为止。休息并不意味着睡觉,也可以是积极分散注意力——比如锻炼、运动或是任何形式的体育活动——尤其是在长时间的伏案写作期间。有充分的证据表明,长时间伏案将严重损害健康,因为这样做会使人体的胆固醇含量和血压升高:伏案4个小时会使你罹患心血管疾病的风险系数提高80%(邓斯坦等人,2010)。你需要养成在部分时间(而不是全部时间)站立写作的习惯。你应当采取措施,将久坐的风险降到最低(索,2016)。

同样,你也要采取措施调理营养,补充水分摄入。获得滋养并不仅仅意味着吃得好;它还包括确保你参与到任何能让生活变得有意义的社交、精神或心理过程中。尽管这一切看似显而易见,但当你沉浸于博士学位的学习过程中时,很容易就会忘记照顾自己,因为论文早已占据了你的生活。本小节意在提醒你,你才是最需要被优先考虑的因素——如果你能保持身心健康,就会在论文写作中拥有更加出色的表现。

总而言之，这里介绍的不仅仅是当幸福感遥不可及时该怎么做的问题；你可以调节自身写作，从而避免走到那个地步。保持身心健康的方式或许十分复杂，这意味着它不是一个简单的目标，而是众多较小的子目标的集合。

5. 同伴支持

在这个令人沮丧的阶段，获得激励和支持是非常重要的，尤其是在你觉得自己的写作非常清晰，但你的导师仍然在空白处写道"你究竟是什么意思"的时候。如果你认识其他正在经历这个阶段的人，你们可以互相安慰，这是一个自然的过程。不仅仅你是这样，也不仅仅你的导师是这样。当然，你需要找到合适的人：不应是仅仅满足于交换怨言的人；而应是和你一样，专注于完成写作的人。

导师还不能算是你的"同伴"，但你们之间的权力平衡可能已经发生变化。你可能会感到你们之间的关系正在改变，觉得自己对导师的建议有了新的回应。在这个阶段，与导师保持良好的沟通至关重要，即便他们在你的论文中扮演的角色似乎已从学科专家转变成了编辑。的确，随着你的知识储备、自信心和地位的提升，导师将被你甩在身后；但在这个阶段，你依然需要他们的建议，即使这些建议给你留下了迂腐的印象。

你可能还需要他人对你的工作实践给予反馈。你能以正确的方式进行最后阶段的工作吗？你是否应该采取一些不同的做法？这似乎是你在研究中学到的知识最少、从专家建议中受益最少的阶段，

第十章 最后的 385 码

但你可能错了。你可能会从他们提醒你遗漏的事项、督促你调整自己的做法或帮助你重新发现不良的写作习惯中受益。

如果可以,关键就是找到那个能帮助你继续前行的人。无论他们是否撰写过论文,这个人应该相信你可以做到,并且愿意定期告诉你这一点。如果这个人是你的伴侣(通常也是唯一愿意提供这种程度支持的人),你可能会想讨论这是否有可能对你们的关系造成影响。你或许想要协商一下彼此职责的变化,比如做饭和打扫卫生,并承诺你在任务完成后将接手这些事务。这看似是一件小事,但在这个充满压力的最后阶段,你最不想看到的就是家庭关系紧张。可能同样有效的做法就是,承认你从现在开始将完全沉浸于写作之中,对其他任何要求的反应都会减少;但一旦任务结束,你就会恢复"正常"。这将是你们要面临的下一个巨大挑战。

6. 新的目标

这一阶段的目标与先前阶段不同,因为它具有(或者应该具有)单一性——写作是当下唯一的目标。如果情况真是如此,那么你的短期目标也应该都与写作相关。

矛盾的是,你可能已经完成了大量的写作。你手头可能有一份经过多次修改的完整草稿,该草稿仍有待进一步修改。你在这一阶段的感受像是在处理"新目标与旧文章"。

然而,以发展观点为目的和以完成论点为目的的修订有所区别。

445

你必须将论文视为一个整体,发现叙述中存在的漏洞并加以弥补。或许你需要以相同的方式处理每一章:

◇ 每一章的主题是什么?
◇ 它与前一章和后一章有何关系?
◇ 你是否已在各章的开头和结尾处解释过这些关系?
◇ 你将在何处以及如何阐明和强化这些联系,使其更为明确?

你可能需要完成新的写作任务。例如,你可能要决定有些新的文献是否必须收录到文献综述之中,因此你将不得不检查是否需要在其他章节中做出相应的调整。你可能需要撰写新的绪论,阐明各章之间的联系,或将各章与研究问题或目标联系起来,或是说明各章是如何推进你的论点的。你可能需要在最后一章撰写一个新的小节,从而展示所有内容是怎样合理地组织起来的。你可能还不知道自己的结论是什么,但上述步骤可以帮助你想清楚在最后几页应该说些什么。

7. 文体建议

当进入论文的最后阶段时,你可以借鉴或调整某些约定俗成的惯例。"模糊措辞"——也就是针对研究做出不确定性的表述,是在这一阶段可以接受的语言风格。以下范例将展示如何使用这种语言风格,让你在声称自己已取得一些成就的同时,又不至于太过夸大:

第十章 最后的 385 码

◇ 这就表明……

◇ 研究结果显示……

◇ 本研究的局限性体现在……

◇ 尽管存在一定的局限性……，但其有趣之处在于……

上述清单的最后一条为你的研究中的不足找到了一种折中的办法。尽管你可能十分清楚自身研究的局限性甚至是缺陷，但不要觉得你必须用那样的措辞将其完全展示在读者面前。你是否可以用成果来弥补不足呢？

无论我给出什么样的言语建议，都会引发论文作者和科研人员的争论。请从下列条目出发，加以思考和讨论。所有词语将被分为两栏，以表示明显的区分，并引导你做出能够正面体现自身研究成果的选择，尽管此时你可能并不觉得所有结果都是积极的。

应该使用的语言	应该规避的语言
局限性	缺陷
重点、选择	漏洞
完整的、后续的、持续进行的	不完整的
取得成功、产生作用、有效的	尚无定论
有助于解决……	解决了……，证实了……

每项研究都有其局限性，这些局限性必须得到解决。有些局限性是由于设计产生的，以便缩小和聚焦一项研究的某一个部分。然而，当你在谈论自身研究的不足之处时，"缺陷"并不是最佳用语。在任

何情况下，你都可以化消极为积极，然后写明假如你不得不重头再做一次，你将如何建议加强这项研究。难道这不是一种成果吗？

你可以通过将自身研究成果和他人已发表的成果放入同一个句子的方式增强你的论点。尽管你可能觉得自己的成果尚未达到已发表成果的标准，但是你必须将自身研究的最终结果与他人的研究联系起来，其效果可能就像反射的光芒一样简单：你的成果已得到那些更为权威的研究人员的佐证；或者，更重要的是，在你的研究和其他人的研究之间寻找某种联系，可能会迫使你以一种全新的方式增强你的论点。

8. 完结

值得一提的是，你的研究没有必要随着这个项目的结束而结束，你可以继续致力于研究这一课题。你可能会想到几个想要进一步探索的问题。对于任何被遗漏、无法在剩下的时间内处理或是导师建议你放弃的问题，你都可以稍后再重新拾起。论文的结论就像一块跳板，以便你对未来的研究做出展望。

对于未来研究工作的小建议

这不应该只是在论文结尾处体现的想法或潜在的项目清单。例如，你应该思考以下问题：

第十章 最后的 385 码

> ☆ 在你接下来可以/应该研究的所有事物中，你的首选项是什么？为什么这样选择？
>
> ☆ 你会怎么做？
>
> ☆ 需要哪些资源？
>
> ☆ 这样做是否可行？
>
> ☆ 这样做需要花费多长时间？
>
> ☆ 预测反驳——你将以什么理由驳斥不同论点？
>
> ☆ 这样做有何好处？
>
> ☆ 这对……的启示是什么？

这将使得结尾更加有力，表明你有足够的专业知识来选择适当的首选项，以及全盘考虑。

9. 适可而止

正如马拉松接近终点时的答案是"385 码"一样，一个研究项目接近尾声时的答案也同样能够加以定义。这并不意味着所有的论文都有一个答案，而是意味着你必须根据先例做出某些决定——对其他论文作者而言，做到什么程度才算充分？你可以用时间和金钱来衡量——我还剩下多少？你还可以用建议来衡量——我的导师认为我还需要做到什么程度？

你需要进一步探讨这些问题：

怎样顺利完成论文：论文写作的策略与技巧

◇ 你被要求写出多少字？

学生和导师时常反馈说，他们发现这是一种极为肤浅的定义论文的方式——作品的质量难道不比字数更重要吗？

◇ 你所在的院系中，最近成功的论文大约有多少页？

这个问题与界定任务有关。是的，你的论文和所有论文一样，都是独一无二的，但是它真的要比其他论文的篇幅多一倍吗？你所在的高校是否允许这么做？

◇ 做出决定——而不是"视情况而定"。

在讨论这个问题时，许多学生认为，从花费的时间和占用的页数来看，撰写一篇论文与最终完成一篇论文的付出是等同的。严格来说，这种想法并不完全正确。时间限制和字数限制就摆在那里，或许是你在不断推迟做出决断的时间。继续推进的一大策略就是针对你还需要做什么这个问题，想出两到三个答案。

关于一篇"已完结"的论文的构成要素究竟有哪些，你也会有自己的想法。你认为还需要做些什么？请以写作任务的角度来定义这一点。你可以从自由式写作开始，列出一些提纲，并设计你需要添加的任何部分。

你可能还觉得自己应该不断更新文献综述，此时要当心。诚然，你的论文应该具有前沿性，你也应该添加任何与研究工作直接相关的内容，但所添加的内容同样应该与你的论文直接相关。请记住，这意味着你必须找到一种方式，能够把你添加的东西整合到你已经修改了很多遍的文章中。注意不要因为添加新元素而把你为论点建

第十章　最后的 385 码

立的路线移动得太远。你是否必须在论文的其他地方做出调整？你需要确认这一点。请记住，你可以言之有理地明确告诉读者，你为新的研究所设定的主线在何处。

这个例子为你展示了一种必须在最后阶段开始切断新的可能性的方法。"完成就是一切"目的在于提醒你：你的目标是完成写作，从而停止写作。这意味着你必须判断好你所做的一切已足够充分。本小节的标题是"适可而止"——这不是像"做多少才算充分"一样的疑问句。在这一阶段，你不得不做出一些关于结束的艰难决定。有些学生发现，他们不仅要说服自己已经为完结做好了准备，而且还要让导师相信他们已经完成了"足够多"的内容。

10. 已经足够好了

"足够好"意味着足以达到提交标准。这个标准有时会比学生的期望值低，这并不意味着自从你申请攻读博士学位起，这些标准在不断降低，而是意味着你尚未明确与自身的研究和论文相关的标准规定。

在导师的建议下，你甚至可以从原定计划中删除某一章，甚至放弃早已写好的一章。打个比方，假如某一章提出了太多新问题，干扰了你的主线，或是使得论文过于冗长，你就可以将其放弃。

当你的论文达到以下标准，就说明其已经"足够好"了：

◇ 论点与结论是合理的，尽管你并不完全满意。

◇ 你的论点是令人信服和连贯的。

◇ 论文已对知识领域做出了显著贡献,尽管你觉得它不是惊天动地的贡献。

◇ 在绪论、结论和摘要中,你使用了"贡献"或极为相似的表达来体现了这一点。

◇ 你已经达成了最初设定的一些或全部研究目标,并在论文中报告了这一点。

◇ 来自导师的反馈表明,你的工作是充分的。

◇ 你已公开发表数篇(或一篇)与你的研究或论文相关的文章。

没有人真的会说"你的论文已经足够好了""你做得很充分了""现在你可以停下来了"这样的话。优秀的导师会不断地寻找这一转折点,并在他们发现时告知你,尽管可能不是采用和上述语句完全一样的措辞。创作一篇论文,确实会有"足够充分"的时刻,但这一节点很难预测。你可以试图自行构建这一节点,从而为自己提供帮助。

这不是一件容易的事。你可能非常清楚自己还可以做更多的工作来加强自身的研究,以至于可能认识不到这个转折点。你也许觉得必须分析更多的文本、实施下一阶段的研究,或是在实验中额外收录两三个实验对象或物质。在这个阶段,这种想法或许并不正确。想象一下设定计划需要花费的时间,更别提撰写、修改、反馈、继续修订等了。假如担心自己可能做得还不够充分,现在是向导师直接提问的时候了:"您觉得我已经做得足够充分了吗?"如果导师对于这一问题给出肯定的答案，那么请把进一步研究的想法放一放。当然，如果你认为自身的研究或论文存在严重不足，就应该寻求不同的意见。

　　导师也许会给出一个间接的回答，请不要惊慌，他们委婉的话语并不一定说明你将遭遇失败。如果你有做得不够完善的风险，他们可能会（或者应该）明确地指出。导师可能也会发现你难以给出直接的回答。他们甚至可能将这种行为视为不道德的做法，因为只有评审人才拥有评价论文的最终决定权，而不是导师。你的作品已经逐渐地从导师手中移交到评审人手中。

　　有些人可能会说，关于"什么程度才算充分"的问题在答辩前难以回答。其他人则认为（他们指导过许多论文），他们的确知道一篇论文什么时候将接近尾声。你将会被告知论文已经"足够充分"，可以提交。至于论文是否"足够好"、能否通过，要到答辩时才能确定。

11. 做出贡献

　　如果你尚未使用以下术语描述你的研究，那么现在就应该这么做。在论文中的下列几处说明你的贡献非常重要，你甚至可以使用相同的术语和词语，以免造成混淆：

◇ 摘要/概要。
◇ 绪论。
◇ 结论。

453

你必须提出理由以证明所述贡献属实。你可以和导师在讨论中演练这一论述方式,并看看你所在院系最近发表的其他优秀论文是如何用文字来构建论证步骤的。在你说服自己和导师你已经做出了贡献之后,你还必须说服下一位关键读者——评审人。

12. 说服读者

尽管你十分了解甚至过于了解自己的论文(因为在你看来,现在它似乎相当老旧和过时),但你必须让论文评审人相信你已经做出了贡献。你必须从他们的视角审视自己的论文。

你应该让你的读者相信什么?

◇ 你的研究具有原创性。
◇ 你具备专业知识。
◇ 你了解自身"原创性"的限度。
◇ 这个项目是有限制的。

你如何做到这一点?

◇ 衡量贡献:设定限制,并将其放入研究背景中。
◇ 阐述"研究范围之外"的含义,你在研究过程中学到了什么,以及下次你会采取什么不同的做法。

第十章　最后的 385 码

◇ 说服读者你拥有一个专家级的总览：该领域未来5年到10年的发展方向是什么？重大课题是什么？你的研究占据怎样的地位？

在这个阶段的关键做法是，不要觉得你必须填补自己现在认为在工作、思维或研究设计中出现的明显空白。现在为时已晚，你的时间有限，或许根本没有时间"重新完成"某些工作。这么做可能会使得论文的其他部分失衡，产生更多的任务和写作。在任何情况下，论文都是一种能够包含你所学知识以及今后如何进一步完善的报告形式。诸如此类的改进是任何研究过程不可或缺的一部分，你必须表明自己已经意识到这一点并动笔写下来。你需要撰写的内容可能远比你想象的多，你也必须在摘要/概要、绪论和结论中向读者传达这些观点。

现在，你的注意力需要从提高研究质量转向提高写作质量。你的写作必须根据研究的实际情况，尽可能地为其提供充足的理由，这也是在本阶段为何需要如此关注写作细节的原因。

13. "润色"文本

这是一个精细化的修改阶段，由于过于精细，有时看似没有必要。所有的一切逐渐显得过于烦琐，你的关注点将更多地落在语法和标点符号的正确使用上，而非研究本身或是你做出的贡献上。

这就是你在此刻应该做的事。把它看作是期刊论文的最后一版编辑或是交付出版商的第一份手稿。如果你有过那样的经历，请留意其中的相似之处；它关乎生成一份有着最高标准的文本。

怎样顺利完成论文：论文写作的策略与技巧

> **润 色**
>
> ☆ 文章风格是怎样的？请大声读给朋友听。
>
> ☆ 引文是否准确？注明连续页码了吗？
>
> ☆ 观点是否有事例加以说明？
>
> ☆ 参考文献是否完整？务必进行交叉核对。
>
> ☆ 各个段落是否清晰、连贯？
>
> ☆ 各个章节是否清晰、连贯、统一？
>
> ☆ 所有信号传递和信息标记词是否都恰得其所？

  你在对文本做最后修订时，务必请导师阅读论文的最终版本（除非在你所在的高校里，导师无法看到最终版本）。这一点看似显而易见，但的确有学生认为导师没有必要再看一遍另外的版本。有时，虽然导师已经看过所有章节的许多草稿，但并没有看到所有的草稿。毋庸置疑，你的职责就是确保导师看过最终的草稿。

14. 激励

  请记住最后的385码。你已经走了那么远，放弃了那么多，因此现在不能停下脚步。无论过程多么痛苦，无论它看似多么没有意义，半途而废将使你更加痛苦。正如美国人所说的"ABD"（All but dissertation，即"万事俱备，只欠论文"）那样，所有申请博士学位的

第十章 最后的385码

要求都已满足,就差论文了。

在多数情况下,也许是绝大部分情况下,这意味着论文或学位论文是一件尚未提交的在制品,但对其他人而言,这可能是一个困扰他们多年的问题。

这是一种消极的激励方式。此外,跑完马拉松的最后385码,只不过是把一只脚放在另一只脚前面的问题,你甚至可以步行,但论文写作的最后阶段更为复杂。然而,或许你将其过于复杂化了,你需要走完的距离或许没有想象的那么长。你可能就像马拉松运动员一样说服了自己,认为最后阶段的困难根本无法战胜。

如果你不对自己实际需要的东西进行更多界定,就不可能有更积极的思维方式。

15. 终稿呈现方式

现在是该将所有文档合并为一个完整文本、使用双倍行距并附有连续页码的时候了。如果你尚未了解(或即使你已经了解了)所在高校的各项规定,也要再次确认以下内容:

◇ 页面布局方面有哪些要求?

◇ 应该设置多大的页边距?应该将页码放在什么位置?应如何标注表格/图表/插图?

◇ 参考文献和引文在文本中出现的形式是什么?

怎样顺利完成论文：论文写作的策略与技巧

◇ 纸张质量和尺寸方面有哪些要求？
◇ 在何处可以得到规范的软皮封面装订（之后采用硬皮封面装订）？
◇ 论文装订成册需要多长时间（可能需要3~4天）？
◇ 需要提交几份论文？
◇ 需要把论文提交给谁？他们的办公室具体在哪里？
◇ 提交之前需要填写哪些表格？由谁负责签字？

请记住，确保论文以规定的格式准确无误地提交是你的职责。即使你从复印机或打印服务处拿回复印件，也要在装订之前检查所有的页面是否正确。

你提交论文的日期是什么时候？这应该是一个确切的日期，并由所在院系或大学的行政机构的相关委员会、董事会或其他机构确定。在确定这个日期之前，它并不是一个真正意义上的截止日期，风险就在于你会利用那些看似多出来的时间做更多的工作。如果确有需要，这倒无可厚非。然而，它可能会导致你无法按时完成你的论文。你很快就必须有一个确定好的提交截止日期。

可供反思的问题

☆ 定义：你清楚自己需要做什么吗？
☆ 动机：你真的看到了终点吗？
☆ 你是否可以放弃任何东西来为你的论文腾出更多时间？

第十章 最后的 385 码

> ☆ 是什么在阻碍你完成论文？
>
> ☆ 在提交论文后，你会给自己什么奖励？
>
> ☆ 当论文最终提交时，你将有何感受？

16. 写作日程表

你可以想一想如何做好论文收尾工作。在提交的截止日期到来之前，你可以安排多少次写作活动？会有多少次时长分别为1小时、2小时、3小时或4小时的写作活动？

你可以计划好每一天的工作，将不同的时间段用于不同的目的。例如，新的写作任务可以在较短的1小时内完成，而针对导师评语做出的修改任务可能需要较长的时间，如2~3个小时。务必在时间表上做好任务计划，以便对自己需要完成的任务有一个大致的了解。

表10.1 写作日程表

100码	200码	385码
新的写作任务	修订	校对
		复印
今天—第××周	第××周—第××周	第××周—提交

请明确每周的写作任务、修改任务以及时间段，并为以下任务分配每天的具体时间：

> **第 1 周：修改第一章至第二章**
>
> 星期一
>
> | | |
> |---|---|
> | 9:00—10:30 | 重读第一章 |
> | 10:30—11:00 | 休息 |
> | 11:00—13:00 | 研读导师的最新评语并开始修改 |
> | 13:00—14:00 | 午餐、锻炼 |
> | 14:00—15:00 | 图书馆：查阅期刊、网络检索、参考文献 |
> | 15:00—17:00 | 修改 |
> | 17:00—19:00 | 休息、晚餐、锻炼 |
> | 19:00—20:00 | 修改 |
> | 20:00 | 敲定明天的首要任务 |

你可以一次性计划好整个星期的工作，但最好是在每天结束之前确定好第二天的首要任务。这将为你提供一个良好的开端，因为你已经知道该从何处下手。

期待一下你可以停止写作的那一刻，哪怕只是暂时停下。如果你已有一个提交日期，那一天就是你远离写作的休假期。

本章以马拉松最后385码的重负作为开篇主题，并以一种共识作为结尾，那就是你已对自身的论文和研究形成了一种终结感。最后一章主要关注最后一个步骤——论文评审。

第十章 最后的385码

17. 博士生"飞行计划"

这个绝妙的想法是由思克莱德大学的马修·亚历山大（Matthew Alexander）根据宇航员从起飞到着陆整个过程中需要完成的事项提出的，其中也包括睡眠。他认为，虽然自己不必事无巨细地解释——"毕竟，博士生很少睡觉"——但要准备好需要提交的论文终稿，必须付诸一连串的行动。如果他能对所有行动做好计划，就可以为自己节省许多时间：

> 对我来说，想要完成博士学位就要有效地利用时间。我当时在做全职工作，有两个孩子，还有一个即将出生，而且我必须在三年内完成博士学位。有效地使用软件和"飞行计划"等程序，为我在这个过程中节省了无数个日日夜夜。现在，我将这套做法纳入我的论文指导中。我们将整个博士学习过程视为一项飞行计划，看看学生应该处于什么位置，以及应该采取哪些行动。

在征得马修的同意后，我将他的飞行计划转载于此。

18. 章节合并流程

博士生"飞行计划"

☆ 创建最终的论文模板；查阅研究生院相关规定。

怎样顺利完成论文：论文写作的策略与技巧

☆ 确保每个章节的Endnote[1]都采用无格式形式，按下全选键ALT+F9，以确保图表和表格都已更新。

☆ 使用PhDFINAL（《博士论文终稿》）模板创建新文档。确保Endnote自动格式化功能已关闭。

☆ 剪切并粘贴第一章至第八章中的每一章。确保每一章都从新的一页开始。

☆ 检查字数是否超过8万字。

☆ 确保所有章节的研究目的和目标相互一致（包括格式）。

☆ 检查"phenomena/phenomenon"（现象）等单复数使用情况。

☆ 检查页面编号/章节编号等。

☆ 章节之间的衔接：第一章如何引出第二章或第三章，第二章是如何从第一章导入的，第三章是如何从第一章导入的，等等。

☆ 检查三个层级的标题/副标题以及编号。

☆ 检查"顾客"（customer）/"消费者"（consumer）等近似关键词（和其他关键词）有无错漏。

☆ 反复核对所有数据收集来的样本数量例子。

☆ 删除"我们"（royal we）、"我们的"（our）等表述。

☆ 检查各个部分的参考文献。

☆ 搜索并删除"这种"（as such）以及"一些"（some）等表述。

☆ 一旦所有章节都已合并完成，就检查文档地图，只保留章一

---

[1] Endnote：一款被广泛使用的文献管理软件，是SCI（Thomson Scientific 公司）的官方软件。——译者注

第十章 最后的385码

级标题。

☆ 将标题样式中的标题1、标题2字号调大,标题3的字号再大一些(第二章是二级章节,因此需要作为一个章节出现)。

☆ 修改所有标题前后的空格。

☆ 确保表格不要跨越分页符。

☆ 更新引文和参考书目。

☆ 搜索整篇文档,以防还有无格式的内容尚未转化。

☆ 使用Endnote软件将PhDFinal_AllChapter(《博士论文终稿_完整版》)文档转为纯文本。

☆ 检查所有题注:确保它们使用"表×"或"图×"的表述,并转换为PhD_Caption(《博士论文_题注》)格式。

☆ 添加用于测试的汇总数据。

☆ 使用标题1样式创建附录文档,标题2样式创建各个论文的部分;确保这是所有表格和调查的最终版本。

☆ 键入×××进行搜索。

☆ 在文档中搜索附录,并添加序号。

☆ 先不要把附录和正文合并。

☆ 如果感到满意,将文档保存为PhDFinal_AllChapter(《博士论文终稿_完整版》)。

☆ 然后在末尾添加附录。

☆ 依次创建目录页、表格页、图表页。

☆ 保存为FINALversion_minusABSTRACT(《最终版本_去除摘要版》)。

☆ 创建序言部分，添加到FINAL version最终版（不要忘记罗马数字分页编号等）。

☆ 最后检查拼写、语法等。

☆ 休假一周。

☆ 反复阅读，加深理解，删除冗余的词语。

☆ 争取从9万字删减到8.5万字。

☆ 发给导师（附带说明）。

☆ 修改。

☆ 将第一章和最后一章发送给"中立者"阅读。

☆ 修订。

☆ 打印（彩色或黑白），完成软皮封面装订。

☆ 修订。

☆ 明确提交申请的程序，包括费用。

☆ 提交！

（马修·亚历山大，2013）

自我检查清单

论文润色

你一定已经无数次地完成过下列任务，但在提交终稿前，你还需要再完成一次。

○ 检查你目前使用的格式是否为学校认可的格式。

○ 反复检查：目录页的章节标题（以及次级标题）应与各个章节

第十章 最后的 385 码

中的标题(以及次级标题)相符,确保准确无误。

○ 重新开启语法检查功能(一项文字处理器程序)——这个功能一直处于开启状态或许会让人心烦——请再运行一次。语法检查会重新发挥论文修订所产生的连锁功能,例如主谓一致。

○ 检查页面编码的连续性,确保准确无误。

○ 再进行一次拼写检查。

○ 逐条核对参考书目。

○ 检查所有参考文献的日期是否与参考书目相符。

○ 锁定一家论文装订服务中心,并了解他们制作所需文件的时间(大概3~4天)。

○ 把各个章节的终稿一次性地发送给导师。

本章学习成果

➢ 在集中写作阶段照顾好自己。

➢ 计划好最后的修订工作。

➢ 达到所在高校对博士论文呈现格式的要求。

第十一章

论文评审过后：继续写作?

> **内容提要**
>
> 本章提供各类术语的定义以及练习提示，读者可以根据自身研究背景调整具体内容。本章涉及你应掌握的问题与信息，准确来讲，是你所在的机构认定为答辩标准做法的所有信息。这可能也取决于你所在的院系已为你提供了多少信息和准备。如果你已掌握大量信息，那么只需要多加练习；如果你几乎（或完全）一无所知，那么你仍然需要练习，但当务之急是寻找更多有用的信息。

在你继续阅读之前，我要指出的是许多学生和导师对答辩存在僵化的看法。他们可能瞥了一眼本章的标题，心里就想：作者为何要如此详细地介绍答辩。我无意质疑大家的观点，学生们也必须在我的建议和导师的指导之间权衡。即使你同意我的某些观点，导师们也可能不赞同。对你而言，以导师的意见为重自然是明智的做法，但这并不意味着你必须"屈从"于他们说的每一句话。事实上，你可

怎样顺利完成论文：论文写作的策略与技巧

以选择让他们详细阐述自身观点，并为你提供具体的指导。有关答辩准备工作的更具体的指导，参见默里（2015a）。

然而，如果你发现矛盾之处，则可能值得对其进一步探讨。毫无疑问，绝大多数导师都愿意和你共同探讨有关答辩的问题，无论这些问题是你自己想到的，还是在阅读本章的过程中提出的。

答辩是一个带有神秘色彩的话题，有些人认为它应该是这样的：假如每篇论文都具有"独特性"和"原创性"，那么答辩肯定也具有独特性和原创性。这当中有一定的合理因素：如果你断定自己已经预测到了评审人要问的所有问题，并且知道如何回答，这种想法就存在风险，因为不可预测的因素必然存在，你必须接受这种不可预测性。

但和其他任何考试一样，答辩也有一些特定的运行惯例，在你所在的机构中会有一些特殊的变化。即便你知道这些惯例是什么（但根据我的经验，很多学生都不知道），也并不意味着你已经为答辩做好了准备。

本章旨在帮助学生在答辩中为谈论论文及写作过程做好准备。本章还概述了在答辩后进行修改和订正的方法，对前几章所涉及的主题进行了回顾，并重温提出的观点和使用的语言。

即便在论文评审过后，博士生仍然需要学习如何针对不同受众和目的进行写作。虽然论文在诸多方面都是一种独特的写作形式，但在这一过程中所学的一些技巧也可以转移到其他写作项目中。答辩是论文写作过程的一个里程碑，但它未必是一切写作发展历程的终点，学习写作是一个终身的过程。

本章不像书中的其他部分一样"完全与写作有关"，但主要围绕

第十一章 论文评审过后：继续写作？

如何以口头形式为你的写作辩护。为此，你必须将论文中所写的内容转化为对评审人所提问题的口头回答。从这个意义上来说，答辩仍然和你的写作息息相关。你可以做好准备，在答辩当天表现得出色，而不是仅仅希望自己在答辩时侥幸通过。

可以说，这篇导入语的大多数内容适用于本书的所有章节。然而，答辩的风险更高。当你的文章"公之于众"、在小范围内被转交到评审人手中时，你就必须在对原有的游戏规则游刃有余的基础上掌握新规则。

1. 更多的写作？

> 哦，不！我原本以为自己在答辩过后就不用再写任何东西了！

在一次写作小组会议上，当我写下这个标题时，这个学生越过我的肩膀看到了本章的标题，便自然而然地表达了对"更多的写作"这一前景的恐惧。她略带夸张地解释道，她原以为答辩过后就再也不用写任何东西了。她承认这是一种幻想，但也是一种积极的幻想，因为这使她持续地写作，持续地朝着自己所希望的"终点"进发。

和这位学生一样，你可能也已经写了三年或更长时间了，在你的印象中，一旦答辩结束，你就不需要再写更多的东西了。你可能也会紧紧抓住这种极为有用的幻想，让自己专注于提交日期。然而，这种想法显然并不完全正确。你可能需要更正错误或是修改内容，或二者兼而有之，绝大多数人都是如此。这并不一定就意味着失败，但这并非总能给人良好的感受，尤其是当它突然来临时。到了这个阶段，你可能已经对自己的论文感到厌烦。你可能会认为它现在已经过时、存在明显的缺陷或是其中的想法过于天真，或者只是意识到它"可能还需要改进"。当你在答辩过后收到反馈意见时，关键就是要确保自己清楚地知道需要做出哪些更正或修改，并且只做哪些修改。然后，当你试图发表更多的论文时，就会出现"更多的写作"，这就是本章最后一个小节主要谈论的话题。

2. 什么是答辩

答辩（viva voce）一词的字面意思是"运用有活力的声音"，或者在演讲中表示"口头的"。在英国，"viva"一词指代博士论文的口试；在其他国家，人们还会使用其他术语，比如口头"辩护"（defense）。这个词的实用功效就在于提醒我们，答辩的主要功能是给学生一个为自己的文章进行辩护的机会。

不同的学者和学术人员给出了更加趋于完善的定义：

> 当天需要一种强而有力的表现，但要谨慎地避免自以为是。评审人会对深思熟虑、善于反思的申请者留下深刻印象，这些申请者会认真思考建设性的批评意见，并能对自己的论文做出

第十一章　论文评审过后：继续写作？

相应的修改……

能否顺利通过答辩，本质上取决于学生的准备情况，以及他们解读考试程序的能力。

（伯纳姆，1994：33）

你应该做的是"强而有力"地捍卫自己的研究，但不应该"自以为是"（即使你的评审人如此）。正是这种平衡往往让学生觉得模棱两可——既不能这样，又不能那样；既要强势，又不能过于强势。你需要把明显的对立面结合起来。至于"建设性的批评意见"，你已经源源不断地从导师那里接收过一段时间的反馈，但可能不是以口头形式接收的。接收书面批评可以让你有时间准备——或许还可以掩饰自己的真实感受。在答辩中，你必须对反馈和批评立即做出回应，而且是在众目睽睽之下。评审人可能会通过非言语行为来判断你的反应，比如眼神接触（或缺乏眼神接触）、面部表情、手势，以及说话的语调和实际表达的内容。鉴于存在这么多模棱两可的因素和潜在的未知项，伯纳姆（Burnham）相当明智地指出，充分准备以及消除答辩带来的神秘感是解决这些问题的关键。

答辩的目的是根据你所在高校的论文评价标准对你实施考核。考核标准已在第二章有所讨论，你应该清楚地知道标准是什么，并且和不同的人多次讨论过这个问题。然而，像这个标准一样，对"原创性"这类术语的解读目前尚无定论："对于知识领域的初始贡献"这一含糊的短语产生了潜在的歧义。答辩中模糊性还有更多。然而，你已经在论文中充分论证了自身研究的原创性，你现在的任务就是做好口头论证的准备,并针对评审人的质疑和探究做出辩护。

尽管考核的重点是你业已完成的研究,正如论文中展示的那样,你可以(也应该)做好充分准备,以便回答那些关于研究成果和过程的问题,即与你的论文、学习过程、研究和撰写论文的经历相关的各类问题。

答辩的目的

☆ 确认研究是你自己所为。

☆ 确认你阅读了文献。

☆ 你是否具备该领域的一般知识?

☆ 你能否独立完成研究?

☆ 你能否就自身的课题与他人交流?

☆ 你能否用专业的口吻探讨这一课题?

☆ 你是否接受过学术训练?

☆ 你是否学有所得?

☆ 你是否为该领域贡献了新的知识?

伯纳姆解释道,在评审人可能用于(或不用于)评判你的论文的所有标准以及你作为论文"辩护者"的自我标准中,我们可以将范围缩小为三种"最常见的标准"(1994:32):

第十一章 论文评审过后：继续写作？

> **最常见的标准**
> ☆ 清楚地阐明研究所解决的问题。
> ☆ 在所有章节中一致地推行这一主旨。
> ☆ 明确说明研究结论与本学科的相关性。

然而，尽管有人认为这些标准都有一个共同的"核心"元素，但也有人认为其做法千变万化。研究表明，在整个大学系统中，针对答辩的目的或做法并不存在一套单一和通用的定义，或许这正是产生与答辩相关的模糊性的原因。

> 关于答辩在博士考核过程的作用，人们目前尚未达成共识。此外，我们的研究表明，从政策规范以及实践层面来看，答辩的目的存在不一致性和矛盾之处。
>
> （杰克逊和廷克勒，2001：355）

"尚未达成共识""不一致"和"矛盾"表明了为什么我们难以获得关于答辩的直接答案。虽然学生们常常因为对诸如"答辩会持续多长时间"之类简单的问题无法得到统一的答案而沮丧，但我们应该清楚的是，这不仅仅是导师的过错或诡计，只是因为目前没有标准的做法。当然，这种情况可能会改变，或许你所在的机构并不是这样做的。总之，你必须找到那个答案。

本章涵盖的所有要点（正如本书一样）必须在你所在机构的总

体背景和导师的具体实践背景下才能加以尝试。更重要的是,当你真的开始钻研答辩时,不要按照一个快速的问答环节去准备,而要当作为一个更复杂、更微妙的对话环节去准备。

确认你所在的机构出现过哪些情况也十分重要——这一点无论怎么强调或重复都不为过。即使你觉得自己真应该早点发现这些情况,也不要浪费精力感到自责。现在就找出真相,务必要不断地提问,直至你的所有问题均能得到解答。

如果你没有解决答辩的神秘性,就不可能着手界定答辩的含义。据我所知,大多数学生都是带着复杂的情绪和混乱的期望去参加答辩的,这些情绪都不利于其系统地加以准备,或是在答辩中出色发挥。

写作活动

自由式写作:5分钟。

你关心有关答辩的哪些问题?

你预测会发生什么情况?

此处的重点是要正视以上问题,并将它们作为你准备工作的一部分。第二个问题实际上表明了你需要获取更多信息的领域。

导师可能已经告诉过那些他们认为你应该了解的答辩信息;或者他们此刻想告诉你相关的情况;又或者他们可能只是简单、如实

第十一章 论文评审过后：继续写作？

地回答你的所有问题。他们或许认为，不进行充分和坦率的讨论是在保护你。

如果你们还没有进行过这样的讨论，可能是因为他们坚持认为应该在答辩时间临近时再告诉你这一切（他们可能更想坚持这一计划），但事实上，你没有理由不从一开始就获取有关答辩的一切信息（特拉福德和莱谢姆，2008）。毕竟，人们普遍认为考核将"影响"（有人认为是"促进"）学习。退一步说，你必须对考核的模式做好准备，不仅是因为这与开展研究项目时的工作模式存在很大差异，而且对于很多学生而言，这是他们首次参加答辩。对于如此重要的事情，你一定想把它做好，至少你想知道会发生什么事。

虽然这些都是合理且明智的期望，但你必须持之以恒——当你正值脆弱之时，这并非易事。这就是答辩的神秘感始终笼罩着申请人的原因。请注意此处用词的变化：迄今为止，你一直是一名"学生"；但从今往后，你就是一名"申请人"了。

有些人认为，答辩应该采取一种更公开的形式，就像在瑞典那样。虽然对于大多数学生和一些"幸存者"而言，这似乎是一种更加可怕的经历，但它至少可以公开一些通常不透明的考核过程。这种观点认为，如果答辩公开进行，那么每个人——而不仅仅是申请人——都能看到评审人的言行。随着这种公开度的提升，我们甚至可能看到"不良行为"的终结，而这种"不良行为"正是神秘莫测的答辩之所以折磨人的一部分原因。这种公开模式对申请人是有好处的：

怎样顺利完成论文：论文写作的策略与技巧

> 申请人会在答辩之前就收到答辩可能会通不过的提醒，并申请延期答辩……
>
> 对于申请人而言，他可以有机会在老师和那些支持了自己五年学习生涯的人面前公开捍卫和展示自己的劳动成果。对于评审人而言，他们便没有机会在"紧闭的大门"后恐吓申请人或否定申请人的研究。
>
> 难道公开的考查不是一种更为公平、更加负责任的博士生考核方式吗？
>
> （斯蒂芬斯，2001：16）

在一个提供极为有限的指导，并且几乎没有相关研究的体制背景下，这个乍一看令人震惊的建议具有一定的吸引力。事实上，这或许能减少对申诉的需求。

有证据表明，论文会影响评审人在答辩前的判断，这也证实了答辩是对你论文的审查这一事实：

> 40%的非理工科领域的评审人说，关于论文是否通过的决定是在答辩前做出的。在74%的情况下，答辩仅仅起到确认评审人对申请人评审意见的作用。
>
> （杰克逊和廷克勒，2001：361）

你应该在论文中阐明自身的研究符合标准。一旦你找准了目的和标准，论文便是你答辩准备工作的聚焦点。

第十一章 论文评审过后：继续写作？

3. 答辩前

如果你从未参加过答辩或观摩过答辩现场，可以通过观看录像来了解答辩的流程（格林，1998；默里，1998）。虽然别人的答辩视频不能保证为你的答辩提供一个方案，但却可以促使你想象自己参加答辩的样子，并跨越"我不知道会发生什么"的阶段。在一些机构中，你可以旁听他人的答辩过程；但如有必要，你需要进行核实并获得许可。

尽管很多学生在答辩前都有负面情绪——出于许多不同的、可以理解的原因——但你没有必要以负面的视角看待它。这样做可能将妨碍你在答辩期间的学习，也会让你错失这次经历中更为积极的方面。答辩前，你可以试着从准备求职面试的角度来看待答辩的准备工作，而非当成私下的"拷问"。因为对于求职面试和答辩而言，尽管你尚未经过检验，但你的工作标准已被认定为合格。

尽可能了解你所在机构关于答辩的一切信息：实施流程、参与者的角色、评审人的角色、备考攻略以及其他学生的经历，等等。本节收集了学生反复提出的问题，以便为你进一步探索和明确信息提供一个指引。

学生针对答辩提出的问题

答辩将如何进行？
☆ 答辩持续多长时间？
☆ 谁将出席我的答辩？

477

☆ 我应该预估会出现哪些类型的问题?

☆ 我怎样才知道自己的回答是否正确?

☆ 如果我回答不出问题怎么办?

☆ 我是否要陈述自己的论文是如何融入更广泛的领域的?

☆ 到了这个阶段,我能否认为自己已经通过考核了?

☆ 我需要掌握多少背景知识?

☆ 我应该在何处设置边界?

☆ 在答辩开始之前,我应该去哪里?

☆ 谁会支持我?

☆ 我的导师会在场吗?

☆ 如果我遇到困难,有人会帮助我吗?

☆ 我该穿什么服装?

☆ 如果我的答辩很糟糕,但论文写得不错,这样会通过答辩吗?

☆ 我必须达到哪些标准?

☆ 我是否应该承认研究中的弱点?

这些都是极好的问题,或许有些问题说明了信息的缺乏,有些则说明了信心的不足。上述某些问题会引出一些涉及研究和写作的具体问题。

第十一章 论文评审过后：继续写作？

"弱点"	你必须承认自身研究中的"弱点"。有完全没有弱点的研究吗？它真实存在吗？如果你仿佛看不到弱点，也许别人会认为你无法觉察弱点的存在。如果你仿佛不清楚自身研究或论文中的优缺点，这并不是一件好事。
"我不知道"	学生们经常担心这么说会看起来很糟糕。他们觉得，除了这句话，其他话都可以说。如果你不知道答案，你可以诚实地回答。问题在于如何表述，如果你说的是"我不太确定，但我认为可能是……"，你就可以做出有根据的猜测或推测。或者，你可以说"我在研究中没有关注那个领域，但我想知道是否……"，这样也表达了思考的意愿。请记住，有些评审人将探索你的知识极限视为己任；对他们而言，这是他们的职责之一。不要对此感到恐慌，要好好思考问题，并大胆推测。你可以通过"如果让我推测……"这一表达来表明你正在这么做。

导师会如何回应你的问题？他们是否愿意帮助你找到问题的答案？他们会不会因为觉得自己也无法准确预测未来会发生什么，而只能提供偶然性答案？或者他们只是简单提醒你，每一次答辩都各不相同？

许多（如果不是全部）学生提出的问题值得进一步探讨。例如，我们可以对每个参与者的角色问题进行探讨。

> **学生会对哪些答辩角色提出问题**
>
> ☆ 校内评审人。
>
> ☆ 校外评审人。
>
> ☆ 导师。
>
> ☆ 院系负责人。
>
> ☆ 其他人。
>
> 他们各自的角色是什么?

界定不同角色的目的不是为了测试这些角色,或是为了评价大家当天的表现而做好准备,界定这些角色的目的是为了明确你需要做什么。你的核心任务依然是谈论你的写作,但你需要确定自己将在什么情况下这样做。由于不同的机构情况各不相同,你需要搞清楚谁会在场。

4. 明确任务

你也可以将答辩准备经验的累积视为一个过程,将这一准备过程打造成一系列的任务。

如何准备答辩是个人的事情。例如,有些人喜欢在被叫进房间进行答辩前,花10~15分钟的时间在一个安静的地方专注于眼前的任务,而另一些人则喜欢在学院办公室里放松心情,把他们的注意力

第十一章 论文评审过后：继续写作？

从即将发生的一切中转移开来。

表11.1中描述的"倒计时"是为了提醒你提前做好计划，你可以将其作为论文提交后与答辩开始前需要实施的行动步骤的大体框架。

无论你如何明确任务，事情也许都取决于你的导师如何看待提交论文与答辩之间的这段时间，因此你必须实时安插各项任务。在你的日志或日程表中，这份"最后的倒计时列表"看起来更像是一个工作计划。与你的研究工作计划一样，这应该是你与导师经过协商后制订的计划，因此再次建议你和他们就这个计划的内容展开讨论。请确认他们是否能在真正的答辩之前提供模拟答辩。

表11.1　论文答辩倒计时

启动研究项目时	找出适用于评价自身研究的标准
答辩前三个月	提交论文
	向导师提交所有章节的最终草稿
	计划答辩练习环节
	了解校外评审人的情况
	阅读所在机构的答辩流程和标准
答辩前一个月	重读你的论文，纠正拼写错误和其他错误
	打印更正列表（以便在答辩时展示给评审人）
	阅读最近的文献
	撰写样本问题，并演练如何作答
	进行模拟答辩
	演练答辩中预计发生的情况

续表

答辩前一周	练习"定义并阐释"
	练习口头总结：长的总结和短的总结
	练习口头辩论
	决定穿什么服装，做好准备
	决定答辩前后的等候地点
答辩前一周	准备答辩工具包：论文、纸笔、饮用水等
	放松身心，坚持锻炼，吃好睡好
答辩前一天	吃好睡好
	花时间和积极向上、能给予你支持的人在一起
	专注于自身在研究和写作方面的优势
答辩当天	按照你日常最佳的程序起床
	吃早餐或随身携带少量食物
答辩前30分钟	放松、适量饮水、积极思考、深呼吸
	专注于任务；写下你自身的优势
	找到适合自己的等候区
答辩期间	继续深呼吸，放慢语速，适时停顿
	记录评审人的问题
	撰写关于答案的笔记
	谈论自己的论文
	提及已完成的工作
	点头、微笑、翻阅笔记
	询问评审人，以便明确需要更正/修订的内容
答辩后	放松、庆祝、感谢支持者和盟友
	尽快做出更正/修订

请在你所在机构的行政管理部门查阅关于你的"个案"进展情况：

第十一章 论文评审过后：继续写作？

> **系统的齿轮是否正常运转？**
>
> ☆ 我的校外评审人是否已获得学院董事会或者任何团体的批准？
>
> ☆ 他们是否已获得学校理事会或是这个机构中任何团体的批准？
>
> ☆ 我的论文是否已经送到校外评审人那里？
>
> ☆ 我的答辩日期是否已经被正式批准？

这并不意味着你应该怀疑导师或其他人的行政能力，但你可以通过询问这些问题，以此了解所在高校的运转机制，甚至可以将其视为自身职业发展的一部分。

5. 谈论自身研究

你将获得哪些新的体验？这可能是你有史以来参加的第一次口头考核。评审人不仅会问你各种问题，还会问一些后续问题，检验你是否真正理解自己所写的东西和所说的内容。

但这真的是全新的体验吗？这是一个问答过程。正如你在第一个学位期间参加的许多其他考试及你和导师的诸多讨论一样，完全基于你所完成的工作。

虽然你已经采用学术辩论方式写作了一段时间，但这是你真正

483

参与辩论的时刻。你的论文在你参加答辩之前就已经进入到辩论之中,当它被转交到校外评审人手中时,会被他们阅读——一次还是两次?然后,他们会把各自的问题带到答辩现场,和你展开辩论。矛盾的是,即使你最大限度地完结了写作(尽管可能不是确定的),现在却又要辩论了。

你自身完成的工作(即论文)将接受考核。你的当务之急就是将书面的形式、结构和争议用言语表达出来。因此,你的论文就是你做出回答的起点,你所写的内容就是你将被问及的内容。

回答评审人的问题需要你涵盖与你的论文相同的领域。他们可能会问一些超出你的研究范围但以某种方式与你的研究相关联的问题,你可以以此作为回答问题的出发点。

届时,你已经十分熟悉自己的论文,并能详细地谈论它。然而,你还需要对语言风格进行调整。你不能单纯地复述其中的内容,而是需要概括各个部分、解释你的决定和省略的部分,并对结论加以论证——尽管你觉得自己已经在论文中阐释过所有内容。评审人必须确认研究是否由你本人独立完成、你是否具备谈论自身研究的能力和专业性,以及是否具备独立研究的能力。

说话技巧

☆ 将你的论文作为谈论的起点。

☆ 将你的回答与具体的页面联系起来。

☆ 提前确定你想要突出哪些页面。

第十一章　论文评审过后：继续写作？

> ☆ 哪些地方是重点？
> ☆ 确保你提及了上述内容。
> ☆ 从文献中选择两三个人物（注明时间）。
> ☆ 找到把他们的研究与你的研究相关联的方式。

这就是你一直在演练的内容。在写作过程中，你将越来越意识到你的关键学术受众。你努力地搭建写作框架，并时常加以修改，以至于你早已对它了然于心。你已经考虑到了这些标准，也得到了导师的批判性反馈，即翔实的、分析性的评语与质疑。如果你已在学术会议上做过汇报或是在期刊上发表过文章，你将十分清楚你的研究所处的地位，它的优势和劣势是什么，以及专业人士和同僚可能会对其有怎样的评价或疑问。换句话说，你为写出论文所做的一切，以及你在第二章至第十章读到的一切，都和你的答辩相关。

你谈论这项研究的方式可能更接近于你的写作方式。答辩通常要求你采用正式的语言（即学术辩论的语言），这与你撰写论文时使用的语言和风格颇为相似。

如果你没有进行很多谈论自身研究的练习，你就会感觉像在参与辩论一样，而不是做报告，因而可能会感到答辩十分困难。你可以找一些准备好打断你、能给你施加一点压力的人一同练习，练习如何礼貌地应对此类干扰。你可以说："我马上就将说完我的答案，然后……"你也可以说："我可否简要地说完我的答案，然后再谈那个问题？"语言风格的选择权在你手中，但应对不同的观点却不是一

怎样顺利完成论文：论文写作的策略与技巧

件可以有所选择的事，而是必然发生的事。

最后，你在谈论自身的研究时往往有一种焦虑，担心它对评审人而言是过时的研究。你甚至可能会发现，你对自己的论文感到有点"厌烦"。事实上，这可能是对完成论文以及预期的考核所带来的压力的反应。完成论文是一项了不起的成果，尽管你本以为会感到轻松，然而真正的"完结"会让你产生一种令人沮丧的挫败感。

这种心态可能会使得自信地谈论研究成为一种挑战。你可能会发现，自己不喜欢使用"原创"一词来描述自身的研究或论文，即便你知道这是评审的一项关键标准。你可能会觉得，尽管自己做出了"贡献"，但并非那么"重要"。你可能觉得取得的成果远比你当初设定的目标要渺小得多。在某种程度上，这是意料之中的事；许多科研新手都是从不切实际的研究目标出发的。"缩小研究主题的范围"意味着许多好的想法在这一过程中将被放弃。在答辩中，对自身研究表现得谦虚或许没有坏处，但你也必须清楚地看到自身的贡献出现在何处，不管它有多么微不足道。你必须在谈论自身研究时，把它当成一项十分有趣且重要的研究（事实也确实如此），并有意地勤加练习。来自同伴和导师的反馈可以确保你使用了恰当的语气。如果没有反馈，你怎么知道呢？恐怕你只能凭空想象并感到焦虑。

在谈论自身论文时，请务必找到克服焦虑和障碍的方法。你必须找到一种能够自信而不狂妄自大的方式谈论自己的研究。本章将进一步阐述如何将写作"转化"为言论。本章中的"答辩期间"一节将介绍自如地谈论自身研究的具体策略。

第十一章　论文评审过后：继续写作？

6. 练习

本章涉及的所有谈论研究的策略都非常简单明了，几乎没有争议，虽然也会有人不赞同。假如这种分歧能够促使人们进一步讨论他们观点的合理性以及由此产生的具体实践，就并不是一件坏事。

然而，虽然此处提出的策略不一定属于知识延伸，但确实需要勤加练习。单纯地领会这些策略毫无意义，你必须将它们付诸实践。

如何练习答辩？

☆ 和朋友或任何人一同练习。

☆ 和本领域或其他领域的研究生一同练习。

☆ 和已经参加过答辩的研究生一同练习。

☆ 和你的导师一同练习，并开展"模拟答辩"。

请和同伴、同事或其他人一起准备一次练习。如果你曾经是一个写作小组的成员，其他人可能会愿意帮助你练习。请为他们提供练习材料：宽泛问题、具体问题、简单问题、复杂问题，以及后续问题。请要求他们打断你、质疑你，时而给你一些非言语性反馈，时而一点反馈也不给你。

> **一小时练习环节**
>
> ☆ 目的：讨论你想在练习中达到什么目的。
> ☆ 你想要提升或改进哪些技能？
> ☆ 你想要练习哪些策略？
> ☆ 准备好要问的问题。
> ☆ 开展历时一小时、不间断的真实"答辩"。
> ☆ 随后进行完整复盘：你的表现怎么样？
> ☆ 你的同事觉得你的表现怎么样？
> ☆ 哪些地方还需要多加练习？
> ☆ 什么时候再做一次练习？

你有能力而且必须对评审人的问题做出预测，有些问题是可以预测的。当然，也会出现不同类型的问题，比如宽泛问题和具体问题。会有一些让你放松的简单问题，也会有旨在探究你对自身研究、所在领域及自身贡献理解的困难问题。任何能够起到实际作用的练习都必须包括宽泛问题和具体问题。务必训练将论文中可能已经回答过的问题的答案转化为有力的口头陈述。

假如不进行练习，你也有通过的可能——或许是因为你比较幸运；或许是评审人问了一些你觉得容易回答的问题；或许你天赋异禀或经验老到，可以在一个具有挑战的学术论坛上谈论自身的研究。

然而，假如你练习得当，答辩当天一定会有出色的表现（而不仅仅是过得去的表现）。你的目标不仅是在答辩中幸存下来，而是拿出你的最佳状态。当一切尘埃落定时，你不仅会感到解脱，还会因自己出色的表现而感到满足。

7. 预测问题

仅仅复述论文的各个部分是不够的，你必须针对提出的问题想出令人信服的答案，回答后续问题，并回答那些在论文中不止一次回答过的探究性问题。你要对此加以演练。

一般问题

☆ 你能否向我们简要介绍一下你的论文？

☆ 你认为谁是你所在领域的关键人物？

☆ 你认为自己的论文有哪些不足？

☆ 采用不同的研究方法肯定会更好吗？

☆ 你如何看待未来五年的研究发展趋势？

还会有更多详细的问题，它们可能会系统地贯穿每一章内容。你可以预测各个章节的相关问题。下列问题可能是一般性的，也可能是具体的，但都具有挑战性。

> **文献综述应该回答的问题**
>
> ☆ 为什么这个课题是重要的?
> ☆ 还有哪些人认为它很重要?
> ☆ 哪些人曾经致力于研究该课题?
> ☆ 还有哪些亟待解决的问题?
> ☆ 有哪些人做过和你类似的研究?
> ☆ 你对自身的研究做出了哪些调整?
> ☆ 你的贡献是什么?
> ☆ 哪些人会使用你的研究材料?

这些可能不是你在答辩中会被确切问到的问题,你可能会被问到这些问题的不同版本。不要把这看作是你在论文中的原始答案不充分甚至"错误"的标志,不要试图揣摩评审人的意图,以及试图找出他们在你的研究中看到的缺陷。你同样会被问及论文中具有优势的部分。

评审人几乎一定会问到有关采用何种方法解决研究问题或假设的问题,这部分讨论应能促使你重申论文中已撰写的内容。记住,论文是你回答几乎一切问题的出发点,这就意味着你应该准备好谈论你在任何部分所撰写的任何内容。你必须表明自己完全理解所写的一切,从你的研究和写作的方法论层面来看尤其如此——因为理解研究方法对于任何领域的任何研究者而言都极为重要。

你被问到的问题可能集中在研究问题与研究假设之间的联系

第十一章　论文评审过后：继续写作？

上。他们可能会要求你提供排除其他研究方法的理由，检验一下你是否能看到不同研究方法在不同研究背景下的优缺点。他们还可能会提出更多的探究性问题（帕廷顿等人，1993：76—77）：

> **与方法论相关的问题**
> ☆ 你对可能产生的偏见来源采取了哪些预防措施？
> ☆ 研究设计有哪些局限性？申请人是否意识到了这些局限？
> ☆ 数据收集的方法是否合适？
> ☆ 在特定情况下，你是否选择了最佳设计？
> ☆ 申请人是否对所使用的设计给出了充分的理由？

如果有些问题看起来不适合你的研究，你可以对它们进行改编，或者构思其他的探究性问题，以便练习如何回答。请记住，评审人并不期望你能提出选择该研究方法的更有力的理由，或是使用该研究方法的更完善的过程；他们想要检验的是你对自己所做、所写、所思之事的理解程度。他们想要知道你是否了解研究中存在因设计而产生的局限性；他们不希望你掩盖这些局限性，或者用过多的话语搪塞过关。

校外评审人手册是本章和其他章节所列举的一些问题的来源，也包括论文其他部分的其他问题。这些问题或许能帮助你准备好回应。它们帮助你的方式就是，在你把写作转化为言语时，促使你进行修改和反思：

修改和反思

☆ 你能否记住研究过程中实施的所有步骤？

☆ 你能否回想起选择现有研究方法的理由？

☆ 你能否列举本领域的5位关键人物？

☆ 你能否解释出他们是如何对你的研究产生影响的？

☆ 你能否想到其他有助于你修正研究的问题？

将写作转为言谈

例如，关于研究步骤的问题，运用"步骤"一词作为回答线索：

☆ 总结研究步骤，将其凝练成一系列的句子：第一步是……然后是……最后一步是……

☆ 使用"步骤"或其他词语来组织你的回答。

但如果他们不使用"步骤"一词，该怎么办？

☆ 这就是为什么多加练习、用一种以上的问题和提问方式是个好主意的原因。随后你可以练习一种以上的回答问题方式。

第十一章　论文评审过后：继续写作？

> ☆ 无论你在论文中写了什么，你所有的回答都基于自己所撰写的内容。但一个意想不到的问题很容易就能将你绊倒。
> ☆ 不要让这种事发生在你的身上。
> ☆ 将问题用不同的形式写下来，试着用口头方式回答所有问题。

如果你准备了不同的问题及同一问题的不同版本，那么你在答辩当天拥有出色表现的可能性就更大。

评审人必定会问一些有关研究的更为具体的问题，此处以及之前各个章节罗列的问题都只涉及一般情况。显然，这些具体问题与你的研究直接相关。回答"评审人将如何表述与我的研究相关的问题"的责任应该落在你的身上。你将给出怎样的答案？

> **具体问题**
> 下列问题只有你、你的导师以及评审人能写出来，因为它们具体针对你的研究和写作，需要运用恰当的术语和参照点。
> ☆ 写出关于论文中每一章或小节的问题。
> ☆ 不要用模棱两可、笼统的提示语，例如"他们大概会问我……"。
> ☆ 写出你认为他们可能会问到的具体问题。

他们可能会问一些简单的问题:

◇ "请向我们简要介绍你的研究。"

准备一份2分钟的回答版本,同时准备一份10分钟的版本。如果他们没有明显地想要打断你,请继续说下去。另外,你也可以选择在答辩开始时进行一次演讲。

◇ "你是如何对这一课题产生研究兴趣的?"

准备一份有关你如何对研究主题产生兴趣的叙述。你可以用一句话总结一下你对这个课题未来发展的看法。

◇ "请告诉我们,你从研究中学到了什么。"

事先想好你想说什么。

他们肯定会问一些更难的问题:

◇ 他们肯定会问一些探究性问题,这些问题可能要比你所熟悉的问题更加尖锐。

◇ 他们也会问后续问题,即便你觉得自己已经给出了完整答案。请从论文中抽取更多的细节。

他们可能会问一些关于你在整个学习经历中参加的写作课程、研究培训、教学经验和教学培训的问题。

还有可能会出现一类"旨在让你放松"的问题,比如,"你喜欢在苏格兰的生活吗?"但不是每位学生都喜欢这种安抚紧张情绪的做法:

第十一章 论文评审过后：继续写作？

评审人花了太多时间谈论无关紧要的事情。他们问我觉得苏格兰人是否友好……问我有多喜欢这里的天气。他们应该问我论文的事，我本可以用这些被浪费掉的时间来谈论我的论文。他们为什么要这样做？

这位学生因为把时间浪费在闲谈上而感到非常气愤。从积极的角度来看，这些"社交"问题可以让"时间渐渐流逝"，它们渐渐消耗着答辩的时间。在答辩中对任何问题感到不耐烦，都可能让评审人难以对考生产生好感。

最后，请记住，论文作者自己是最有能力预测评审人将提出的问题的。你了解本领域中值得质疑的问题（不仅体现在论文里），以及不值得质疑的问题。请写出不同类型的问题，为自己提供最佳的练习：

◇ 写下以上所有类型问题的例子。
◇ 使用和你的论文直接相关的措辞。
◇ 和其他人一同练习回答这些问题，他们可以是同学、朋友或任何人。
◇ 再次练习。
◇ 进行复盘：你的表现如何？有哪些需要改进的地方？还有哪些部分需要多加练习？

8. 模拟答辩

模拟答辩是指导师让你经历一次对答辩的模拟演练。"模拟"

一词并不意味着他们这样做是为了嘲笑你,尽管如果你没有做好充分的准备,可能会觉得自己很愚蠢。但这是你必须做的事。请使用上一节的问题来准备模拟答辩,就像准备任何一门考试一样。

模拟答辩的好处是,它可以帮助你适应答辩所需的更为正式的语言风格。它可以帮助你发展技能,以便进行更广泛、更集中的讨论。由于你的导师了解该领域和你的论文,他们可以提出现实的问题。这些问题可能与你在练习中所写的问题极为相似或有所区别。当你在回答时,你会看到他们的反应。由于导师在场,你可能会发现自己在说话时不断地评估自己的答案。这未必是好事或坏事,但却是你在真正的答辩中可能会做的事,因此,体验这一点很重要。这样做,你就能更好地应对它,不会因此而心烦意乱。你的自我评价将不会削弱你的信心,你也会对答辩的状况有所了解。

模拟答辩的缺点是,尽管它提供了真实的练习,但它无法保证校外评审人会采用相同的方式处理问题、向你提出同样的问题,或以同样的方式回应你。它不完全等同于真实的状况。

有些学生会参加一次模拟答辩(有些则不止一次),以此作为一系列连续评价过程的一部分,但如果你尚未有过类似的经历,请立即安排。

9. 恐惧

对于真实事物的恐惧,对于那些无法预测或难以实践的因素的

第十一章 论文评审过后：继续写作？

恐惧，会让你在答辩前的一段时间里感到紧张。我们都听过一些故事——尽管不是很多，不一定是我们所在院系发生的事，甚至可能不是最近发生的事，但它们确实会对我们的情绪产生影响：

令人恐惧的事件

☆ 我没有在答辩前得到有关论文的足够反馈。

☆ 我没有提前得知我的研究是否完善。

☆ 有太多的专家对我的研究给出了太多不同的意见。

☆ 我非常紧张，舌头打结，头脑短路。

☆ 我对自己的研究存有疑虑。

☆ 他们问了太多有关他人研究的问题。

☆ 出现了太多一般性问题。

☆ 我的论文跨越了两个不同领域。

☆ 评审人和我的导师之间存在竞争关系。

☆ 我被问了一些无关的问题。

此外，每个人都会有自己最坏的设想、噩梦般的时刻或是消极的幻想，你必须设法扭转这样的想法。请构建与此不同的故事，描绘出关于答辩的积极版本。

对压力的处理属于个人过程，我们都有不同的应对方式。不同的人处理考试压力的做法不同：

- ◇ 鸵鸟式："我宁愿不去想它。"
- ◇ 这是我和他们之间的较量："他们要来抓我了。"
- ◇ 这是一项考核："我该做些什么才能通过考核？"
- ◇ 这是一次讨论："我知道他们会问什么问题。"
- ◇ 这是一种煎熬："我什么都不知道。"
- ◇ 纯属走过场："仅仅是这样吗？"
- ◇ 这是一次测试："测试的是什么？"

虽然这些反应引发了关于答辩的有趣问题，但它们让我们越来越偏离写作，毕竟写下的文字才是接受考核的主要内容。

明确任务会对你有所帮助，了解自身扮演的角色也有所帮助。如果你确实能从中获得安慰，而不仅仅是确认自己的恐惧，那么和他人谈论你的恐惧和策略是明智的做法。

此时巨大的风险粉墨登场。你已经完成了一系列工作，并在论文中进行了令人印象深刻的描述，但考验还在后头。

模棱两可的问题依然存在。一方面，你的论文已被评价、审核和修改了几十次甚至上百次，你已经在几个小时的讨论中向导师展示了你不断拓展的理解；但另一方面，你和你的论文仍然需要接受考核。即便完成并提交论文会让人产生一种成就感，但在评审人做出决定之前，一切都毫无意义。

研究的永恒开放性也是一个因素。你需要时间来适应与缺乏结尾的情况共处：即便你在写作的某个瞬间做出了完结，你也十分清

第十一章　论文评审过后：继续写作？

楚地知道，争论仍在继续，你已经提出了进一步的问题，而且无法随时随地回答研究问题。有些人习惯将偶然的感受作为外在原因，强调他们所看到的一切是导致他们对研究和写作缺乏安全感的外在原因。尽早承认你对自身研究以及论文偶然的感受是不会消失的将会有所帮助，这些感受根植于研究和写作之中，不会因为通过答辩而消失。

恐惧仅仅是压力的衍生品吗？任何关于压力管理的课程、书籍或顾问都会告诉你控制压力的重要性：那些压力最大的人，就是那些无法控制自身所处环境的人。关键是要想明白你能够在生活中的这一时刻掌控什么，并尽可能地按照计划去做。这可能包括提醒你自己：答辩是对论文的一次考查。

评审人是最大的未知项。尽管你做了很多准备和练习，但他们可能会问及一些你没有准备的内容，也可能不会谈及你已为答辩准备好的对话。让我们想象一下最坏的情况：他们没有读过任何关于你为答辩准备的材料，甚至这些材料是那些评审人本该阅读的材料。这种情况时有发生。理由很简单，有经验的评审人可能会认为自己对其角色有足够的了解，他们必定会觉得自己了解的比你多。你能有多少经验？试图以任何方式评估评审人的能力是愚蠢的，尽管如果你遭受了不公平的对待，你就应该申诉。

关于校外评审人，有许多事情是无法知道的，但这可能是因为你无法确切知道他们会问什么，或者他们会如何回应你的答案。然而，这并不意味着应该继续保持这种神秘感。

10. 校外评审人

学生们问得最多的就是与校外评审人有关的问题，这意味着他们没有得到足够的关于这些人是谁、这些人将如何被选中以及这些人将如何影响考试的信息，或是他们还需要更加仔细地思考一下。我不是回答这些问题的最佳人选，我也无法回答他们针对每一次答辩的问题，我对每位学生的相关背景并不了解。在某种程度上，每个学生都有责任为这些问题找到自己的答案。因此，虽然本小节提供了一些试探性的回答，但为了不造成误导，我将避免对它们做出明确的解释。更糟糕的是，我的试探性回答可能会让学生们认为，只要阅读了这个小节，他们就能掌握足够的信息。这种想法是错误的。

学生们一再问我的一连串问题包括：

◇ 谁来选择校外评审人？
◇ 这个过程是如何实施的？
◇ 我对候选人的选择是否有发言权？
◇ 什么时候是开始考虑这个问题的最佳时机？
◇ 我对他们的研究需要了解多少？
◇ 他们应该具备什么样的资格/经验或接受什么样的培训？
◇ 他们会是我所在领域的专家吗？
◇ 他们手上的论文版本是最终版吗？
◇ 他们想要寻找哪些内容？
◇ 我是否应该避免和他们发生争执？

第十一章　论文评审过后：继续写作？

你可以逐一写下针对这些问题的粗略答案；如果这些问题并不适合你，你可以写出自己的问题。

如果每篇论文都是独一无二的，那么这些问题在多大程度上可以被预测？《高等教育校外评审人手册》(帕廷顿等人，1993)基于一个明确的假设，即尽管学术人员(包括校外评审人)认为他们的课题是独一无二的，但评估技巧在很大程度上具有普适性。事实上，作者进而说道："此处提出的问题是校外评审人可以在任何部门或学科中提出的恰当问题。"尽管这在原则上或实际上可能有其合理性，但你所在的院系是这样吗？针对论文评审的过程也是如此吗？想要验证这一假设，你可以向导师和校内评审人提出三个问题：你读过这本手册吗？你是否同意"评估技巧在很大程度上具有普适性"的表述？这些问题是我在答辩时应该预测的问题类型吗？

这些问题需要什么样的答案？即使这些问题看似需要一个明确的答案，你也应该尝试使用辩论性的语言来表述：定义、说明、偶尔的赞成和反对、提出问题的多个层面等。在你的问答中，要明确你在哪些地方可以采用肯定的措辞，哪些地方不能过于肯定，哪些地方的语言风格应该更具有提议性。请在你的话语中明确这一点，并练习以这种方式谈论你的写作。即使是论文中极为明确的部分，也可能需要以一种更倾向于提议的(有些人认为这是一种更为谦恭的)方式来表达，而不是与导师、同事、同伴讨论时惯常使用的方式。

和往常一样，请向你所在的机构咨询论文考核的指导方案，你或许可以看看校外评审人指南。随后，你可能就对答辩流程有所了解。如果你无法找到类似的指南，请继续询问。

11. 答辩期间

许多学生认为,和以往的本科生考试一样,他们参加答辩时将不得携带任何物品。事实并非如此,你可以并且应该带上你的论文,这样一来,当别人提及你的论文时,你就可以查阅论文并跟上讨论。出于显而易见的理由,你还需要带上纸笔。可能不那么明显的理由是,你需要把评审人的问题记下来,这样就能确保自己回答完所有问题,这意味着你确实需要记下你的答案。你可以为笔记做好布局,这样评审人的问题就可以和你的笔记明显分隔开来。事实上,你可以使用表11.2中的布局来规划和组织答案。

表11.2 笔记布局

记录问题	回答记录	具体内容
简要介绍你的论文……	第一章(动词)……	详细阐述……
	第二章(动词)……	举例说明……
本领域都有哪些关键人物?	人名……	具体时间……
		重要观点……
		重点著作……
论文有哪些不足之处?	说明……	优点……
		缺点……
		备选方案……

尽管"记下问题"似乎是对研究生(他们已经成为所在领域的行家)最基本的要求,但值得强调的是,这项基本活动可以成为一种有效的应对策略。这种环境下的压力,或者自相矛盾的是,你对自身

第十一章 论文评审过后：继续写作？

最熟悉的话题有强烈的讨论兴趣，会让你脱离回答问题的轨道。你可能仍然沉浸在讨论中，沉浸在和他人谈论自身的研究经历中，这些人不仅想要一个果断的答案，而且邀请你去拓展自身的观点。你可能正忙于为某件事构建一个精彩的论点，然后突然意识到自己已经迷失了方向：我回答到哪儿了？太专注于自身的课题而忘记了问题似乎并没有什么不妥。许多人认为这是一件好事，显示了你对自身课题的热情；如果你没有表现出这种热情，反倒略显奇怪，即使只是因为疲劳而已。然而，你必须对你的听众做出回应，在这种情况下的听众就是评审人。"你能否重复一遍刚才的问题"一类的措辞最好不要经常出现。

另外，当你把评审人提出的问题记录下来时，就少了一件在说话时需要记住的事。此外，你可以在总结答案时明确回到这个问题上："因此，为了回答这个问题，目前该领域排名前三的是……"这是提醒自己停下来深吸一口气、清楚地表达、发好每一个音的好时机。记笔记是一项好的技巧，远比忘记问题然后让评审人重复一遍要好得多。如果你不得不重复询问"您的问题是什么"，那就更糟糕了。最糟糕的情况是，你在答辩中全程不断提出这个问题。假如你事先选择不把问题记录下来，你很难在答辩的过程中记住它们。

这项技巧同样适用于记录你的答案。当你记下这一问题、评审人问了一个很长的问题或者你开始给出答案时，为何不勾勒出一个结构（基于你在论文中已有的且十分熟悉的内容），从而让你的回答更有条理呢？表格中第三列的内容也极具实用性，可以让你的回答更加具体。

怎样顺利完成论文：论文写作的策略与技巧

如果你的回答处于中等水平，那么你就会显得对该领域或是自身的研究只有一般程度的了解，这种情况看着可不妙。你要具体回答、给出例证、解释术语、从多方面看待问题，并针对问题给出多个答案。当然，所有内容都应该从你的论文中提取。必须再次指出的是，你应该和导师讨论上述建议，他们也许会认为简要回答、切中要点、详略得当是不错的主意。

如果你觉得所有这一切都对你的工作要求过高，请记得使用过去时。这意味着在整个答辩过程中，你所谈论的都是自己已经完成的工作，所以要用过去时；关于你对研究的解读，要用过去时；你在论述这项研究的重要性时，也要用过去时。

这项策略的重点是，你要明确地表示，你当前谈论的是论文中能够找出的已完成的工作、项目和写作。通过这种方式，你就能避免对论文夸大其词：如果使用现在时，你就脱离了研究背景。"我当时理解的意思是……"和"这就意味着……"两句话的意思有所不同：前者将你的观点清楚地定位在过去，你甚至可以对比一下当时的想法和现在的想法；后者似乎提出了一个具有普遍意义的论断——它是那些似乎具有永恒特征的常用表述方式之一，尤其是在反复使用的情况下。

用过去时陈述：为什么？

☆ 叙述已完成的工作，例如，"我所做的是……"

☆ 解释曾经做出的选择和决定，例如，"我当时那么做是

第十一章 论文评审过后：继续写作？

> 因为……"
>
> ☆ 展示你学到的内容，例如，"我当时认为（给出完整解释）……；我现在认为……"
>
> ☆ 避免声称普遍性，例如，"这就意味着……"

这是另一项为你准备的语言策略，请加以练习，直到你能够在答辩前运用自如为止。

但是，在你从这个部分过渡到其他可能性及解读之前，请注意首先界定自己已完成的工作。不要因为你认为自己的作品和你完全满意的作品相比显得比较过时或浅显而将此事就此搁置。

当然，你和评审人可以改用将来时，以便讨论研究你的下一个步骤、你的下一步行动计划，以及你认为该领域的未来发展趋势，等等。

你也许会想，自己能否像我在例子中提到的那样，大量使用第一人称单数"我"。这么做既有好处，也有坏处，请和你的导师讨论一下。你还可以尝试使用被动语态，例如使用"分析得以展开"，而不是"我进行了分析"。然而在某些阶段，你必须明确地表明自己独立完成了研究，因此可能需要使用第一人称单数来表达，即便这并不是你的首选。如果你完全不使用第一人称单数，会不会给人留下研究并非由你亲自完成的印象？

你在写作中运用的特定策略也可以在答辩时派上用场。例如，"阐释-辩护"是一种有助于学生回答困难问题而不产生防备心理的策略。当拿到一个难以回答、看似具有攻击性的问题(例如"难道你不认为……会更好吗"这样的问题)时,人们往往会在回答时先对所做的事进行辩护。一种更有力的策略(也是我们在学术写作中不断使用的策略)是首先明确我们做了什么,接着解释为什么,然后说明怎么样。即便这不是最好的方法,也至少是适合这项研究的方法。然后,你可以继续表明你了解所选方法的优点与局限性。你可以从这一点出发,继续考虑提问者所提议的备选方案的利弊。这种回答策略需要花费更多的时间,但假如它能帮助你得出一个更为完整的回答,或许并不是坏事,毕竟它让你不至于显得(或实际上变得)具有防备性。当面对一系列合理的挑战时,你的角色是自我辩护而不是防备。下面是一个通用范例,尽管你也可以写下针对自身研究的具体问题。

阐释 – 辩护

☆ 质疑:你为何没有对……做更详细的分析?

☆ 辩护式回复:我没有那么做的原因是……

☆ 阐释-辩护式回复:我所做的是……,那是因为……,我没有更加详细地加以分析是因为……

这种策略在答辩研讨会上很受学生欢迎,或许是因为它能够控制回答的走向、将它们与问题紧密相连。另一方面,这种策略的

第十一章 论文评审过后：继续写作?

魅力可能在于它所引发的基调转变——也就是说，从学生单纯地对评审人的挑衅行为做出回应，转为他们控制自己的答案和情绪，并有策略地说出自身的贡献。这可能是有帮助的，因为学生们意识到这是学术辩论中由来已久的策略；他们在文献阅读中认识到了这种策略，并将其应用到自身的写作实践中。然而，这或许是阐释与事例的结合（作为辩护的一部分）第一次被明确地标记为一种学术风格。

但在某种程度上，你应该在对话中塞进（这也许是恰当的表达）自身研究的优势，尤其是当它们尚未在答辩中出现时。毕竟，如果你的研究优势没有在讨论中出现，那么它可能就不会被承认或被认定为优势。

凸显亮点

☆ 论文的哪些部分让你感到骄傲？

☆ 你想突出强调哪些部分？

☆ 练习并将这些亮点转化为你的答案。

你可以练习"边说边拓展"：只要评审人看上去好像想让你继续说下去，那就这么做。你应当详尽阐述，并添加新的事例，将你的答案与论文的另一个部分（或许是你选择的其中一个"亮点"）结合起来。这可能被某些人视为是一种"拖延时间"的策略（或许你也这么

507

认为），但更为积极的解释是，你一直在控制发言权，而不是消极应对。尽管权力的天平还是向着评审人那端倾斜，但你已经在练习中提升了谈论自身研究和写作的技能。评审人再也不会对你说"现在请向我们展示一下你的言语技能"这样的话了，每一个问题都可以作为展示言语技能的机会。

需要注意的是，有些导师和评审人并不赞同这一策略，因为它可能诱使你长篇大论并偏离重心。然而，如果他们想让你停止发言并继续讨论问题，可能会要求你这么做。除非有人明确要求你这么做，否则切勿简短地回答问题。因此，在这一点上，你要采取"见机行事"的办法。

只要你是在回答问题，又能有什么错呢？简短或直接地用一句话回答问题虽然显得简洁，但它能展示你的知识储备吗？

12. 答辩后

你是否了解自己所在的机构里可能出现的答辩结果有哪些？请找出有哪些类型的答辩决定，例如"无须修改即可通过""稍做修改即可通过""需重大修改或后续研究才能通过"以及"不予通过或降格授予硕士学位（MPhil[1]）"。一旦你获悉所在高校使用的术语，请查

---

[1] MPhil（Master of Philosophy），即硕士学位，是攻读PhD（博士学位）期间，因研究进度不达标、考核不合格或其他原因中途肄业而被颁发的学位，它表明该学生接受了PhD的训练，但没有达到PhD的水平。——译者注

第十一章 论文评审过后：继续写作？

明它们的含义。

最常见的结果就是需要你做出修改或更正；这个结果并不意味着失败，请将其视为答辩通过的信号。本章稍后将讨论如何修改与更正。

13. 耐力

就在你认为自己已经写出了一个人穷尽一生所能写出的最多文字时，你还有"385码"的距离要走。

如果答辩不仅仅是探究性的，又当如何？无论你对答辩有何感想，只要你被要求做出更正或修改，请继续进行下去。

然而，如果你觉得自己遭受了不公平的待遇，你有权提出申诉。你应该查明申诉的程序，以及最重要的——获悉申诉的理由。首先，你要找人谈谈。关于答辩申诉的更多指导，参见默里（2015a）。

14. 修改与更正

在答辩结束前，请仔细听清楚修改意见，记录笔记并多加思考，确定你的论文中尚未涉及评审人要求做出的每一处修改。假如你认为评审人的修改建议没有必要或没有实际用处，可对此提出质疑。你要论证你的观点，再一次进行阐释和辩护，并说明你对论文现状的看法，毕竟你比在场的任何人都更了解它。随后，你要和评审人进行商讨。

当所有的修改建议均商定完毕后，确保你清楚地知道自己被要求修改的内容。如果他们要求你"扩展"某个要点，这意味着增加一两句话还是增加一整页？明确你必须完成的修改规模和范围极为重要，这样不仅便于你在开始之前就知道写作任务的要求，还便于你的修改符合他们想要的类型，恐怕你也不希望在这一系列修改后再做更多修改。

校外评审人可能会给你一份修改或更正清单，但你也应该有自己的笔记，记录笔记的过程让你有时间思考自己的回应。许多机构要求为学生和导师提供书面文本，但你可能会发现，当你为了澄清而提问时，写下自己的笔记是很有用的。你可能想要回顾一下他们要求你做什么，以确认你是否理解了他们的要求。即便需要修改或更正的内容已经明确，你也要将其转化为书面操作，如下所示：

◇ 修改要求

扩充发展过程中步骤3的解释部分（论文第89页）。

◇ 修改说明

添加100字，以阐明论文第89页步骤3的内容。

你现在的写作任务比以往更清楚了。写作的篇幅和目的已经得到了明确——你需要做的是"阐明"，而不是描述、比较、分析或批

第十一章 论文评审过后：继续写作？

评等,但写作的内容仍未确定。

15. 高潮减退

> 我接受了两位睿智的历史学家的评阅,他们没有对我提出吹毛求疵的质疑；虽然在多次旁听答辩时,我都听到过有人提出那种质疑。那种感觉就好像是你从医生的手术室走出来,却被告知X光片上看到的不良物体只是洒在胶片上的咖啡渍一样。
>
> （萨尔,2001：9）

答辩过后出现高潮减退是什么原因导致的？

◇ 你的整个生活或大部分生活的重心都集中在实现这个目标上,现在目标已经实现了,于是在这一瞬间、一个月或更长的时间里,你失去了重心。

◇ 你做出了如此大的牺牲,朋友、家人和爱人也一样。但通过答辩之后,无论对你还是对他们而言,都不会得到即时的好处。

◇ 答辩本身可能不如你所预期的那般富有挑战性。你可能觉得自己把时间浪费在了过度准备上,结果答辩却只是学者之间的例行讨论。

16. 论文之后还有生活吗

> 攻读博士学位的过程既关乎职业社会化[1]，也关乎对知识做出原创性贡献。
>
> （伯纳姆，1994：33）

事实就是这样吗？我们现在都融入自己的职业中了吗？如果真的这么简单就好了。

17. 这真的值得吗

完成论文可能没有实际的回报——既得不到加薪和晋升，又得不到一份全职工作。伴随着最终结束的解脱，你还必须创造出一种成就感。

是的，这一切终将会被证明是值得的。你学到的东西——无论是关于你所属的学科、学术界还是你自身的——可能只有随着时间的推移才会变得更清晰。你已经建立了一些联系，这些联系将在未来几年内发挥作用。你也已经发展了新的技能，获得了新的资格。

---

[1] 职业社会化（professional socialization）：职业社会化是个体成为职业社会的合法成员的过程，这将对个体的职业行为和职业道德产生巨大影响。——译者注

第十一章　论文评审过后：继续写作？

18. 恢复期

　　有些学生发现，在整个过程最终完成后，他们暂时什么都不想读，更别说写了。他们不断强迫自己阅读和写作的时间已经太久，以至于早已对其失去兴趣，也失去了阅读的动力。这可能一部分是源于疲劳，一部分是因为实现了一个宏大目标。这可能是因为阅读和写作过于集中，以至于这个主题已经失去了对你的吸引力。也可能是这个主题现在看似过于老生常谈，以至于你没有更多的内容可写了。

　　然而，在这一时刻，投身学术会议是一种明智之举，它将让你继续参与学术写作，并与学术界的读者保持联系。如果你已经提前计划好，你会在答辩后的几个月内提交一份摘要或者做一次演讲，你的会议论文也可以转化为出版物。

　　虽然你在答辩过后花点时间恢复无可厚非，但是你应该更多地考虑出版问题。答辩的其中一个问题或许就和可能发表的文章有关，因为评审人想了解的不仅是你是否考虑过这一点，而且还有你是否对在你的领域内发表论文有足够了解，从而判断你的作品最有可能在何处发表以及如何发表。在某些机构中，校外评审人有义务为论文的出版地点提供建议。

　　这个问题也是一种进一步的测试，以检验你评估自身作品优缺点的准确程度，因为你更有可能发表自身论文中最重要的优点。当然，你可能还想发表一些没有转化到论文中的早期研究，或者你手

513

头有一项似乎最适合发表的先导研究。无论问题是什么,无论你的答案是什么,你都要花时间来展示自己在自身领域出版方面的知识。如果你尚未访问所有相关的期刊网站、尚未收集到所有投稿须知、尚未试探一两个出版商及期刊编辑的口风(以便了解他们对于图书或论文的意向主题),请立刻行动起来。

19. 出版成书

  学位论文系统每年都将大量的创造力、青春、时间和金钱挥霍在枯燥而无意义的写作上,这些作品无法形成有意义的沟通,因此丧失了其功能。学者的成功在很大程度上取决于出版商,但后者甚至连看一眼这些作品都不愿意。

[哈曼和蒙塔涅斯,(1976)2000:28]

  他们进一步阐明了论文究竟如何会"丧失其功能":"业余、冗长、琐碎化、过于专业、过于简化并充满了傲慢"。本节将概述为了论文发表,你需要对论文所做的修改,并对你如何着手修改提供建议。对于任何一篇文章来说,你的出发点必定是明确受众和目的。如果你打算把论文出版成书,那么受众和目的都将发生变化(详见表11.3)。

第十一章 论文评审过后：继续写作？

表 11.3 论文与著作的区别（格尔马诺，2005）

论文	著作
满足学术要求	满足广泛发言的愿望
受众=论文评审人	受众=1000人
在自身领域训练学术能力	吸收领域内学术成果，并在其基础上发展
没有篇幅限制	市场需求决定篇幅长短
依赖引文	必要时使用引文
隐藏作者的观点	呈现作者的观点
结构要显示分析能力	结构要显示"自始至终贯穿的观点"
大量反复出现的例子	精选例子，能够推动故事的发展
很少有篇幅较长的章节	章节繁多，但长度适合阅读
多做停顿	多做总结

把一篇论文转换为一本书的变化范围不仅包括结构和风格方面，也包括思想和内容方面：

> 回到她所出版的书籍中源于论文的某些观点……（在论文完成15年后）意味着她能够成熟酝酿并将原始材料发展成全新的东西……在这5年间，她基本上改写了整个项目，使其尽管保留了一些原始想法，但本质上是基于新的材料而写的。
>
> （卡罗，2009：12，41）

海恩斯（Haynes）提出了具体的删减建议：

> 要严格对待关于方法论的材料……同样要严格对待文献综述……删除不必要的引用……力求排除原始数据……写出一个崭新且具有突破性的开篇章节——最好是能够独立成文的章节。
>
> （海恩斯，2010：114—115）

你现在要做的就是创作一篇新的作品：

> 将你的博士学位论文修改为一本像样的书籍是一项浩大的工程，而且很可能会像从头开始创作一本新书一样费时……除非你的论文真的是一篇原创且杰出的作品，否则人们只会一直将其视为你的博士论文的修订版，并且它也很难像一篇全新的作品那样，为你带来赞誉。
>
> （卡罗，2009：13）

随着你从一名学生或"专业预备人员"转变为一名专业人士，把论文转化为书籍可能也需要你做出改变：

> 传统观点认为，学位论文不是成为学者的第一步，而是作为学生的最后一步。因此，学位论文不会被视为专业人士的作品，而是专业预备人员的作品。因此，论文作者迫于传统，只能诉诸一种功能失调的写作形式，因它只有很少的受众，也没有出版商愿意按原样出版这样的作品。
>
> ［阿姆斯特朗，转引自哈曼和蒙塔涅斯，（1976）2000：25］

第十一章　论文评审过后：继续写作？

正如此处所指的那样，想一想你是否需要摒弃所有在论文写作过程中学到的关于写作的经验教训，或者你是否能够对所学的内容做出调整。论文可能会变成适合某些期刊或出版商的风格。你若能够产出多种写作风格，可能是一个明智的想法，也是一种专业上的优势。这是关于修辞学的选择。

然而，对于许多论文作者来说，转向为出版而写作需要做出一些改变。也许论文写作确实缺乏实用性，但它的问题并不比其他形式的学术写作更严重。你的本科论文的读者甚至比博士论文的还要少，甚至对于大学以外的读者来说更是毫无趣味。问题可能在于萦绕着论文的神秘感。在发表作品方面也会出现类似的神秘感，除非你在博士期间得到了很好的指导，从而知道自己一旦完成了博士学位，该如何将作品转化成第一本书。你的作品所受到的审查会比以往任何时候都更仔细，你可能会认为审查过于严苛，但每当你将文章提请同行评审时，这个过程都将重复一遍。事实上，鉴于某些群体明显的主导地位、裙带关系以及各种形式的歧视（在某些情况下这是有据可查的），审查可能会更加严苛。

为发表而创作需要你转变论文的表述方式，可能要调整整个章节。例如，读者是否需要像你的导师那样了解研究背景的细节，或是了解针对研究方法的每一次论证转折？风格的转变也可能是有序的，你要逐渐远离往往作为论文特色的探究性论述形式。

> 我怀疑博士学位论文在语言上使用的条件句比其他任何写作形式都要多。在这方面表现最糟糕的是社会科学家。在这些

学科中，年轻人似乎在职业生涯的早期就学会了真理和曲折的条件性之间不可侵犯的关系。因此，在所有条件相同的情况下，情况似乎是这样的，在特定环境下，论文作者在特定情况下可能采用某些特定的行文风格，这种做法并不罕见。但可想而知，那些喜欢直接和强烈的语言风格的人可能会认为这是一种语言的变态。

［阿姆斯特朗，转引自哈曼和蒙塔涅斯，（1976）2000：29］

最后，当你为一本书构思的时候，请查阅MDR（Marketing Data Retrieval，市场数据检索）："有1200位教授讲授性别和占星术入门课程，这是一项可供你使用的重要事实。"当你在准备一份选题时，出版商想听到的是你的书具有销售潜力的可信理由——为什么人们会买这本书？你要着重解释这本书将满足什么样的需求，将为读者带来什么样的好处。在任何情况下，你都应该使用出版商的选题模板。当然，你需要通过一些方法确定你的书籍在他们当前出版清单中的位置，你也可以在此之前与策划编辑进行非正式的讨论——通常发送电子邮件是可接受的形式——以确认你所做的一切都是值得的。总之，你可以为这个写作项目设计一个具体规划：

图书选题过程

☆ 通过电子邮件联系策划编辑。
☆ 在网站上查阅出版商的选题表格。

第十一章　论文评审过后：继续写作？

> ☆ 递交选题和章节大纲（最好在9月至12月期间）。
>
> ☆ 要求通过回执进行确认。
>
> ☆ 内部（财务）批准选题并送审。
>
> ☆ 出具评审结果。
>
> ☆ 修改并重新提交选题。
>
> ☆ 获取合同，然后按照出版社的风格组稿。
>
> ☆ 完成索引页、作者调查表和封面。
>
> ☆ 宣传你的书："没有人会买一本他们压根不知道其存在的书。"

20. 结束

　　撰写论文是一次对知识领域具有微薄贡献的大规模学习经历。一开始的情况仿佛恰恰相反——我们一开始的设计是何等宏伟。

　　但这也是学习过程的一部分：你现在知道了研究设计的局限性、学术写作的限制和学术生涯中的权力角逐。你学会了如何在这些框架内工作。

　　矛盾的是，在撰写论文时，你学会了如何通过写出足够好的作品来达到最高标准。

自我检查清单

答辩前后

○ 查找所在高校行为准则中关于答辩的相关内容。

○ 了解所在院系是否遵循这一准则,并询问你的导师。

○ 如果你仍不知道主评审人是谁,现在请立刻查明。

○ 了解哪些人将参与答辩。

○ 了解他们将在你的答辩中扮演什么角色。

○ 了解谁会提问,谁不会提问。

○ 询问答辩可能持续多长时间。

○ 了解最终结果:你是否会被立即告知决定?

○ 了解决定的类别以及它们各自的含义。

○ 如果你想在一开始进行演讲,问问导师是否可行、可以持续多长时间。

○ 请求查看答辩过程中评审人使用的报告表。

○ 评审人会给出一份更正/修改清单吗?你将如何得知、何时得知还要完成哪些工作?

○ 尽快安排一次模拟答辩,和朋友、同伴一起练习,并利用这项练习来"修正"你的答辩过程,直到你能完美地表述论文内容。